我们终将穿越风暴

TOMORROWMIND
Thriving at Work with Resilience, Creativity, and Connection—Now and in an Uncertain Future

Gabriella Rosen Kellerman
Martin Seligman

［美］加布里埃拉·罗森·凯勒曼
［美］马丁·塞利格曼 著
赵昱鲲 译

应对不确定性的5种心理力量

Gabriella Rosen Kellerman and Martin Seligman. Tomorrowmind: Thriving at Work with Resilience, Creativity, and Connection—Now and in an Uncertain Future.

Copyright © 2023 by Gabriella Rosen Kellerman, Martin Seligman, and BetterUp, Inc.

Simplified Chinese Translation Copyright © 2025 by China Machine Press.

Simplified Chinese translation rights arranged with The Gernert Company, Inc. through BARDON-CHINESE MEDIA AGENCY. This edition is authorized for sale in the Chinese mainland (excluding Hong Kong SAR, Macao SAR and Taiwan).

No part of this book may be reproduced or transmitted in any form or by any means, electronic or mechanical, including photocopying, recording or any information storage and retrieval system, without permission, in writing, from the publisher.

All rights reserved.

本书中文简体字版由 The Gernert Company, Inc. 通过 BARDON-CHINESE MEDIA AGENCY 授权机械工业出版社在中国大陆地区（不包括香港、澳门特别行政区及台湾地区）独家出版发行。未经出版者书面许可，不得以任何方式抄袭、复制或节录本书中的任何部分。

北京市版权局著作权合同登记　图字：01-2023-4767 号。

图书在版编目（CIP）数据

我们终将穿越风暴：应对不确定性的 5 种心理力量 /（美）加布里埃拉·罗森·凯勒曼（Gabriella Rosen Kellerman），（美）马丁·塞利格曼（Martin Seligman）著；赵昱鲲译. -- 北京：机械工业出版社，2025.

1. -- ISBN 978-7-111-76954-5

Ⅰ. B84

中国国家版本馆 CIP 数据核字第 20243SK292 号

机械工业出版社（北京市百万庄大街 22 号　邮政编码 100037）
策划编辑：欧阳智　　　　　　　　　责任编辑：欧阳智　曹　颖
责任校对：刘　雪　李可意　景　飞　责任印制：任维东
北京科信印刷有限公司印刷
2025 年 8 月第 1 版第 1 次印刷
170mm×240mm・23 印张・1 插页・245 千字
标准书号：ISBN 978-7-111-76954-5
定价：99.00 元

电话服务　　　　　　　　　网络服务
客服电话：010-88361066　机　工　官　网：www.cmpbook.com
　　　　　010-88379833　机　工　官　博：weibo.com/cmp1952
　　　　　010-68326294　金　　书　　网：www.golden-book.com
封底无防伪标均为盗版　　　机工教育服务网：www.cmpedu.com

献给杰西

加布里埃拉·罗森·凯勒曼

纪念亚伦·贝克（1921—2021）
我的导师、朋友，以及榜样
马丁·塞利格曼

引　言

早在格雷姆·佩恩（Graeme Payne）成为"人为错误"之前，当计算机行业还压根儿没被纳入考虑范围时，他的人生首选是参军。

20 世纪 70 年代，格雷姆在新西兰基督城的中产家庭中长大，是三个孩子中的老大。从他还是个小男孩时起，就钟爱那些需要掌握新技能的有组织的活动。橄榄球，作为他早年的爱好，至今仍是他和儿子们家庭活动的支柱。

高中时，格雷姆加入了陆军学生团并迅速得到晋升。在学生团里，他的自律赢得了同伴的钦佩。他还培养了对于修补以及建造东西的热爱。当地的历史公园米德遗产公园收到一门巨大的高射炮，格雷姆召集他的朋友们来帮忙修复它。当这门闪闪发光的大炮完工后，他趁势建立了一个军事博物馆。

当然，并非每个想法都会成功落地。一次离经叛道的风笛演奏尝试就……迅速地失利了。

格雷姆的父亲是一名会计,所以当格雷姆表现出对数字的偏好时,也就不足为奇了。回想起来,他觉得自己对会计最感兴趣的方面并不是数学,而是学习的过程。每一个审计过程都始于发现,即需要快速彻底地了解企业的内部运作——活动流程、生产系统。只有先了解了这些,你才能开始谈到数字。深度学习是他热爱的,是他自然而然喜欢上的东西。至于电子表格,他并不在意。

多年来格雷姆一直计划着在高中毕业后参军。然而,就在毕业之前,他偶然听说亚瑟·扬会计师事务所(以下简称亚瑟·扬公司,现已和另一家公司合并为安永会计师事务所)提供了一项大学奖学金。一时兴起,他申请了,并且成功了。他接受了奖学金,同时加入了陆军预备役,以获得基础训练。

"我一直拥抱变化,"[1] 他回顾这一重大而又突然的转折点时说,"这有什么了不起?你有什么可以失去的呢?"

对格雷姆和其他许多新西兰人来说,无论喜欢与否,变化早已来临。在历经了几十年的农业繁荣之后,新西兰人的生活水平位居世界前列。但长期以来的羊毛、肉类和乳制品经济已经开始衰退。新兴的服务业与制造业取而代之,正在崛起。如今,基督城周边的坎特伯雷地区,服务业占该地区 GDP 的 60%。[2]

会计领域也发生了巨大的变化。当格雷姆开始在基督城的亚瑟·扬公司担任财务审计师时，整个办公室只有一台IBM的个人电脑。而几年之内，每个人的办公桌上都有了所谓的"可移动式"电脑。[3] 年长的合伙人对这些新奇的小玩意儿持怀疑态度，认为它们只是噱头，而不是节省时间的工具。他们更喜欢他们的"文字处理机"——不是电子的那种，而是人类，通常是女性，她们会把录制好的语音备忘录打出来。

相比之下，格雷姆则欣然接受新技术。他乐于了解机器是如何运行的，并乐于用机器里的程序构建图形，利用软件来减轻自己的工作量，这些软件比他在黄色便笺本上做计算速度更快、更可靠。他花了很长时间从书本上自学计算机基础知识。

"我是早期尝试者，"他说着，脸上露出了一丝微笑，"我甚至有一台苹果牛顿[⊖]。"

作为一个领导者，格雷姆尽其所能地帮助他周围的人适应形势。他和一位同事制作了一段关于如何使用个人电脑的教学视频，并将其邮寄到合作伙伴的家中，以便他们可以在盒式磁带录像机上观看。随着时间的推移，格雷姆对电脑的精通开始得到亚瑟·扬公司的重视。他们要求他为全新西兰创建一个计算机培训项目。他做到了，项目很有效，尽管还有一些年长的合伙人仍在苦苦挣扎。其中有一位，格雷姆记得，在进入电子邮件时代后仍会让他

[⊖] 苹果牛顿（Apple Newton），是世界上第一款掌上电脑，由苹果公司于1993年开始发行，但是因为它在市场上找不到定位、需求量低而停止发展，并于1997年停止了生产。——译者注

的助手打印出每封收到的电子邮件，然后大声读出来。

即使是对格雷姆而言，变革的速度也有些令人难以跟上。但他也明白，变革事关重大：关乎公司的未来。在亚瑟·扬公司的围墙外，计算机正在飞快地改变企业客户的业务。审计现在意味着要去理解如何将这项新技术纳入数据存储、工资发放和分析等实践中。例如，在一个世纪以来，信贷行业一直依赖纸质记录：最初是笔记本，然后是装满卡片的档案室。20 世纪 60 年代带来了向电子记录的转变。到了 70～80 年代，一切都迁移到位于数据中心的一台主机上。那时，安全地保护记录意味着对进入这些中心设立限制。比如说，一个门卫或者一把重型密码锁。

互联网横空出世。

似乎是在一夜之间，安全领域发生了翻天覆地的变化。黑客们制造了计算机病毒，这些病毒在未受保护的网络上肆虐，造成严重破坏。全球工业面临的威胁迫在眉睫，一个全新的行业应运而生：信息安全。1995 年，花旗银行聘请史蒂夫·卡茨（Steve Katz）为首席信息安全官，他被认为是历史上第一位 CISO（首席信息安全官英文全称的简写，发音为 see-so）。[4]

格雷姆在混乱中看到了潜力。这个新的信息安全的"蛮荒西部"需要工具，而他则有想法。在奥克兰短暂工作期间，格雷姆开发了一款名为"顾问"的产品，可以灵活地分析不同类型的计算机系统。在新加坡的一次会议上，一个志同道合的美国合作伙伴很快意识到这款产品的价值,并邀请格雷姆到美国去工作。怀着好奇心、开放的心态和求知欲,格雷姆先是搬到了八千英里⊖外的克利夫兰,然后又搬到了亚特兰大,开启了安永会计师事务所在安全咨询领域的初始实践。他还不是这一领域的专家,但那时也没有人是。潮流变化得太快了,旧的智慧跟不上新出现的问题。机会的浪潮正在涌动。格雷姆抄起他的冲浪板,乘风破浪。

今天,首席信息安全官是任何一家大公司的标准职位。41%的公司董事会将网络安全经验视为担任首席董事的关键条件。到2024年,网络安全市场规模将达到3000亿美元。全球网络安全专业人员短缺意味着290万个职位的空缺,而网络攻击造成的经济损失每年增长62%,仅2020年一年就损失了1万亿美元。[5]

到2011年,格雷姆已经准备好迎接一种新的变化。

现在他是这个领域的专家了。他以安全顾问的身份在世界各地旅行了15年,出差达人的生活开始让他疲惫不堪,而在亚特兰大的他的家里,两个儿子在(需要掌握新技能的有组织的)活动中也需要更多的指导。

⊖ 1英里 ≈ 1.609千米。

当美国知名征信机构艾可飞（Equifax）邀请他担任 IT 风险与合规部门的副总监时，他欣然接受了。这正是他所渴望的公司内部的稳定职位。虽然公司已经成熟，但仍有大量的建设和修复工作需要做。截至 2017 年，艾可飞掌握了 10 亿消费者、1 亿中小型企业、1 亿员工的记录，以及 20 万亿美元的房地产数据和 20 万亿美元的财富数据。那年 8 月，在佐治亚大学的一次演讲中，首席执行官理查德·史密斯（Richard Smith）这样说："如果你想到世界上最大的图书馆——美国国会图书馆，那么，艾可飞每天处理的数据量是它的 1200 倍。"[6]

数字如此之大，事情就会出问题，且不在少数。

例如，2015 年 3 月，缅因州波特兰市的居民凯蒂·曼宁（Katie Manning）下班回到家，发现她的邮箱里装满了来自艾可飞的信件，总共 300 封。每一封都是寄给她个人的，却都包含了一个陌生人的完整信用记录、社保号码和银行账户信息。[7]

艾可飞要求格雷姆进行调查。他很快就知道凯蒂不是唯一一个遇到这种情况的人，还有一些人收到了数百甚至数千封包含陌生人隐私信息的信件。由于这些报告都是纸质的，艾可飞派出了团队去亲自取回。华盛顿特区的一位收件人变得多疑，拒绝开门。相反，他让团队晚上在一条公共街道上与他会面。在约定的时间，艾可飞的人不得不像惊悚片中的间谍一样闪三次车灯。直到那时，这名男子才交出了报告。

漏洞和不良行为者总是在变化，违规行为比格雷姆所希望的更常见。对于每一个事件，格雷姆团队的目标是了解情况、纠正局面并从中学习。据他回忆，没有人被解雇。

2017年7月，格雷姆54岁生日的周末，他与妻子和儿子们在佐治亚州的户外骄阳下度过。那个星期日，他回到家，发现来自自己的首席信息安全官苏珊·莫德琳（Susan Maudlin）的一连串未接电话。

这是个坏消息。格雷姆管理的一个软件被攻击，导致了安全漏洞。信息泄露的严重程度尚不清楚，但所有人必须立刻行动。

格雷姆当时在艾可飞的头衔是全球企业平台的首席信息官。艾可飞的自动信用调查系统（Automated Credit Investigation System，ACIS）在他的职责范围内。ACIS记录了那些想要对信用报告提出异议、报告身份盗窃、启动安全冻结或要求获得记录副本的消费者。一个名为Apache Struts的软件将ACIS连接到数据库。

在这次泄露被发现的四个月前，包括格雷姆在内的429名艾可飞员工收到了关于Apache Struts漏洞的电子邮件通知。相关团队进行调查后运行了一个补丁程序，认为这足以修补漏洞。

他们错了。黑客入侵并窃取了1.48亿美国消费者和1500万英国消费者的数据，包括姓名、社保号码、家庭住址和驾驶证号码。这次泄露被称为历史上代价最高的数据泄露事件。[8]

在舆论的影响下，几名高层员工被解雇或提前退休。

2017年10月2日，星期一，在与人力资源部的一次会议上，格雷姆被解雇了，他本来完全以为这次会议是关于其他事的。

第二天，前首席执行官理查德·史密斯在国会作证。他把这次数据泄露归因于"技术故障"和"人为错误"的结合，并将后者归咎于一个人。参议员阿尔·弗兰肯（Al Franken）戏称此人为"古斯"（Gus）："为什么1.45亿美国人的个人信息安全都掌握在一个人手中？为什么所有的责任都在古斯身上？"

突然失业的格雷姆，在家观看国会会议的直播，意识到他们正在谈论的是他自己——他就是古斯。很快，他的真实姓名就被泄露了，随之而来的还有一个绰号——"人为错误"。

把系统性崩溃归咎于一个人，这么做的可疑之处很明显，即使对于国会而言也是如此。正如一份国会报告中所指出的："前任首席执行官理查德·史密斯在国会作证的前一天，艾可飞的一位高管因未转发一封电子邮件而被解雇，但他之前并未收到指示要转发该邮件。在所有事实背景下，[9]这种以公关为动机的策略似乎是多余的。"

这一叙事与之前相矛盾但更合理，然而它的有限传播，并没能改变什么,"格雷姆·佩恩导致了所有的错误"迅速成为公认的现实。

具有苦涩讽刺意味的是,以今天我们的工作世界的观点来看,直到那时,格雷姆在他的职业生涯中所做的一切都是正确的。

他很早就发现了机会。他的敏捷、好奇心和求知欲使他能够在一个欣欣向荣的新领域迅速成为专家。一次又一次,他在掌握新技能和制造创意产品中找寻到意义,从而获得动力和能量。通过谨慎的展望,他承担了计算好的风险,然后在一个又一个挑战中奋力向前。

一言以蔽之,格雷姆·佩恩有一个"明日心智"(Tomorrowmind)⊖。

然而,即便如此,2017年的时候,格雷姆却发现自己已经站到了深渊的边缘。

被解雇的感觉糟糕透顶。它以无数种方式损害我们的心理和身体健康。再加上格雷姆被解雇的极端公开性,难怪他会苦苦挣扎。在那几个月里,格雷姆深深地感受到了恐惧。事实上,在他旅程中的许多早期阶段,这种恐惧会让我们中的大多数人望而却步。

"当国会报告发布后,我的名字被发布在互联网上时,我真的以为那就是我职业生涯的终点。"格雷姆说,"我开始思考我未来的

⊖ 包含5个组成部分,即后文所示的应对不确定性的5种心理力量(PRISM):展望能力(P)、韧性(R)、创造力和创新(I)、快速建立融洽的关系以获得社会支持(S)、意义和要紧感(M)。——编辑注

就业前景。未来的雇主会如何看待我与艾可飞的关联？"[10]

对于许多艾可飞的高管而言，那的确就是终点。自从安全漏洞事故发生后，首席信息安全官苏珊·莫德琳就没有再公开露面。首席执行官理查德·史密斯和首席信息官戴夫·韦布（Dave Webb）也淡出了公众视野。2018年，该公司裁撤了一大批员工——数百人被迫重新开始，并且简历上多了一个污点。

面对这一切，我们中有多少人感到绝望？有多少人想要放弃？

格雷姆·佩恩选择了另一条路。

在绝望的深渊中，他开始与朋友和前同事接触。多年来他帮助了很多人，他们也热切地想回报他。"朋友和同事鼓励我以更积极的态度来看待这件事。他们告诉我，在经历了有史以来最大的数据泄露事件后，我真的有很多东西可以提供给别人。"

格雷姆曾凭借他的韧性、认知灵活性、展望能力、创造力以及在获得新技能中发现的意义，走上职业生涯的顶峰。现在，这些技能同样也帮助他从深渊边缘回归。他总是冲向挑战和机会，在混乱中获得控制权。他从自己的优势和社交网络中获得勇气，开始一砖一瓦地重建事业。

曾经看起来像是一场无可挽回的个人灾难，如今已经转变成了网络安全咨询领域的一个成功的新篇章。格雷姆的朋友们是正确的，公司希望从一个亲身经历后知道了什么该做、什么不该做的人那里学习。格雷姆为公司董事会和高管提供网络安全准备方面的建议。他继续扩展新的能力和服务,来帮助他的咨询公司进入新的市场。"我们在生活中学到的最好的一课往往来自我们的错误。"格雷姆如此建议。如今,他带着自嘲,骄傲地接受"人为错误"的标签。

我们两个——马丁和加布里埃拉,是当格雷姆在艾可飞失去工作的时候聚在一起的。新的工作世界所带来的戏剧性挑战——技术变革的快速步伐,新的创业者转瞬间对整个行业的颠覆,全球市场的不确定性和波动性的上升——那时已经开始吸引我们的兴趣。我们致力于提高心理健康水平,也为人们无法应对这些日益严峻的挑战而担忧。这一切都发生在新冠疫情暴发之前的很多年里。而 2020 年,这场疫情使得不断升级的风暴演变成了一场全面的龙卷风。美国大约有一半的劳动者面临着疲劳倦怠的困扰。[11] 76%的人认为工作压力对他们的个人关系产生了负面影响。[12] 过度的工作压力每年造成了 1900 亿美元的医疗费用,以及数以十万计的不必要死亡。[13] 我们在这个星球上大部分的清醒时间,是在工作场所度过的,而我们太不开心、太累、病得太重了。

关于所谓的未来的工作将如何改变商业这个话题,人们已经花费了大量的笔墨。但未来的工作又将如何改变我们?我们怎样才能确保自己能胜出呢?我们现在已经与数百家公司开展了合作,在全球范围内雇用了数百万员工来面对这些问题。

我们将在本书中分享我们的答案。首先，对于今天所遇到的挑战，我们要把它建立在过去的基础上来理解。这并不是我们人类第一次必须去适应新的工作世界。正如我们将在第 1 章中看到的那样，在数百万年里，人类大脑的进化一直伴随着我们祖先最熟悉的那些工作——狩猎、捕鱼和采集。觅食仍然是人类大脑最适应的工作。觅食者的大脑非常适应每天五小时的工作、集体生活、对新领域的创造性探索，适应与大自然每时每刻都保持联系。然而，大约在公元前一万年，同样的大脑发明了技术和结构，推动了人类最早的劳动变革：从觅食到耕作。鉴于我们觅食者的能力与这种新的农夫生活之间的不匹配，这是一次极其痛苦的转变。

此后每一次的劳动变革——首先是农业，然后是工业化，再到今天的技术驱动的工作世界——都是以令人类痛苦的代价换来的。在某些情况下，这种代价是如此之大，以至于历史学家和人类学家至今仍然难以解释它是如何发生的。作为一个物种，我们为什么会转向这种如此陌生的工作形式？[14] 这些工作形式与我们原有的能力背道而驰，以至于追求它们会造成人类的苦难。这种工作形式带来了更高的集体生产力和更成熟的技术，但这种回报是以数十亿长期受苦的个人为代价的，而他们未能从中受益。

今天的变革，一个充满活力的未来，就在我们身边，以它令人意想不到的新方式威胁着我们的福祉㊀。在第 2 章中你将看到，变化的速度之快意味着我们现在换工作或失去工作的速度已经是工业化高峰期的两倍。据估计，到 2030 年，全球将有 8 亿工人的工作被自动化取代。在同一时期，多达 80%[15] 的人的工资将因自动化而减少。

我们知道这将会怎么发展。在失业后的一年里，[16] 死亡率会增加 50% ～ 100%。仅失业一项就会使我们患心脏病的风险增加 35%，再加上工作不稳定，会增加几乎所有主要心理困扰（抑郁、焦虑和药物滥用）的发生率。

现在，再来看看新的工作性质本身所带来的风险。先从社交隔离层面开始吧。拥有 20 年同事关系的日子已经一去不复返了，在整个职业生涯中为我们提供支持的稳定的面对面的工作社区不复存在。25 ～ 34 岁的工人，平均每份工作的年限约为 2.8 年。同事来来去去，我们也一样，这在我们的工作群体中创造了历史性的、不自然的快速更替率[17]。据估计，未来几年将有 25% ～ 30% 的美国劳动者[18]远程工作。在过去的 20 年里，孤独的流行率增加了一倍，使我们的抑郁症、心脏病发生率和全因死亡率都有所增加。

再加上，即使在最好的情况下，我们（无论个人还是组织）也必须应对波动性和不确定性。公司发现它们的商业模式在一夜之间

㊀ well-being 一词含义丰富，在本书不同情境中译为福祉、健康、幸福等。——译者注

被打乱了，一个不起眼的竞争者突然间成了行业的领导者。团队花费数月打造的产品现在已经过时，它们被迫解体，组员被分派到全球各地的全新计划中。有61%的全职员工表示，现代职场的压力让他们生病；这种动荡在美国每年造成约12万人死亡。

尽管如此，我们并非注定失败。

我们从格雷姆这样的杰出人物的故事中了解到这一点。格雷姆确实非常了不起，他能够如此巧妙地应对变化的激流，并在此过程中帮助他周围的人，但他并不是绝无仅有的。还有其他类似格雷姆的人存在，他们拥有我们可以学习的明日心智。

我们同时也能从近几十年来对心理幸福和蓬勃发展的科学研究中确认这一点。

作为临床医生和革新者，我们俩把一生都奉献给了这门科学。对马丁来说，这段旅程开始于20世纪60年代的宾夕法尼亚大学。他长达30年的研究确定了在什么情况下，人们在巨大的压力下是会蓬勃发展还是步履蹒跚。令他非常沮丧的是，学院派心理学还没有准备好遵循这些研究得出合乎逻辑的结论。是的，他的发现被应用于抑郁症治疗——从精神病学的角度。但它们的影响本该更重要，它们可以帮助我们过上更具韧性、更有意义的生活，以及从一开始就避免那些负面的结果。正如我们将在第3章中看到的，在20世纪90年代，马丁领导了一个名为积极心理学的新研究领域。作为美国心理学会前任主席和宾夕法尼亚大学积极心理学中心的创始人，马丁在过去的30年里一直在证明：蓬勃的人生是可以实现的；事实上，我们的发展潜力是巨大的，只要我们愿意将这门科学及其核心原则牢记在心。

加布里埃拉是一位训练有素的医学博士，她在职业生涯的前十年从事脑功能磁共振研究、精神病学和公共卫生工作。和马丁一样，加布里埃拉渴望的不仅仅是减少心理病理，还希望帮助更多的人蓬勃发展。在2008年，她发现了一个通过行为健康技术进行更彻底创新的机会，这个职业转变使她像本书中的许多人一样从头开始。2014年，加布里埃拉开创了市场上首批技术驱动的行为健康产品，这个产品之后为数百万各级员工提供了服务。此后，她在多家公司领导产品和创新工作或为其提供建议，包括在BetterUp公司担任首席产品官，该公司专注于通过虚拟教练、人工智能技术和行为科学促进员工蓬勃发展。

2017年，BetterUp⊖首席执行官亚历克西·罗比乔克斯（Alexi Robichaux）邀请加布里埃拉创办BetterUp实验室，一家专注于职场成功技能的研究机构。实验室与世界各地的学者合作，并利用BetterUp的全球发展平台来衡量和促进工作中的蓬勃发展。马丁毕生致力于乐观、积极情绪、社会关系和幸福感的研究，这使他成为BetterUp实验室天然的合作者。

⊖ BetterUp是一家为企业员工提供在线专业教练和心理健康服务的公司，BetterUp实验室是该公司推出的一个行为研究实验室。——译者注

这项研究的重要盟友是那些在大公司中具有前瞻性的领导人，他们需要自己的员工尽可能地提高生产力，同时他们理解员工面临的状况：在不断加快的变化步伐中，心理压力越来越大。最具创新精神的企业领袖对实验有兴趣，以数据和科学为导向，相信有更好的方法。我们希望这些领袖能在这本书中找到很多有用的指导。很多情况下，他们也是本书所述研究的合作伙伴，直接帮助发展了知识库本身。

你可能是一位经理、普通员工，或是公司高管。你可能在呼叫中心的客服一线工作，在学校、医院或幕后的制作团队工作。无论你的角色如何，你选择这本书，也许是因为你知道这个翻天覆地的职场将一直存在。像格雷姆一样，你感受到了变化的紧迫压力，并且你知道它会一次又一次地不断发生。

我们无法阻止变化的发生。然而我们不必成为它的牺牲品。我们希望本书将成为你的指南；你在页面上折角、重新阅读，并加上自己的注解；帮助你在一个越来越被机器控制的工作世界里，作为一个完全的人而蓬勃发展。我们希望这些知识能帮助你长出翅膀，飞得比你想象的还要高。这里描述的技能不是一夜之间就能培养出来的。培养这些技能需要你的思考、练习和付出。随着时间的推移，它们将成为你的超能力，引导你稳步地穿越旋涡，帮助你保持平衡和专注，通过一个中心化的、赋能的视角来关注世界。我们称之为"蓬勃发展"。这是我们所有人都应享有的工作体验，并且是我们每个人都可以实现的。

思考一下格雷姆的例子——从部队学员到会计师，到信息技术人员，再到信息安全专家，他经历了各种转折点、高潮和低谷。在你自己的生活中，你很可能也认识像格雷姆这样的人，他们在职业生涯中经历过这一切，并以某种方式设法站稳脚跟，甚至脱颖而出。这些人是真实存在的，他们和我们一样是人。是什么让我们中的一些人能够在这些汹涌的浪潮中冲浪，而其他许多人却被淹没了？

我们实验室通过对职场蓬勃发展的研究（包括来自全球各行各业数十万名员工的数据）确定了五种心理力量，这些心理力量对21世纪的职场蓬勃发展最为关键：

（1）韧性（R）：在变化中实现蓬勃发展的基石，与认知灵活性密切相关。

（2）意义和要紧感（M）：推动我们前进的动力。

（3）快速建立融洽的关系以获得社会支持（S）：我们蓬勃发展所需要的联结。

（4）展望能力（P）：使我们领先于变化的元技能。

（5）创造力和创新（I）：我们人类独特的天赋，在流水线衰退后的如今的职场中恢复了其突出地位。

你可以用一个（如果不按顺序）方便的缩写来记住这五项内容，即PRISM。合在一起，它们是明日心智的五个组成部分——这种心态使我们能够预测变化，恰当地计划，应对挫折，并充分发挥我们的潜力。

本书将详细描述每一种力量，包括为什么它对未来工作中的蓬勃发展很重要，以及如何培养它。我们将自己的创新研究与现有文献结合在一起，让你对每项技能有最完整、最新的理解。

怎样阅读本书

到目前为止，我们已经描述了第 1 章到第 3 章的内容，它们为深入探索 PRISM 的每一种力量奠定了基础。如果你最感兴趣的是这些力量本身，你也可以直接跳到第 4 章，该章从韧性开始。

心理韧性让我们从失败中恢复过来而不受到伤害。在最好的情况下，韧性看起来像是抗脆弱性：在挑战中变得更强大的能力。让我们回想一下格雷姆对客户计算机工具快速发展的回应。对于年长的合作伙伴来说，这种新事物是一种威胁，而格雷姆却看到了学习并利用这些新技能去开辟新市场的机会。韧性与认知灵活性密切相关——我们能够灵活地运用新的思想，在寻找机会和集中精力之间找到平衡。这些技能构成了我们以健康的心理应对新工作世界波动的基石。得益于数十年的（包括我们自己的）科学研究，我们知道这些技能是可以培养和教授的。

韧性描述了我们"怎么"在变化中寻找转机。第 5 章向我们说明的则是"为什么"。我们所有人都需要在一个又一个角色中重塑自我，而这必须付出巨大的努力。重塑的动力将来自我们的意义和目的感。置身于事情（whats）不断变化的世界，我们如何与自己职业生涯的动机（why）保持联结？多年来，作为一个建设和创造价值的人，格雷姆努力探究他的"为什么"。在最黑暗的时刻，他看到了机会，可以将他来之不易的经验应用到为新客户服务中，从而将他极其糟糕的经历转化为积极的一面。理解意义和目的使我们提出了"要紧感"这一新的概念，它提供了一个更具体和可操作的框架。无论作为个人还是在组织中，我们都想成为"重要"的人，而使用正确的工具，我们都可以培养出这种要紧感。

格雷姆在最黑暗的时刻发现了社会支持对职业成功的重要性。但是，在我们孤独、不断变化、经常远程工作的职场生活中成功培养人际关系意味着什么？第 6 章和第 7 章介绍了快速建立融洽的关系，这是一种我们每个人都需要精通的社交技能。随着团队的形成、解散和重组，跨越各大洲、语言和文化以及多元化的技能，我们需要与新同事快速建立信任和有意义的关系，这对我们的身心健康和工作质量都很有益。一方面，如此快速地建立关系对我们古老的大脑来说并不自然。另一方面，我们从心理学和神经科学中了解到很多关于实现这一目标的捷径。

在第 8 章中，我们谈到了展望能力——对未来进行想象和计划的能力。展望能力是当今工作者的元技能。在瞬息万变的时代，我们需要尽一切可能来预测即将发生的事情。良好的展望能力有利于我们的职业发展和个人福祉。我们将研究展望能力是什么以及它是如何工作的，并提供工具来帮助我们成为更好的展望者。

创造力就是一种特殊形式的展望能力，现代职场对员工的创造力提出了更高要求。专门设立"创意部门"的时代已经过去了。第9章剖析了生活在一个人人都被期望成为创意者的时代意味着什么。我们将深入研究与创造力有关的脑科学。关于个人、团队和组织如何促进更多的创新，我们也将详细介绍了我们对此的理解。我们还将拓宽关于创造力的视角，展示它如何以不同的形式出现。回想一下，格雷姆的成功在很大程度上不仅因为他拥抱变化，还因为他开发新的解决方案来帮助客户。格雷姆并不认为自己是一个创意者，而只是一个热爱学习的建设者。这种心态是我们所有人都可以拥有的。

我们的最后一章转向组织本身。关于"是什么使一些公司成功让员工蓬勃发展，而其他公司却失败了"的问题，我们在过去十年与领先公司的合作中学到了很多。为什么这么多的公司一次又一次地默认使用相同的不适当的解决方案？这一点，有明显的历史和结构性的原因可以解释。我们建议对这些结构进行创造性的重新构想，以支持一个更适应未来挑战的整体系统。

关于工作如何以及为何发生变化的书籍并不少见。本书从行为科学的视角，探讨为什么这些改变对我们来说如此艰难，以及我们如何才能应对这种情况。关于劳动力转型，历史上充满了人力成本高昂的教训。过去几十年的积极心理学和神经科学给了我们一种独特的优势，那是我们的祖先没有的。虽然我们的大脑自最初进化以来变化不大，但它们集体的科学的努力为我们提供了一本新的操作手册，告诉我们如何使用同样古老的神经物质来支持我们现代的目标。

追本溯源，让我们从工作和大脑本身开始本书。

目　　录

引　　言

第 1 章

工作简史与智人大脑进化

狩猎觅食时代：大脑的适应力、通才力和创造力　/ 6

农耕时代：大脑思考未来的能力和心理韧性　/ 9

工业时代：工业化引发的焦虑、抑郁、疲劳和心理耗竭　/ 14

第 2 章

激流工作世界

巨变中的工作：持续到 2030 年将有 80% 的人因自动化
　而更换工作或减薪　/ 35

乌卡与棘手问题并存的时代：快速而不可预测的变化，
　尤其是恶化的可能性　/ 39

激流变化的工作环境导致的心理代价：抑郁、焦虑、
　身心健康受损和孤独　/ 46

第 3 章

积极心理学：聚焦"幸福地生活"的现代科学

起源　/ 56

反弹　/ 60

信仰危机　/ 63

创立积极心理学　/ 66

第 4 章

韧性：在不确定中实现蓬勃发展的基石

当谈到韧性时，我们究竟在谈论什么　/ 76

情绪调节能力　/ 80

乐观主义　/ 86

认知灵活性　/ 89

自我关怀　/ 94

自我效能感　/ 96

韧性是培养高绩效组织的基石　/ 101

第 5 章

在工作中寻找意义

何为意义　/ 111

人们普遍渴望工作更有意义　/ 112

有意义的工作益处多　/ 114

是什么让工作变得有意义　/ 117

增强工作的意义　/ 118

意义的替代品："要紧感"　/ 121

为什么"要紧感"很重要 / 123

斟满我们的"要紧感之杯" / 125

第 6 章
快速建立融洽的关系：获得社会支持

社会联结与幸福感、身心健康水平 / 140

社会联结与工作表现、工作满意度、归属感 / 148

社会联结与客户体验 / 153

联结的三大障碍：时间、空间和我们 / 他们 / 156

第 7 章
如何快速建立融洽的关系

时间充裕感：奉献时间，让你拥有时间 / 163

同步：共享时间和经历 / 166

赋权、换位思考和个体化：把"他们"变成"我们"/
　共同的群体认同 / 169

深度倾听和共情型倾听：拉近彼此的情感距离 / 174

第 8 章
展望能力：不确定时代的决定性的心理能力

展望能力：我们时代的决定性的心理能力 / 188

"软件编码错误"与"人类展望的错误" / 192

默认模式网络：最佳创意来源 / 195

展望的两个阶段 / 198

打造展望"肌肉"：第一阶段 / 200

打造展望"肌肉"：第二阶段 / 203

创新者的认知偏差 / 205

展望能力是可以教授和显著提高的 / 210

第 9 章
我们每个人都有创造力

创造力：人类独有的天赋 / 223

创意大脑 / 227

富有创意的人 / 230

四种不同类型的创新思维 / 236

创意团队 / 245

创造力"保健" / 250

提升个人创造力的三种策略 / 251

提升团队和组织创造力的四种策略 / 258

第 10 章
为未来的职场做好准备

社会福利传统：救助苦难者 / 270

学习与发展：提升能力 / 271

帮助员工成长的挑战 / 273

打造积极主动、蓬勃发展的团队和组织 / 277

结　语　/ 284

附　录　全人模型评估　/ 290

致　谢　/ 296

注　释　/ 298

我们在这个星球上的
大部分的清醒时间,
是在工作场所度过的。
世界的不确定性和波动性,
让我们的工作变得
充满压力焦虑和疲惫。
那么,
未来的工作又将
如何改变我们?
我们怎么才能让
自己蓬勃发展呢?
我们如何穿越
不确定性的风暴?

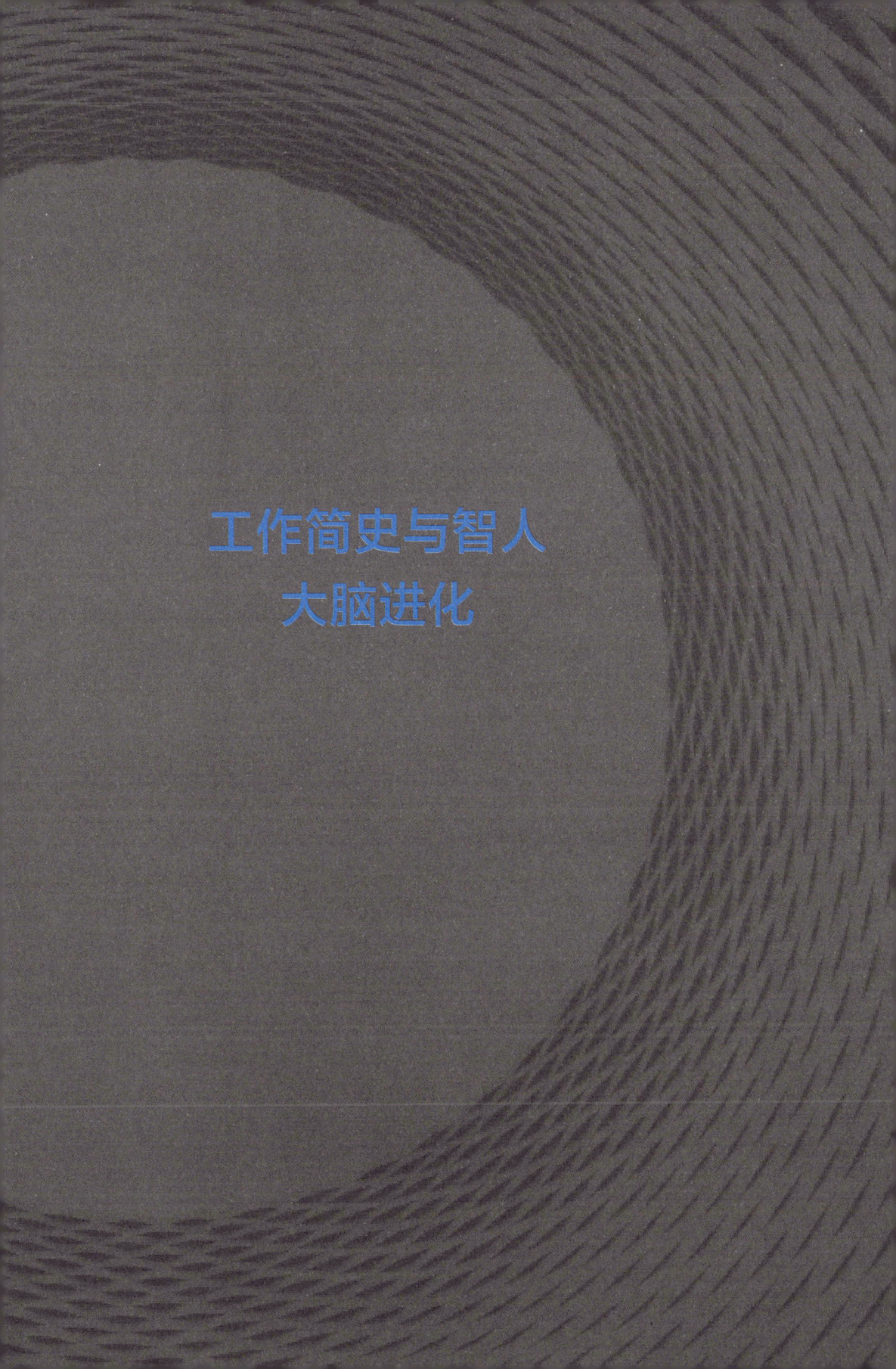

工作简史与智人大脑进化

人类独特的技能，比如展望和创造力，经过数百年甚至数千年的历程，再次变得至关重要。这一时刻的光辉在于我们有可能把智人的这些超能力发挥到极限。

如果农业和工业化使工作变得非人性化，那么未来的时代就有可能以崭新的、鼓舞人心的方式使其重新变得人性化。

最初，变化来得很慢，并且主要通过天气来实现。早期的人类面临着寒冷的冰河时代与变暖的间冰期的交替出现，其间隔时间常常为一千年或几千年。[1] 海平面的急剧上升和下降，使得大片土地能够不时地适宜人类居住。这个周期足够慢，以至于早期的人类能够用老式的方法——通过自然选择进化——而生存下来。例如，欧洲的尼安德特人，面对寒冷的气候，发展出了更短的前臂和小腿[2]。变短的四肢意味着更少的表面积，所以尼安德特人更容易保暖。

然而，在大约 7 万年前[3]发生的一件事，不可逆转地改变了游戏规则。有一个特殊的人类群体，智人（也就是我们的祖先）的大脑经历了深刻的变化，其中包括了顶叶和小脑区域的增大和变圆。大脑的这些区域[4]与计划、长期记忆、语言、工具使用以及自我意识息息相关。智人新出现的这些复杂智能让我们得以使用飞速发展的更聪明、更快速的方式去应对环境挑战。从那以后，地球上的一切都变了。

举个典型的例子：与生活在相同气候条件下的尼安德特人邻居不同，智人仍然拥有生活在热带地区的人的更长的胳膊和腿。我们是如何保护修长的四肢不被冻僵的呢？智人并没有等上数千年去进化出新的身体部位，而是用一种只有我们才能做到的方法解决了问题：使用技术。

有针眼的针证明了外套的存在，而外套可以保暖。穿了孔的石头，是智人用来摩擦生火[5]的一种初级工具，穿孔石上的旋转痕迹说明智人在需要时能够生成火。陷阱和渔网的遗迹表明了更省力的狩猎方式。更大更圆的大脑让我们更聪明地工作，身上穿着舒适的衣服，附近有着巧妙的陷阱和噼啪作响的火堆。

最重要的是，我们不需要不断地去重新发明这些技术。相反，使用我们最重要的工具——语言，智人就可以详尽地交流这些技术。复杂的句法语言[6]使得每一代人都能够在前一代人的基础上发展出新的知识。现代人类语言促进了抽象概念的交流[7]、想象力的共享，以及集体的意义构建和发明。语言不仅可以用于描述此时此刻，还可以展示未来的所有可能性。

在这些突破性成果——语言、工业、家庭生活——之下，蕴藏着一套共同的认知技能，是为我们所独有的。生成和理解长句子、布置陷阱、用生皮制作外套都需要工作记忆、分步规划以及不被囿于当下情境[8]的心智能力。这些优势使智人克服了让其他早期人类物种灭亡的严酷条件，得以"胜出"。

因此，你能够读到这段话，得益于你惊人的大脑——这个约三磅[⊖]重、淡粉色、褶皱丰富的肉质橄榄球，它在钙质的头盔下

⊖ 1磅 ≈ 0.453千克。

生成和理解长句子、布置陷阱、用生皮制作外套都需要工作记忆、分步规划以及不被囿于当下情境的心智能力。这些优势使智人克服了让其他早期人类物种灭亡的严酷条件,得以"胜出"。

处理着这些文字，同时你也要感谢那些伟大的智慧前人们的大脑。

狩猎觅食时代：大脑的适应力、通才力和创造力

在我们 95% 的历史长河中，智人依靠狩猎、采集和捕鱼为生。这就是"工作"——维持生存所需的一系列常规活动——我们的大脑就是为了完成这些工作而进化的。今天你仍然拥有这种狩猎－采集者大脑，而我们将需要使用这种狩猎－采集者大脑在当今这个截然不同的工作世界中取得成功。

狩猎－采集者大脑的三个关键特征是通才力、适应力和创造力。我们的觅食祖先首先都是通才。每一个人都必须知道该怎么去避开蛇，区分有营养和有毒的浆果，预测捕食者，给鱼钩上饵，追踪猎物，等等。我们生活在小部落中，成员相互依存，通过高度信任，团结在一起来保护彼此。尽管我们今天认为，那时的女性更多地从事了采集工作，而男性更多地从事狩猎和捕鱼工作，但由于部落不得不根据资源的变化而改变策略，这些角色可能更具流动性。任何曾经自主创业的人都会明白：你有时是营销人员，有时是管理者，有时是客户服务代理。你需要知道怎么做到这一切。

所有这些都让工作变得很有趣，生活本来就是游牧这一事实也是如此。在每一个新的环境中打猎、钓鱼或采集，都会带来崭新的发现。每个地点都需要觅食者去适应——不同的气候、日长、

地形等，与此同时，也提供了发展新技能的机会。我们现在认为，觅食者每天只花 3 ~ 5 个小时[9]去劳作。这样缩短的"工作日"让觅食者有足够多的时间来学习，更不用说休闲、社交和探索了。

悠闲的探索反过来又促进了创造力的提升和创新。我们的祖先利用他们强大的大脑为个人及其物种创造了巨大的成就。考古学几乎没有发现尼安德特人在技术或文化上的进步，而相较之下，智人的艺术和技术却以惊人的速度发展着。武器变得越来越复杂，组成的部件越来越多。先进的船只使我们能够远航至澳大利亚，定居在其他物种无法到达的土地上。简单的洞穴绘画演变为用象牙和陶瓷制作的神话生物。

作为觅食者，我们事实上非常有创新精神，把自己从那种生活方式中拉了出来。之所以能做到这一点，部分原因在于我们发明了食物储藏系统，避免了通过不断漫游来寻找下一顿饭的麻烦。也因为我们是智人，一旦我们发明了食物储藏，就会一遍又一遍地迭代，把它变得越来越好。食物储藏技术迅速发展，从最初使用动物皮革，接着到窑烧陶器，再到冷却装置[10]。到公元前一万年，狩猎和采集已经被一种截然不同的工作形式所取代：农业。

几十万年来，创造力、适应力和通才力为我们这个物种带来了辉煌的成就。下一个劳动时代将引发一系列全新的问题，要求我们迅速重新利用同样的这些认知机制。

悠闲的探索
反过来又促进了
创造力提升和创新。
我们的祖先
利用他们强大的大脑
为个人及其物种
创造了
巨大的成就。
几十万年来，
创造力、
适应力和
通才力为我们
这个物种带来了
辉煌的成就。

农耕时代：大脑思考未来的能力和心理韧性

尽管农业现在对我们来说很普通，但农业所代表的根本性转变却怎么说都不为过——这可以说是整个原始人类历史上最重大的劳动力飞跃。狩猎、采集和捕鱼收获的是大自然的馈赠，而农牧业则需要人类改变自然本身。觅食和耕作是如此截然不同的生活方式——并且觅食对个人有诸多好处，而耕作却很少——以至于考古学家很难解释[11]为什么我们会向农业转变。

我们能知道的是，农业起源于公元前一万年左右的黎凡特，即目前被土耳其、黎巴嫩、以色列、约旦和叙利亚占领的西亚地区。天气再一次为这个变化铺平了道路，这次是以全球变暖的形式。在此之前，冰河时代意味着干旱，淡水锁在极地冰盖区以及覆盖欧洲、亚洲和北美洲的大片冰层中。二氧化碳被隔绝在寒冷的海洋中，因此即便是植物也生长困难。巨大的尘埃云席卷全世界上空。尽管有过变暖的时期，但时间太短且变化太大，无法进行农耕。

在最后一个冰河时代末期，全球变暖带来了更多的降雨、海平面的上升，以及大量可用的二氧化碳。森林缩小，而生长着可食用野生谷物的草地扩大了。我们的祖先最初收获了这些野生谷物，然后选择了那些可以被驯化的[12]谷物来种植。

早期对驯化动植物的了解，加上食物储藏，意味着之前的游牧部落现在可以在一个地方长期居住下来了。狩猎和采集与农业并存——即使在今天仍然有少数觅食文化存在——但随着技术变得更加先进，定居点更加复杂精致，地理区域之间的贸易流动更多，农业社会开始主宰地球。生活变得定居化，人口膨胀，我们开始适应新的工作方式 [13]。

觅食者和农民的共同点是他们与土地的联系。二者都受天气的支配，用灵异和神明来解释天气。

但相似处仅此而已。

狩猎 – 采集者追随着大自然的指引，四处游荡，寻找可用的资源，而农业人则让大自然来满足他们的需要：农民移除自然生长的物种，并以驯化植物取而代之；牧民也把他们的意志强加于进化，培育温顺的动物，驮畜或可食用的野兽。

征服自然需要规模空前的规划。觅食者拿走他们触手可及的东西。他们通常不需要考虑太久，比如周四午餐之后的事，因为即使考虑了，他们的做法也不会有什么不同。相比之下，农民需要思虑大自然可能对他们造成的各种不利影响 [14]。时间范围从几天（安排作物收割的顺序）到几个月（规划不同的收获时间），到几年（培育合适的植物或动物），再到几十年（储备以抵御饥荒）。

农业社会最重要的建筑地标是粮仓——巨大的长期储存粮食的地方，这绝非偶然。粮仓就是那时的集体储蓄账户。早期的农民一起建造出粮仓，并且把它们填满。想想这样一个劳动者的心态：如果田地歉收，我们就可能需要这些食物。那时我可能已经不在人世了，但我的孩子们还活着。不管怎样，我很高兴知道这些储备是存在的。

思考未来的能力被称为展望能力，它是农业得以发展的原因之一。展望能力是我们极其强大的顶叶和额叶[15]合作的产物，这种程度的未来意识是智人所独有的。觅食者能表现出一定的展望能力，例如，发展出食物储存机制。但是，是农业智人完全接受了展望——特别是计划——来作为他们抵御变化无常的自然的最佳手段。即使在今天，对实时思维的分析也表明，我们74%的前瞻性思维都用于计划。[16]

然而，这种极其强大的能力也有其不利的一面。觅食者当然也会感到恐惧，但那主要是对当下危险的反应——豹子！洪水！人类进化出"战斗或逃跑"反应，保护我们免受这些现实的、非常具体的威胁伤害。

相比之下，农民们却已经习惯了去担心。在农业社会努力控制自然的过程中，他们很快就知道了许多可能会出错的问题。干旱导致庄稼颗粒无收，瘟疫可以毁灭你的牲畜或者家人。由于营养不良以及邻居和动物带来的传染，早期农民的健康状况极差。不断增长的人口密度加剧了这些问题。古代定居点不知道如何处理垃圾和人类粪便，疾病很容易传播。[17]

对遥远而模糊的事件的长期担忧[18]就是我们所说的焦虑。如果不加以控制，焦虑对个人和社会都可能是灾难性的。个体的焦虑症会产生令人衰弱的情绪状态，以至于一个人根本无法工作。在集体层面，严重的焦虑会产生有害的决策模式。

一方面是我们的大脑通过进化已经适应的工作类型——觅食，另一方面是我们这个物种为自己创造出来的截然不同的工作世界。这两者并不匹配，焦虑只是我们看到的第一个例子。换句话说，从农业革命开始，我们的大脑不再是为我们的工作而设计的。为了取得成功，我们需要依靠我们的心理遗传中仍然有用的部分，并应对那些可能给我们带来不良后果的部分。

当面临新的挑战时，从心理和行为上去适应它，避免事情变得更糟的能力被称为韧性。觅食者在面对雪崩或火灾等自然挫折时需要有韧性。农民必须发扬韧性，他们不仅要应对大自然的日常挑战，还要应对其内在心理与新的工作世界之间的矛盾。

虽然过多的焦虑会让人瘫痪，但少量的焦虑有时也是有益的。正如我们将在第 4 章中看到的那样，心理韧性让我们能够回应我们的担忧并利用它。成功的农牧民需要在认知上控制焦虑，并且利用焦虑来帮助他们制订计划，而同时不让它失控。

转向农业带来的另外一个重要的矛盾，是我们的通才觅食者的大脑与农业所需专业化之间的不匹配。狩猎者需要了解广泛的技能，因为他们的环境经常在变化，而对于农业人来说——他们被困在一个地方，长年累月从事同一种活动——掌握某项特殊的专业知识是值得的。如果你出生在黎凡特东北部山脚下的一个牧羊部落中，你最好对你的工作对象有所了解。农民可能会专注于一种谷物或一种生产方向，比如磨面粉。

当面临新的挑战时，
从心理和行为上去适应它，
避免事情变得更糟的能力
被称为韧性。
觅食者在面对雪崩或
火灾等自然挫折时
需要有韧性。
农民必须发扬韧性，
他们不仅要
应对大自然的日常挑战，
还要应对
其内在心理与
新的工作世界之间
的矛盾。

在全球范围内，对农业智人骨骼的研究显示出各种畸形，包括椎间盘突出和关节炎，觅食者则没有出现这些畸形。我们的身体，就像我们的大脑一样，并没有为了耕种而进化。

农业还扭曲了我们的社会结构，让少量的成功人士能够积累大量的财富。虽然农业社会并不是从专制政权开始的，但它们大多数都演变成了专制政权。统治者强迫推行极端的社会分层，包括奴役人类。与农业社会相比，奴隶制在狩猎 – 采集者中比较少见，因为奴隶制的广泛存在取决于社会分层、人口密度和经济盈余。这种后果延续至今：截至 2019 年，全球估计有 4000 万人被迫劳动，其中包括约 1000 万儿童。[19]

从几乎所有指标来看，从狩猎向农业的转变似乎都是一种令人费解的选择。对于整个人类物种而言，我们放弃了休闲时间和愉快的劳动，而换取了更长的工作时间、单调的生活，许多人被奴役，所有人的营养不如之前。一定曾有一些人反抗这个转变，坚持狩猎这种过去的生活方式。但随着时间的推移，这些机会越来越少。到了公元 100 年，只有 100 万～ 200 万的狩猎者仍然存在，而农民则有 2.5 亿。[20] 大多数人都很穷，有很大一部分人与他们的工作分离，并可能厌烦透了。

工业时代：工业化引发的焦虑、抑郁、疲劳和心理耗竭

我们觅食了二十万年。又耕作了一万年左右，而我们的工作世界中的第二个最具戏剧性的变化发生在 300 年前：工业革命。

现存的记录为我们提供了工业工作的第一手资料。其中包括1832年时22岁的工厂工人马修·克拉布特里（Matthew Crabtree）的证词，他在英国议会对童工情况的调查中被传唤。国会议员迈克尔·萨德勒（Michael Sadler）支持这项调查，召集了至少89名证人[21]向特别委员会作证。下面是萨德勒本人亲自询问克拉布特里[22]的一段话，这段话非常生动，我们详细引用如下：

迈克尔·萨德勒：你几岁时第一次（去工厂）开始工作？

马修·克拉布特里：八岁……

迈克尔·萨德勒：请问你开始进厂那段时间，平时的工时多长？

马修·克拉布特里：从早上六点到晚上八点……

迈克尔·萨德勒：当工厂交易活跃时，你的工作时段是？

马修·克拉布特里：从早上五点到晚上九点……

迈克尔·萨德勒：你能说说这些长时间的工作对你的健康状况和情感有什么影响吗？

马修·克拉布特里：当长时间工作的时候，通常我在晚上下班时极其疲惫，以至于有时如果我没有被绊倒并惊醒，我可能在走路时就已经睡着了。我经常感到非常难受，甚至无法进食，吃了就会呕吐。

迈克尔·萨德勒：你在那个工厂里是什么情况？

马修·克拉布特里：我是一名拼纱工。

迈克尔·萨德勒：拼纱工的职责是从机器的一个部位取出纱卷，然后把它放进机器的另一个部位？

马修·克拉布特里：是的。

迈克尔·萨德勒：就你自己的经验而言，你是否觉得，机器的速度就是那样计算好的，以至于即使工作时间适度，孩子们也必须尽最大努力吗？

马修·克拉布特里：这是孩子们所能做到的极致了……一天快结束的时候，当他们变得更加疲倦时，他们就无法很好地跟上机器的速度了，后果就是他们挨打以鞭策他们……机器每天都要生产出一定数量的纱卷，所以孩子们必须全天保持同样的工作速度；他们必须跟上机器的速度。监工也必须跟上机器的速度，否则就会被责备，所以无论（监工）多么人道，他都会采取各种手段来激励孩子们跟上机器的速度，但他通常采取的方式是在孩子们昏昏欲睡时用皮带抽打他们。

迈克尔·萨德勒：如果你来得太晚了，你会担心遭到残忍的殴打吗？

马修·克拉布特里：一般来说，我迟到的时候就会被打。当我早上起来的时候，这种恐惧是如此强烈，以至于我常常跑去工厂，一路上都在哭。

迈克尔·萨德勒：那么，根据你的所见所闻和你自己的经验，你认为，这些长时间的劳动会使那些受其支配的年轻人变得极其痛苦吗？

马修·克拉布特里：是的……

迈克尔·萨德勒：你似乎是说，为了让孩子们持续跟上工作，这种殴打是绝对必要的，所有工厂都这样吗？

马修·克拉布特里：我去过其他几家工厂，在这些工厂里，我都目睹过同样的残酷行为。

克拉布特里的证词——一方面被主张人权的人广泛宣传，另一方面被同情实业家的人谴责——展示了工作变成了什么样子，以及我们人类在这些变化中做了什么。

例如，我们了解到，现在，劳动节奏是由机器来控制的了。产业工人跟上的不是季节，不是漫游的畜群，而是人造的引擎。这类工厂工作并不需要人类的能动性。机械的精确度和一致性是至关重要的。当一个人出错时，就会降低数百人的生产力。与个体农民不同，工厂工人不需要提前计划。机器和它们的制造师负责处理这个问题。因此，展望能力不再是一项核心的劳动技能。

从克拉布特里的证词中，我们还了解到，劳动被简化为高度具体、高度重复的任务，例如拼纱——把机器的一个部位生产出的东西组装到另一个部位上。从农业开始走向专业化的趋势现在已经达到了最极端的形式：劳动的全面分工。尽管农业化生活可能已经很乏味，但当工厂的工人们日复一日地花费很多个小时重复同样的一系列动作时，无聊感将达到前所未有的程度。工人们与自然世界没有任何联系，与自己的劳动产品也只有最微弱的联系。工厂工作覆盖了农业中所有已经失去人性的部分，并使之变得更糟。[23]

在从觅食到耕作的转变过程中，我们这个物种已成为其自身成就的受害者。人类大脑的所有惊人的认知复杂性都被应用于设计机器——然后，创造过程就停止了。具有讽刺意味的是，对于那些操作机器的人来说，工作本身几乎不需要任何复杂性。只有智人才能发明出轧棉机，但尼安德特人也很有可能会操作它。

一旦工业浪潮开始转向，就无法阻挡。人们不得不跟着工作走。农业本身越来越机械化，农业工作开始慢慢枯竭，然后急剧减少。从 1900 年到 1940 年，美国 40% 的劳动者从农业转移到工厂。工人们离开农村，涌向城市去填补装配线上的空缺。[24]

心理韧性对农民来说已经很重要了，而在这种情况下变得更为必要，因为工人们必须背井离乡，在恶劣的条件下长时间地工作。社会支持也一样必要。来到城市的新工人在工厂外没有社区可言，他们必须从头开始建立社区。新型的社交团体出现了，其明确目标是缓解财务动荡。互济会（Friendly societies）被称为[25]这个时代面向英国工人阶级的最典型的慈善机构，它们为其成员提供经济和社会服务。例如，1761 年成立的芬威克织工协会可能是第一个现代合作社，它成立的目的是支持需要帮助的编织工们，并确保所有人都能获得公平的工资。[26] 规模更大的工会，最终是整个政党，很快就会围绕这些宗旨建立起来。但在成立之初，这些小规模的当地社团的目标在于增强那些正艰难地适应环境的人的韧性。正是由于这样的社团的帮助，加布里埃拉的祖父作为一个新移民，在布鲁克林找到了他的第一份工作，也遇到了他未来的妻子。

很多人没能撑过去。我们的大脑并不是为了应对工厂生活，而是为了应对掠食者、暴风雨和部落争执而生的。我们的身体也不是为了成为拼纱工而生的，它们是为了漫步、采集、狩猎和闲谈而生的。因此，我们的身心都遭受了痛苦折磨。不过，从那个时代起，关于这种不匹配所带来的个人的和社会的代价，我们开始有了记录。

我们已经听到迈克尔·萨德勒对心理代价的关注："那么你认为，这些长时间的劳动会让那些受其支配的年轻人变得极其痛苦吗？"他以典型的引导方式问道。萨德勒的目的是强调工厂生活不仅会造成身体上的损害，还会造成情感上的伤害。

在这个工业化世界中，工作与福祉之间的联系是不可避免的。工业化世界将工人逼到了身体极限，同时忽视了他们的许多智力天赋。觅食者的大脑是为了每天 3～5 个小时的悠闲探索型的工作而进化的，而在 1800 年，八岁的孩子们却被要求承受长达 14～16 个小时的重复的制造业工作。（全世界如今仍有 1.6 亿儿童在工作，[27] 其中一半处于危险环境中。）

很多人没能撑过去。
我们的大脑
并不是为了应对工厂生活，
而是为了
应对掠食者、暴风雨
和部落争执而生的。
我们的身体
也不是为了
成为拼纱工而生的；
它们是为了漫步、
采集、狩猎和
闲谈而生的。
因此，我们的身心都
遭受了痛苦折磨。

许多产业工人因此患上了精神疾病。当时的标签和现在不同：它们是"神经衰弱"和"癔症"，而不是焦虑、抑郁和慢性疲劳。特别是神经衰弱，由美国神经学家乔治·比尔德（George Beard）在1869年提出，在接下来的几十年里[28]成为一种非常流行的诊断。神经衰弱患者被诊断为因为现代生活的快节奏而精力耗竭。虽然有时它被认为是富人的疾病，但记录显示，它也波及工人阶层。到了1906年，在伦敦的皇后广场医院[29]中，神经衰弱在所有诊断中占到了11%。在大西洋的另一边，1911年，纽约市的一家诊所记录到，在服装厂的工人中，神经衰弱的患病率高得惊人。[30]

这种苦难的回声至今仍然存在。2018年，研究劳动的学者马丁·奥布申卡（Martin Obschonka）和他的团队分析了英格兰与威尔士各地人们的性格和幸福数据。他们比较了曾经高度工业化的地理区域（例如煤矿开采区域，或涉及蒸汽动力制造业的地区）与工业化程度较低的区域。曾经高度工业化的地区的现代居民仍表现出[31]更多的神经质、更低的生活满意度和更少的责任心——尽管那种工业本身早已消失了几十年。马丁·奥布申卡和他的团队随后在美国成功地复制了[32]这一分析，证明了在这么多年后，工业革命所造成的心理浩劫仍然困扰着社会。

工厂工人们用多种方式来应对新生活的压力，而这些方式有些健康，有些则不那么健康。最臭名昭著的是，用酒精进行自我治疗变得很普遍。新的蒸馏方法使酒精得以大规模生产，并且比以往任何时候都更烈、更便宜、更容易获得，特别是对城市工人阶级而言。[33] 对于那些在离家很远的地方长时间工作的、孤独的员工来说，酒是廉价而忠实的朋友。

1844 年，年轻的弗里德里希·恩格斯（Friedrich Engels）描述了他在曼彻斯特当地，自己家族拥有的工厂中，所观察到的工人醉酒的祸害。他引用了与醉酒相关的一些报道：格拉斯哥市街头有三万名醉汉（该市 10% 的房屋用作酒吧）；从 1823 年到 1840 年，英国人饮酒的加仑⊖数增加了四倍。关于曼彻斯特的饮酒场景，他写道：

> 在周六晚上……当整个工人阶级从自己的贫困区涌入主要街道时，可以看到一切放荡不羁的行为。这样的夜晚，我在曼彻斯特外出时，几乎都会遇到一些摇摇晃晃的人，看到有人躺在街沟里……当你看到英国工人酒精中毒的程度……外部环境的恶化、身心健康的严重崩溃，以及随之而来的所有家庭关系的毁灭都是可想而知的。[34]

恩格斯的目的在于揭示问题，而并非去改善资本主义制度的问题。同年晚些时候，他第二次与卡尔·马克思（Karl Marx）在巴黎见面。这次会晤标志着他们合作的开端，最终成就了《共产党宣言》(The Communist Manifesto)。对于马克思和恩格斯来说，现代工作世界的弊病对人类精神有着极大的危害，而最好的

⊖ 1 加仑 ≈ 4.546 升。

解决方法就是彻底推翻资本主义。如果劳动体系导致了人类的这些疾病，那么这个体系本身就必须消失。

其他人则试图从内部进行改善。美国的一些个体雇主开始对此进行干预。芝加哥商人罗伯特·劳（Robert Law）是我们所知道的首批这么干的人之一：1863年，他开始了小规模的实践，收留一名酗酒员工与他一起生活，帮助他戒酒。当这个康复计划成功实施后，劳成立了历史上最早一批戒酒生活设施之一。员工心理援助计划（EAP）从这个传统中开始出现。到了20世纪20年代，像柯达公司这样的进步雇主为所有与成瘾斗争的员工[35]提供了这样的计划。

一些学者对此持怀疑态度，他们认为这些举措只是为了遏制日益高涨的社会主义情绪。还有一种解释则基于工厂业主更切身的利益，业主们已经开始明白，长期醉酒的工人对生意不利。这种认识与对生产力的新痴迷相吻合，然后生根发芽。世界上的第一位效率大师，一位名叫弗雷德里克·泰勒（Frederick Taylor）的工程师普及了这样一个观念：企业的成功在于最大化工人的产出。清醒的劳动者才是高效的劳动者。

从这些动机——慈善的或利己的——的奇特汇合中，[36]我们形成了现代职场的结构化的家长式作风及其人力资源（HR）功能。如今，97%的大雇主通过人力资源为员工提供EAP，为各种心理健康问题提供支持，远远超出了成瘾的范畴。今天，人们都认为公司有责任为那些遭受身体和精神疾病折磨的人提供帮助。EAP的影响既有慈善又有资本主义的特点。它是一种补救措施，但带有重大缺点。在第 10 章中,我们将回顾 EAP 模型及其缺点,并为人力资源提供一种更符合行为科学原理的替代方法。

我们的愿景,不仅仅是减轻伤害。工业时代最好的雇主所能做到的,只是帮助他们的员工戒酒。那是一个开始。这一次,在工作发生新的巨变之际,我们有机会减轻伤害,而尤为重要的是,培养卓越、有创新精神和幸福的人。人类独特的技能,比如展望能力和创造力,经过数百年甚至数千年的历程,再次变得至关重要。这一时刻的光辉在于我们有可能把智人的这些超能力发挥到极限。如果农业和工业化使工作变得非人性化,那么未来的时代就有可能以崭新的、鼓舞人心的方式使其重新变得人性化。

要实现这一目标,我们需要清楚地了解不久的将来对我们的要求,还需要认识到并利用我们独特的历史优势(现代行为科学),以及如何加强我们所需(不仅为我们的生存,还为我们的蓬勃发展)的技能的知识。

人类大脑是从摘浆果、爬树、捕鱼的劳动中进化而来的,而对我们大多数人来说,今天的工作与这些觅食劳作看起来截然不同。从这个意义上说,我们可能有理由害怕,在未来,工作和大脑之间的矛盾会令我们难受。但也要感谢那些极其强大的觅食大脑,我们才能为即将到来的——事实上在很多方面已经到来了的——事情做好准备。

从几乎所有指标来看，
从狩猎向农业的转变
似乎都是一种令人费解的选择。
对于整个人类物种而言，
我们放弃了
休闲时间和愉快的劳动，
而换取了更长的工作时间、
单调的生活、许多人被奴役，
所有人的营养不如之前。
许多产业工人因此患上了
精神疾病：神经衰弱，
患者被诊断为
因为现代生活的快节奏而精力耗竭。
虽然有时它被认为是富人的疾病，
但记录显示，
它也波及工人阶层。

02
第 2 章

在当代工作环境中，我们独自驾驶皮划艇，应对许多压力，顺着附近的激流前行，但我们同时也处在重大全球事件的下游，这些事件会以某种方式同时影响到数百万人。

一方面，对于那些能够利用激流获利的人来说，机会是无限的；

另一方面，持续不断的不确定性会带来压力和恐慌，即便是我们中最勤奋的人也会因此而受挫。

过去从未逝去，甚至从未过去。
　　——威廉·福克纳（William Faulkner）

第 2 章 激流工作世界

罗伯特·范奥登（Robert VanOrden）是密歇根州的居民，他与他的父亲和儿子一样，祖孙三代都从事汽车行业的工作。通用汽车公司在底特律市的哈姆特拉米克（Hamtramck）镇上有个装配厂，¹ 罗伯特白天在那里上班，负责供暖和制冷。在业余时间，他与儿子小罗伯特·范奥登一起修理和摆弄东西，再转手出售以获得微薄的利润。²

作为一名工厂的工人，罗伯特是哈姆特拉米克当地政府在 20 世纪 80 年代做出的一个有争议的决定的受益者之一。该镇利用土地征用权法从其下属的波尔汤（Poletown）社区征用了 300 英亩㊀的土地拨给通用汽车公司，用于建设工厂。许多人反对这一决定，对它所承诺的回报 ³ 持怀疑态度。多年来，社区成员不断地在工厂就业和失业之间循环，他们的收入依赖于工厂工作。即使如此，征地造成的伤痕也从未完全愈合。

2018 年 11 月，第二个有争议的决定出现了，这次的决定不是来自该镇，而是来自通用汽车公司本身。通用汽车公司的首席执行官玛丽·巴拉（Mary Barra）决定关闭哈姆特拉米克的工厂。

㊀ 1 英亩 ≈ 0.404 公顷。

玛丽·巴拉的父亲是一名通用汽车工厂的工人，并且她本人从18岁起就成了通用汽车公司的员工。

"通用汽车公司希望走在不断变化的市场环境和客户偏好的前面，以期获得长期的成功。"巴拉在一份声明中解释道，"我们正在转型。如果你把目光投向汽车推进技术、自动驾驶和共享汽车等方向，汽车行业正在非常迅速地发生着变化。我们希望在公司强大、经济繁荣的时候站在前沿……我们可以减少资本支出，并且投资电动和自动驾驶汽车。"

巴拉是受过培训的电气工程师[4]，她自己曾经管理过哈姆特拉米克的工厂。巴拉的才华引起了她的前任丹·阿克森的注意，当时她担任人力资源副总监，这个职位可以让她切身了解这家拥有百年历史的公司不断变化的人才需求。2013年，她被任命为首席执行官，[5] 被《华尔街日报》(*Wall Street Journal*)誉为女性的一个突破。此后，巴拉因致力于提高通用汽车的质量和品牌知晓度而闻名。关闭哈姆特拉米克的工厂是个艰难的决定，她用这一事件告诉市场，就像汽车本身在进化一样，通用汽车工人的形象也需要改变："我们必须确保我们掌握正确的技能，[6] 它们不仅适用于通用汽车的今天，同时在通用汽车的未来也适用。所以你将看到，我们在裁员的同时也在招募新人。"

通用汽车旗下位于旧金山的自动驾驶汽车公司（GM Cruise）是继续招聘的公司之一，而哈姆特拉米克的工厂以及其他子公司则有数千人失业。

哈姆特拉米克镇官员估计，裁员将导致哈姆特拉米克的年度预算损失近 100 万美元，并使该镇的学校援助基金损失 11.5 万美元。对于居民来说，工厂的关闭证实了他们日益增加的不信任感。专栏作家约翰·加拉格尔（John Gallagher）表达了这种不满："正如威廉·福克纳（William Faulkner）曾经说过的那样，[7]'过去从未逝去，甚至从未过去'。所以现在，在底特律市同意拆除一个街区来建造汽车厂的将近 40 年后，如果伤口还在流血，记忆依然强烈，问题也没有消失，请不要感到惊讶。"

罗伯特是那些失去工作、面临失去房屋的风险的人之一。这个消息让他震惊。

"我崩溃了，"他当时说，"我在门廊上坐了几个小时，思考人生，思考我该怎么办。我是个聪明人，我不喝酒，也不吸毒。所以我集中精力对自己说，'现在，在我这个年纪，我必须从零开始重建自己'。"[8]

在我们的现代的工作世界中，从零开始重建已经成了一种生活方式。

我们开始一项事业，随着市场和技术的变化而努力转向，然后再重新开始。新冠疫情给了许多人当头一棒，他们此前没有意识到所谓的未来工作实际上已经到来。然而，对于数以百万计的工人来说，这一现实早在新冠疫情之前就存在了。

在我们的
现代的
工作世界中，
从零开始重建
已经成了
一种生活方式。
当代职场人士
更像激流皮划艇运动员，
你必须快速
分析和应对
不断在变化的水流，
了解并相信自己，
这样才不会恐慌。

大约七年前，我们的同事，未来学家约翰·西利·布朗（John Seely Brown）——他也是施乐（Xerox）公司的前首席科学家，化名约西布（JSB）——和他的写作伙伴安·彭德尔顿–朱利安（Ann Pendleton-Jullian）就开始把这个时代描述为"激流工作世界"。约西布是硅谷的传奇人物，以他的宝马摩托车、犀利的提问以及他在 20 世纪 80 ～ 90 年代领导施乐的帕洛阿尔托研究中心团队发明了激光打印机和图形用户界面（GUI）而闻名。图形用户界面形成了计算机菜单、文件夹和鼠标的"桌面"交互的基础。

约西布还很擅长打比方。"对于我的父母来说，"他说，"典型的职业轨迹就像一艘蒸汽船——发动引擎，全速前进。对于我这一代人来说，就更像是一艘帆船——通过巧妙地迎风航行，我们非常接近我们原本认为的目标。当代职场人士更像激流皮划艇运动员，你必须快速分析和应对不断在变化的水流，了解并相信自己，这样才不会恐慌。"[9]

激流皮划艇的比喻精妙地抓住了今天我们在工作中要应对许多紧张压力时的感受。我们独自驾驶皮划艇，顺着附近的激流前行，但我们同时也处在重大全球事件的下游，这些事件会以某种方式同时影响到数百万人。一方面，对于那些能够利用激流获利的人来说，机会是无限的；另一方面，持续不断的不确定性会带来压力和恐慌，即便是我们中最勤奋的人也会因此而受挫。

今天我们在
工作中面临的变革，
无论是速度之快
还是类型之多，
都是史无前例的。
成功驾驭这种节奏和
类型的不确定性——
不仅仅是生存，
还要充分利用
我们周围的
机会蓬勃发展——
需要一套独特的情感、
社交和认知技能。

激流的隐喻还暗示着，我们需要重新去依赖在觅食者生活方式中有用的一些优势。就像我们以狩猎 – 采集为生的祖先一样，我们都必须能够读懂环境，广泛地搜寻威胁和机遇。曾经，一群驯鹿的到来会使整个部落的人都变成猎人、屠夫和厨师，而发现一大片野生浆果可能又会让每个人都重新变回采集者。人类进化成了能够灵活抓住当下机遇的通才。这个成功秘诀同样适用于当今市场的未知领域。

今天我们在工作中面临的变革，无论是速度之快还是类型之多，都是史无前例的。成功驾驭这种节奏和类型的不确定性——不仅仅是生存，还要充分利用我们周围的机会蓬勃发展——需要一套独特的情感、社交和认知技能[10]。了解这两个挑战维度有助于我们做好应对准备。

巨变中的工作：持续到 2030 年将有 80% 的人因自动化而更换工作或减薪

对于我们的前人来说，工业革命期间的世界就似乎已经发展得太快了。那我们如何将今天我们周围变化的速度与一百年前相比较呢？

有一种方法是从工作流失——也就是被取代的工作数量——的角度来回答这个问题。在一些情况下，工作流失意味着这些工作不再存在，可能是被机器取代了；在另一些情况下，这意味着工作发生了转变，一些新的就业形式——如"拼纱"——取代了旧的就业方式。在最早的劳动力剧变中，花了大约一万年的时间，农业作为一种新的工作方式，才完全取代采集，而从工业化开始，我们可以依赖更精确的数据。根据贝恩（Bain）咨询公司对美国人口普查局数据的分析，从1900年到1940年，美国的工作岗位流失率高达40%。也就是说，在工业革命的最后40年里，40%的美国工人目睹了他们的工作被新技术接管或取代。考虑到正在运行的工厂的数量和规模，以及大量城市地区都有住房，在这个时代结束时，这种转移发生得最快是有道理的。

这与今天的失业速度相比如何？虽然大多数估计都认为，2020年还仅仅是这个新工作世界的第一章。但根据2018年对美国人口普查数据的分析，仅在未来10～20年内，近20%～25%的美国劳动力就将被自动化取代。[11]

换句话说，今天，在这场转型之初，工作流失的速度是1900年工业化高峰期的两倍，而且这个步伐还在加快。截至2018年，大约总劳动任务的71%由人类完成，29%由机器完成。世界经济论坛预测，[12] 到2025年，这一比例将变为人类50%，机器50%。根据麦肯锡全球研究所对新技术应用的模型，[13] 持续到2030年，我们中将有整整80%的人因自动化而更换工作或减薪。

推动这场变革狂潮的是技术创新本身的速度。发明家雷·库日韦尔（Ray Kurzweil）[14]，因其在语音和文本识别领域的领导地位而获得美国国家技术与创新奖，他在2001年用他的加速回报定

今天，在这场转型之初，
工作流失的速度是
1900年工业化高峰期的两倍，
而且这个步伐还在加快。
截至2018年，大约总劳动
任务的71%由人类完成，
29%由机器完成。
世界经济论坛预测，
到2025年，这一比例
将变为人类50%，机器50%。
根据麦肯锡全球研究所
对新技术应用的模型，
持续到2030年，
我们中将有整整80%的人
因自动化而更换工作或减薪。

律，预测了当今自动化、人工智能、纳米技术等领域的指数级加速发展。"我们在 21 世纪并不会经历一百年的进步，"他当时写道，"相反，我们将见证[15]大约两万年的进步。"

在一个世纪里取得两万年的进步！那么，个人对这种变化的体验又将会是怎样的呢？在我们各自的职业生涯中，我们需要经历多少次"从零开始重建"呢？换句话说，我自己本人将经历的变化究竟有多快？

技能"退休"的速度是一个有用的参考标准，可以用来预测我们有生之年内将经历的变革的周期。像计算机语言、市场分析的最佳实践或一代客户管理软件这样的技能更新迭代有多快？15 年前，约西布将这个速度设定在 5 年。如今他说这个速度更接近 18 个月。世界经济论坛等组织追踪了几十年来市场对（归为更大类别）的特定技能需求的变化。基于这种追踪，世界经济论坛估计我们在职业生涯中大约每 10 年[16]就将重塑自己。麦肯锡全球研究所的追踪数据则表明，到 2030 年，随着工作在复杂机器影响下的不断发展，所有的，而不仅是部分劳动者都将需要新技能。

仅仅在汽车领域，电动汽车和自动驾驶汽车的巨大突破在短短一二十年内就彻底改变了这个行业。到 2040 年，市场上超过一半的新车将是电动汽车。[17]目前，罗伯特和其他人可以在不同的工厂之间转换工作。但是，接受过汽油发动机培训的汽车工人很快就会发现他们的技能已经过时。专业技能的有效期变短。

一方面，这使我们回归到通才力。就像我们的觅食者祖先一样，在随着时间的推移不断转换角色时，我们将发现广泛的通才技能基础对我们有益。技术素养、基本专业素养——这些能力将保持其价值。

另一方面，在如今的工作世界中，真正的通才并不擅长任何技术技能（比如从前的打猎或钓鱼），而更擅长持久的心理能力。这些能力曾经被称为"软技能"，以区别于像编代码这样的"硬技能"。最近，在过度关注技术培训的职场中，试图重塑形象的人们把软技能重新命名[18]为"力量技能"或"元技能"。这些心理能力使我们区别于机器，并超越了任何特定的职业培训。它们代表了在如此不同于觅食者祖先的工作环境中，我们应对变化所需要的深刻的人类能力。定义和培养这些元技能——PRISM能力——是这本书的目标。

工业化使得每一代人都经历了变革。激流工作世界带来的变化如此迅速，以至于我们每一代人都会多次感受到这种变化。可以预见，我们需要在职业生涯中不止一两次地从零开始重建。我们可以预见，学习新的工作技能，只是为了看到它们被淘汰或被机器取代。我们将每天都重新塑造自己。我们的孩子以及子孙后代也将会如此。

乌卡与棘手问题并存的时代：快速而不可预测的变化，尤其是恶化的可能性

除了速度之外，激流的隐喻中还蕴藏着持续的不可预测性的概念。如今，变革的速度不仅大大加快，变革本身也与我们过去所

世界经济论坛估计我们在职业生涯中大约每 10 年就将重塑自己。麦肯锡全球研究所的追踪数据则表明，到 2030 年，随着工作在复杂机器影响下的不断发展，所有的劳动者都将需要新技能。

了解的有所不同。正如约西布所言，我们生活在一个"瞬息万变、相互联系日益紧密"的世界里，而且正因为这种日益紧密的联系使得比起以往任何时候，一切都更加依赖于周围发生的其他事情。

这种变化，尤其是全球和地方事件的相互作用，最早在20世纪末的军事和政策领域引起关注。例如，如今经常用来描述商业环境的"乌卡时代"（VUCA，4个字母分别代表波动性、不确定性、复杂性和模糊性）这个词最初是由军队领导人创造的，用来描述冷战结束所引发的[19]变化的不可预测性。在冷战后时代，不再有两个对立的大国——我们与他们，个人主义者对集体主义者。突然之间，地缘政治格局变得不再像罗斯科（Rothko）的画，而更像是杰克逊·波洛克（Jackson Pollock）的画作。⊖ 高度分散、模糊的多边主体在国内和国际范围内运作，其动机不仅无法预测，甚至无法跟踪。士兵们必须为以下情况做好准备：

（1）波动性（Volatility）：持续时间未知的、令人意外的、不稳定的挑战。

（2）不确定性（Uncertainty）：有可能让人震惊的不可预测事件。

（3）复杂性（Complexity）：存在海量的能影响事件并相互关联的变量。

（4）模糊性（Ambiguity）：推动事件的因果关系的不透明性。

⊖ 罗斯科的画色块规则，而杰克逊·波洛克常在画布上泼溅颜料，画面杂乱。——译者注

在如今的工作世界中，需要更擅长持久的心理能力（即"软技能"或"元技能"），这些技能让我们区别于机器，是我们应对变化的深刻的人类能力。定义和培养这些元技能——也就是我们本书提出了应对不确定的五种心理力量——是本书的目标。

乌卡时代这个词的使用次数增加表明它与我们当前组织现实（organizational reality）的共鸣越来越强烈。许多领导力培训机构提供基于乌卡时代的工具，借鉴军事思维，帮助领导者在我们的工作世界中[20]取得成功。

大约在乌卡时代出现的十年前，[21]规划师和设计理论家提出了与之相关的"棘手问题"的概念，用以描述复杂的社会问题。与数学或象棋等游戏中较简单的问题相比，棘手问题由于信息不完整或矛盾，或者需求不断变化而难以解决。棘手问题还可能涉及大量的利益相关者和意见，而且这些问题往往与其他问题密切相关。棘手问题从定义上讲具有多种原因，并且缺乏单一的"正确"答案。恐怖主义、贫困和全球变暖都是棘手问题的例子。[22]

和乌卡时代一样，棘手问题这一概念已被证明对现代企业战略很有帮助。例如，匹兹堡大学教授约翰·卡米卢斯（John Camillus）专门研究"棘手的战略问题"，这种问题往往"在组织不得不面对不断变化或前所未有的问题[23]时突然出现"。

回想一下玛丽·巴拉关闭哈姆特拉米克的工厂的决定。巴拉必须应对全球变暖这一导致通用汽车公司转向电动汽车的棘手问题；密歇根州当地的经济挑战；当通用汽车公司将资源集中在传统汽车上时，技术创新的缓慢步伐给竞争对手带来的优势……这些挑战都令人望而生畏，巴拉必须解决这些棘手问题的整个纠缠不清的局面。

典型的棘手问题是，当巴拉关闭哈姆特拉米克的工厂和其他工厂以应对这些挑战时，她为她的行业创造了一系列全新的挑战。

2019 年 9 月 16 日，隶属于美国汽车工人联合会的 46 000 名通用汽车公司的工人举行罢工，抗议最近关闭工厂的事情。罢工使通用汽车公司每周损失 4.5 亿美元。一个月内，双方达成协议：哈姆特拉米克的工厂将作为一家电动汽车工厂重新开放，提供 9000 个工作岗位。[24] 到 2020 年 1 月，这个数字已经降至 2200。[25] 在每一个战略关头，巴拉的行动代表的并非解决方案，而是通用汽车公司内部和外部新的复杂问题的触发源。

被迫离职的哈姆特拉米克员工仍在思考这一切对他们意味着什么。[26] 至于罗伯特·范奥登，他曾在另一个地点短暂重返通用公司工作，但立刻就开始申请其他工作，[27] 以免将自己的命运寄托在一家公司上。在裁员后，随着工厂地位、重心、规模等方面日益波动，员工们明白他们不能依赖任何单一工厂或技能作为收入来源。

为我们提供日常支持的乌卡时代的技术遍及所有行业和论坛。它出现在我们的家中，促进全球通信和联系；出现在我们的办公室中，实现信息共享和更快的工作。2000 年，有四亿人（主要是在北美地区）上网。如今这个数字已经是 50 亿。对于任何一条信息——对于我们周围激流中的任何涟漪，这都是 50 亿个起源点，50 亿个放大和突变点。涟漪的大小对应于每条信息或每个全球事件产生的影响力。这些涟漪会相互作用——有些会相互放大，有些可能会互相抵消。我们每个人每天都身处这数十亿的涟漪之中，决定关注哪些，忽略哪些，以及哪些是可能预示着我们必须提前改变生活的转变。

如今全球 50 亿人上网。
对于任何一条信息——
对于我们周围
激流中的任何涟漪，
这都是 50 亿个起源点，
50 亿个放大和突变点。
涟漪的大小对应于每条信息或
每个全球事件产生的影响力。
这些涟漪会相互作用——
有些会相互放大，
有些可能会互相抵消。
我们每个人每天都身处
这数十亿的涟漪之中，
决定关注哪些，忽略哪些，
以及哪些是可能预示着我们必
须提前改变生活的转变。

生活在这种变化中是什么感觉？20世纪末研究乌卡时代和棘手问题的学者们已经用他们的语言相当精确地描述了人们的这种经验。波动性描述了[28]"快速而不可预测的变化，尤其是恶化的可能性"。而"棘手"一词在表达这些挑战引发的负面情绪方面则几乎无法更生动了。

面对这种波动、变幻莫测的变化，我们感到恐惧。最好的情况是有点儿头晕难受，最糟的情况是被吓坏了。我们被自己创造出来却无法再控制的复杂形势所折服。

激流变化的工作环境导致的心理代价：抑郁、焦虑、身心健康受损和孤独

激流并不适合胆小者。

随着每季度都有新工具、新市场和新智能出现，我们所有人都在不断地失去平衡，又重新恢复平衡。这些情况对我们的健康造成负面影响，今天，我们对于这些负面影响的了解，比我们在过去的劳动转型中所了解的要多得多。

比如，乌卡时代的常见副产品：就业不稳定[29]以及工会保障的缺失，将会导致心理障碍、健康状况不佳，以及每年数十万人过早死亡。

真正的失业——我们现在可以预料会在职业生涯中周期性地经历它——其后果则更为严重。当我们失去工作时，我们的身体和情

绪健康水平会急剧下降：[30] 血压相关疾病、关节炎和心脏病发作的风险显著增加，抑郁、焦虑、药物滥用和自杀的发生率也会增加。

健康的另一个重要风险来自我们周围技术变革的本质，因为自动化对人类的孤独感会产生深远的影响。越来越多的人将会与"协作机器人"而非人类共度时光。疫情期间，除了劳动者必须本人到场的行业外，远程工作[31]已经成为常态，这导致了社会隔离。事实上，自20世纪80年代以来，美国的孤独感发生率增加了一倍。无论是从生理还是心理层面来说，独处对人们都是不利的。孤独与较高的抑郁症发生率有关。它对我们的健康的危害比肥胖更严重；至于死亡风险，它与每天吸一包香烟[32]的危害程度相当。

孤独对企业也是有害的。

在2017年我们实验室对1600名美国雇员的研究中，我们发现，那些最孤独的人对工作最不满意，他们更有可能在未来六个月内想要辞职。我们还了解到，即使控制了其他社会经济因素，受教育程度更高的工人也更孤独。一些劳工学者预测，未来十年工作的复杂性不断增加，意味着我们都需要在学校待更长时间。这可能意味着孤独感的普遍性和严重程度都会加剧。

直至新冠疫情暴发，许多公司仍然对新的工作世界是否威胁我们的健康持怀疑态度。我们希望这场疫情已经彻底粉碎了这种幻觉。由于新冠疫情而导致员工心理健康需求的急剧增加，给负责机构健康的人带来了危机。员工们发现自己被动地求助于那些毫无准备、不堪重负的服务中心。一些公司试图为被裁的员工提供支持；大多数公司则早已疲于琢磨如何帮助那些仍在公司名下的员工。

我们的雇主，就像我们每个人一样，都不知所措。我们还没有进化到能适应激流乌卡时代，然而现实却是我们已经置身其中。我们知道，如果我们不采取行动，很多人将遭受痛苦。我们可以继续采用与应对新冠疫情时的心理健康对策完全相同的策略——等到损害已经造成，然后用基本的缓解治疗来应对。

或者，我们可以利用我们独特的科学知识——我们历史性的优势——来让我们作为个人、领导者和社会，在即将到来的激流中，不仅能生存下来，而且能够蓬勃发展。

我们可以
利用我们独特的
科学知识——
我们历史性的
优势——
来让我们
作为个人、
领导者和社会，
在即将到来的激流中，
不仅能生存下来，
而且能够
蓬勃发展。

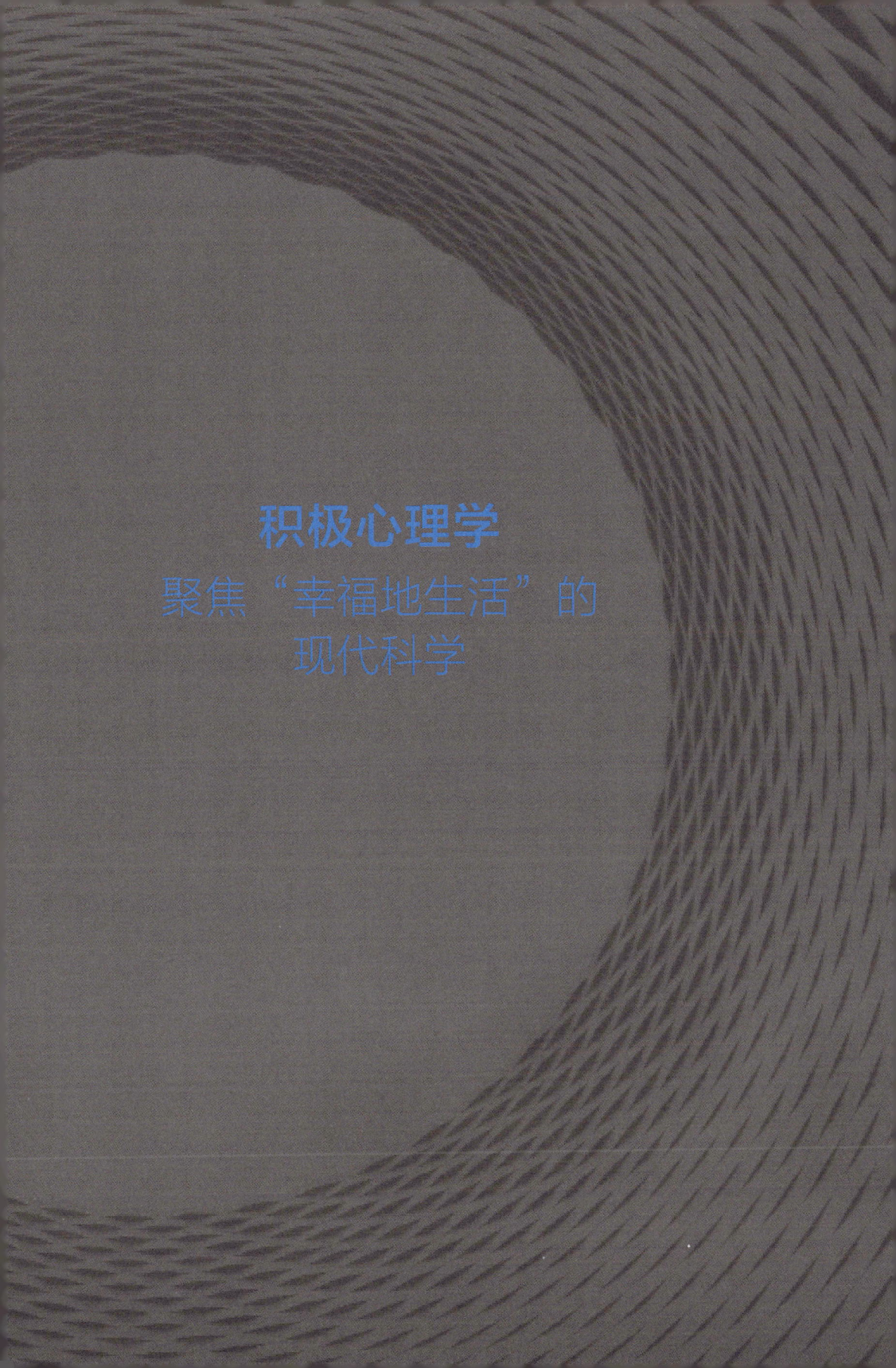

积极心理学

聚焦"幸福地生活"的现代科学

心理学在消极方面比在积极方面要成功得多。它向我们揭示了很多有关人的不足、疾病和罪恶，但关于人的潜能、美德、可实现的抱负或心理巅峰却鲜有涉及。就好像心理学自愿将自己限制在了仅属于其合法管辖范围的一半以内，而且是较暗淡、较狭隘的那一半。[1]

——亚伯拉罕·马斯洛（Abraham Maslow），1954 年

那是在2007年，美国国防部（DoD）面临着一个由四个字母组成的问题：PTSD。PTSD（创伤后应激障碍）使得多达15%的战斗士兵陷入严重的充满焦虑、闪回、噩梦和抑郁的生活。在军队之外，约6%的普通人因事故、虐待、袭击、突然失去亲人或突发的严重健康问题而患有PTSD。许多患有PTSD的人遭受非常严重的痛苦，以至于他们无法工作、入睡或维持长期的人际关系。

在21世纪初，美国国防部发现PTSD的患病率急剧上升，这主要发生在伊拉克和阿富汗战争的退伍军人中。除了巨大的人员伤亡之外，该病也造成了财政负担：政府需要为患者提供终身医疗和经济支持。并且，PTSD影响了美国的战备：在任何时候，处于待命状态的现役退伍军人数量都比应有的要少约15%。

于是，美国参谋长联席会议任命[2]吉尔·钱伯斯（Jill Chambers）上校为特别助理，负责研究并改善这个问题。钱伯斯拥有辉煌的服务履历，涵盖了从沙漠风暴时期在韩国的任务到2001年在五角大楼的工作。"9·11"事件发生那天，钱伯斯在距离被飞机撞击的地方四个走廊之外工作。作为军事秘书，她的职责是核实那天在大楼里的300个人的行踪。在随后的几年里，钱伯斯睡得不好，常常做

转换
看问题的角度：
我们不要
等到无法治愈的
病症发生后
再去对抗它。
相反，
在困难附身之前，
就要给予人们
应对困难的工具。

噩梦。她以为在她这一行，每晚只睡两个小时是正常的。直到在建立军队的 PTSD 项目的过程中，她才意识到自己也患有这种疾病。

到 2008 年，钱伯斯已经组建了一支强大的团队，并经过长途跋涉，从华盛顿来到马丁在费城郊外的家。那时马丁已开创了习得性无助的研究，这是更常见的一种与创伤相关的现象。钱伯斯问马丁，他们如何才能更好地治疗 PTSD 患者？

在过去两个世纪的大部分时间里，心理学家和精神病学家主要关注的是帮助已经患病的人——去治疗现有的疾病。然而，事后治疗往往效果不佳。尽管在过去的七八十年里，人们在 PTSD 及相关疾病的研究和治疗上投入了数十亿美元，但至今仍没有治愈方法。[3] 一旦某人患上了这种疾病，我们就会使用药物和治疗来缓解部分症状，但我们无法消除这种病症。对于大多数人来说，症状缓解并不能使他们恢复正常生活。

但思考这个问题还有另外一种方式，马丁向钱伯斯和她的团队建议道。是的，确实有 15% 的士兵带着 PTSD 回来。这意味着，85%——绝大多数——的人不会患上这种疾病。怎么会呢？为什么呢？我们能从这 85% 的人身上学到什么？

更令人惊讶的是，在那 85% 中有许多人表现出了创伤后成长。经历过创伤事件后，表现出创伤后成长的人对自己人生的优先事项的明确度、对生活意义和目的的深刻感知以及应对挫折的能力[4]等方面都有了显著提高。

马丁鼓励钱伯斯和国防部转换看问题的角度。他认为，我们不要等到无法治愈的病症发生后再去对抗它。相反，在困难附身之前，就要给予人们应对困难的工具。

这是一种完全不同的关于心理健康的方法，它源于心理学的一个相对较年轻的分支，由马丁等人开创，称为积极心理学。与社会心理学和行为经济学等相邻学科一起，积极心理学颠覆了传统的医学模型：这些学科不是将所有资源投入到补救疾病中，而是集中精力预防疾病从一开始就扎根。在公共卫生领域，为预防某人患上某种疾病而进行的干预被称为初级预防或一级预防。马丁建议，让我们在 PTSD 发生之前首先进行预防。让我们将人口曲线向创伤后成长方向转变。

换句话说，想象一个总体心理健康状况的量表，其中 0 是中性的，负数表示心理疾病的程度，正数表示某人的健康程度。为了便于讨论，我们认为从 –2 到 2 之间的任何人都是"在正常范围内"；低于 –2 的人在心理上是不健康的；高于 2 的人是蓬勃发展的。如果传统的精神病学和临床心理学将人们从 –10 提高到 –5，那么积极的行为科学就会将我们从 –2 提高到 3 甚至更高。这样做可以帮助人们避免首先跌至 –10。

这些领域使我们能够将我们庞大的、现代的、科学的武器库直接瞄准如何更好地生活，而不仅仅是过得不那么糟糕。它们还提供了一系列新的可能性，以帮助我们应对在快速变化的工作世界中面临的挑战。

起源

2500 年前，当全球范围内兴起巨大的帝国，凯撒、法老和国王们手中有着令人惊叹的统一的政权时，[5] 世界各地的哲学家对于如何过上美好生活提供了各种智慧。例如，公元前约 500 年的孔子说："人之所思多良善有益者，其生活及所处之世界亦多美好矣。"公元约 200 年的犹太教学者和哲学家西米恩·本·佐玛（Simeon Ben Zoma）则说："谁是富有的人？对自己所拥有的一切感到满足的人。"古代的伟人们预言了许多积极心理学的关键原则，比如说，更好地欣赏我们所拥有的东西的做法，就是现在积极心理学中的"品味"，它与"感恩"有关，二者都已在数百项科学研究中被证明可以提高健康水平。

几千年来，心理健康一直是哲学和宗教关注的焦点，但它为何在最近几十年才成为一个强有力的科学研究课题呢？为了理解这一点，我们接下来将简要回顾一下现代行为科学的起源。（如果读者急于了解这门新科学的实际应用，也可以先直接跳到第 4 章。）

对自然世界的系统的经验性的研究——又称"现代科学"——在十六七世纪的科学革命中出现。培根、哥白尼、伽利略、哈维、牛顿以及最终达尔文和其他人的作品，不可逆转地改变了我们对地球、物质、自然和人体的理解。我们意识到，宇宙的客观真理等待被发现，但是需要通过观察、测量和实验，而不是通过经文、推理或直觉来实现。此外，科学能做的不仅是观察和描述，它还可以改变自然本身。

行为科学的发展相对较晚。精神病学起源于 18 世纪末以疾病为中心的医学。早期的精神病医生专注于治疗疯狂的人——那些居住在精神病院中的人。与此同时，像皮埃尔·让内（Pierre Janet）、西格蒙德·弗洛伊德（Sigmund Freud）和卡尔·荣格（Carl Jung）这样的从业者开始使用病例档案作为描述和治疗个体意识病理[6]的窗口。

"人之所思
多良善有益者，
其生活及所处
之世界亦多美好矣。"
——公元前约 500 年，孔子

"谁是富有的人？
对自己所拥有的
一切感到满足的人。"
——公元约 200 年的犹太教
学者和哲学家西米恩·本·佐玛
（Simeon Ben Zoma）

心理学的领域也在大约同一时间形成，但其方向不同，主要借鉴哲学和生物学传统，通过实验方法提出并检验那些关于人类普遍经验的，而不仅仅是病理学的问题。威廉·冯特（Wilhelm Wundt）（1831—1920），第一个自称为心理学家的人，是一位研究感觉和知觉等广泛主题的实验主义者。在 20 世纪上半叶，美国的爱德华·桑代克（Edward L. Thorndike）和俄国的伊万·巴甫洛夫（Ivan Pavlov）使用动物模型（桑代克用猫，巴甫洛夫用他著名的狗）来探索学习过程，形成了所谓的行为主义[7]学派。这些以及其他发现为行为科学提供了其理想模板：可归纳、可证伪和可重复。

在 20 世纪初期，精神病学在治疗精神疾病的药物开发方面也迎来了自己的首次科学成功。一种致命的精神崩溃症状——麻痹性痴呆，被发现是由一种名为螺旋体的微小的梅毒细菌在脑部引起的。到 20 世纪 40 年代，青霉素被用于杀死螺旋体，因而可以治疗神经梅毒。澳大利亚精神病学家约翰·卡德（John Cade）引入锂来治疗躁郁症。[8]精神疾病一时之间貌似可以像任何其他伤口一样，被分析和治疗。

20 世纪中叶，心理学和精神病学获得了医学和科学的双重认可。第二次世界大战后的美国，充斥着受困于战争所带来的心理后果的退伍军人，已经准备好收获心理学和精神病学的成果了。1946 年，退伍军人管理局的创立，为数千名心理学家提供了工作机会，他们将把临床和研究时间集中在治疗从前线归来的士兵身上，而不是处理像学习这样的一般问题。1947 年，美国国家精神卫生研究所（NIMH）成立了。彼时人们希望，所有形式的精神疾病有一天都能被治愈。[9]

随后的几十年，这个承诺似乎已得以实现。从1940年到1970年，抗精神病药物的出现彻底改变了精神分裂症患者的治疗方法，许多以前需要终身住院的人突然能够在家里重新过上半正常的生活。与此同时，镇静剂在患有轻微和严重疾病的人中流行起来。到1970年，美国有20%的妇女和8%的男性定期使用镇静剂。[10] 在20世纪80年代，像百忧解（Prozac）这样的抗抑郁药问世。今天，我们有利他林和阿得拉尔来治疗注意力缺陷多动症，有安定和劳拉西泮帮助我们提高睡眠质量。

今天，每六个美国人中就有一个使用精神药物。[11]

反弹

在取得部分成功的同时，一些科学家开始提出，病理学的重点已经变得过于狭窄和受限。我们只致力于修复损伤，而忽视了让更多的人从对人类蓬勃发展的科学探索中受益。从20世纪五六十年代开始，亚伯拉罕·马斯洛、卡尔·罗杰斯（Carl Rogers）和其他的心理学家呼吁他们所在的领域将目光转向爱、创造力、意义和希望等主题。马斯洛认为，心理学迷失了方向，只关注心理的消极方面——"较暗淡、较狭隘的那一半"——这对心理学领域的发展是有害的。

他们创立的人本主义心理学运动与20世纪60年代新兴的反主

马斯洛认为:
心理学迷失了方向,
只关注心理的
消极方面——
"较暗淡、较狭隘的
那一半"——
这对心理学领域的
发展是有害的。

流文化相契合。自我实现、乐观主义以及对深刻人类真理的追求——嬉皮士还能想要什么呢？迷幻药吗？人本主义心理学运动对这些也有涉猎。像伍德斯托克音乐节和旧金山的人类大聚会（Human Be-In）这样的群众集会促进了该运动的迅速传播。

最终，人本主义心理学的流行削弱了它的科学潜力。在格言和直觉而非研究的推动下，大量关于"自助"的文献喷涌而出。反主流文化的狂热氛围吓跑了那些有科学头脑的人，使得他们不敢去研究人本主义思想。1963年，哈佛大学心理学系以对半人工致幻剂麦角酸二乙酰胺（LSD）研究的安全和道德属性的担忧为由，解雇了蒂莫西·利里（Timothy Leary）[12]。分道扬镳是双向的，因为嬉皮士们对科学机构和科学方法本身产生了怀疑。[13] 亚伯拉罕·马斯洛可能想要科学，但对许多打着他旗号的人来说，科学却是人本主义需要解决的问题中的一部分。

卡尔·罗杰斯在1961年就这种紧张关系发表了意见：

> 让我试试看我能否简要地说明一下行为科学对个人和社会产生的影响：它赋予的越来越强大的控制能力将被某个人或某个团体所掌握，这样的个人或团体肯定会选择要实现的目的或目标，然后我们大多数人将越来越多地受到非常微妙的控制，以至于我们甚至无法意识到它们是控制手段……人类及其行为将成为科学社会有计划的产物。[14]

马斯洛最初的呼吁是让科学关注人类潜力的前景，但他最乐于接受新观点的听众却将科学与权力联系在一起。二者在很长的一段时间里，似乎无法调和。

信仰危机

21世纪初,临床精神病学和心理学的机构对过去进行了长时间的认真审视。心理药物治疗的宏伟承诺——通过化学改善生活——开始变得空洞。全球在治疗精神疾病方面的花费数额惊人,另有数十亿美元投入到研究和开发中。如今,美国国家精神卫生研究所每年在研究项目上花费[15]约20亿美元,而制药公司的投资又让这个数字相形见绌。

有人开始询问,所有这些在研究和治疗上的投入,给我们带来了什么?

调查结果令人震惊。尽管2013年有17%的美国成年人开了精神药物处方,[16]但精神疾病的患病率自20世纪70年代以来几乎没有改变。与此相关的发病率和死亡率也没有明显改善,这可以从住院率、自杀率和失业率等数据中看出。最能说明问题的是,在基础科学层面,对精神疾病本身的根本原因的理解进展甚微。在同一时期,没有开发出一种真正新颖的精神病药物。[17]市场上的药物无法治愈精神疾病,只能缓解症状;在许多情况下,这种治疗并不比安慰剂好多少。这些药物的副作用,如成瘾和抽动症,有时比精神病理本身还要严重。即使是心理治疗的有效性,在过去的50年里也几乎没有改变。

精神病学界在新千年的第一个十年左右得出了这个令人担忧的结论。转折点出现在2012年,美国国家精神卫生研究所前所长史蒂夫·海曼(Steve Hyman)敢于公开说出许多人已经在思考的事情:皇帝的新装并不存在。心理药物治疗模型,即神奇的药物可以有效地治疗（即使不能治愈）精神疾病，是一个"未能实现的辉煌承诺"。药物几十年来没有改进，我们对疾病的科学理解也没有提高。海曼写道："总的来说，制药行业已经合理地认识到，除了少数例外，精神疾病的有效疾病模型并不存在。"[18]

想想这位美国最重要的行为科学领导者之一所做出的这一承认的沉重意味。尽管经过 100 年的研究，尽管投入了数百亿乃至数万亿美元，但是，精神疾病的有效疾病模型并不存在！我们对这些疾病的原理缺乏最基本的了解——它们为什么会发生，如何发生，以及它们对我们的大脑产生了什么影响。我们拥有的只是能帮助某些人在某些时候应对某些症状的药物。即使如此，我们也不真正明白为什么它们会有所帮助。

接下来的一年，当时担任美国国家精神卫生研究所所长的汤姆·因塞尔（Tom Insel）[19]表示同意。他写道："患有精神疾病的患者应该得到更好的待遇"，而不仅仅是美国国家精神卫生研究所和精神医学界过去一直提供的那种科学。核心诊断和实验方法的准确性、可靠性和有效性都不足。尽管神经科学取得了进展，但精神病患并未从中受益。该领域需要重新启动。

仅仅两年后，因塞尔辞去了职务。

心理学学术界或许早在十年前就得出了类似的结论。1996 年，马丁当选为美国心理学会（APA）主席。㊀美国心理学会是美国

㊀ 根据美国心理学会主席任期的机制，马丁于 1996 年当选，1997 年成为候任主席，1998 年成为正式主席。——译者注

最大的心理学家专业组织，每位主席在他们的年度演讲中都会设定他们的议程。对马丁来说，当年在旧金山召开的美国心理学会大会是宣告变革的理想时刻：

> 从第二次世界大战以来，心理学在很大程度上已成为一门关于治疗的科学。它专注于修复疾病模型中人类功能的损害。这种几乎完全专注于病理的做法忽视了个体的繁荣和社区的兴旺……如果抑郁症真的是由坏事引起的，那么今天的美国人，尤其是年轻美国人，应该是非常幸福的群体。但现实情况是，过去 40 年间，年轻美国人的心理健康发生了翻天覆地的变化。最新数据显示，严重抑郁症的患病率是 40 年前的十倍以上。更糟糕的是，抑郁症现在已经成为一种从青少年时期就开始而不是中年才有的疾病，这构成了现代精神疾病人口结构中最大的变化。我相信，这是 21 世纪末期的主要悖论。

在马丁和心流心理学家米哈伊·契克森米哈伊（Mihaly Csikszentmihalyi，发音为 Me-High Cheek-Sent-Me-High）的带领下，一群领先的心理学家开始聚集起来，质疑他们领域几乎完全专注于精神病理学的做法。所有对精神障碍进行的大规模研究投入并没有转化为更多的幸福感。纵向研究比较几十年来的心理健康得分并未显示出任何改善，而心理疾病的患病率反而在增加，而不是减少。

今天的"智人"比以往任何时候都活得更长久，在过去 300 年里，西方世界的生活水平也得到了极大的提高。然而，我们并没有变得更快乐，并且也没有过上更好的生活。

我们比有记录以来的任何一代人都更孤独。年轻人的焦虑、抑郁发生率和自杀率处于或接近历史最高水平。新冠疫情让许多人深刻意识到我们的幸福是多么脆弱，而超出我们控制的世界大事可以多么轻易地威胁到它。我们对精神病理学的关注并未转化为关于普通人如何蓬勃发展的有意义的知识。

创立积极心理学

为了应对这一悖论，马丁、米哈伊和同事们创立了一个新的科学研究领域：积极心理学。

就像人本主义心理学及其之前的所有人本主义传统一样，积极心理学关注的焦点是"幸福地生活"。意义、幸福、爱、联结、心流——所有这些因素在积极心理学中都处于核心地位。职业成长——成就——也是这一愿景的一部分。

与人本主义这一前辈不同，积极心理学将自己定位在科学领域中。现在，人们可以在积极心理学领域获得博士学位，但前提是要在统计和实验方法方面表现出与做其他研究的心理学家相同的水平。积极心理学与社会心理学、教育学、神经科学、行为经济学和社会学的紧密联系使得学科间的交叉互动成为可能。它坚持对关键前提进行仔细的实证检验，我们统称这些领域为"积极行为科学"。例如，积极精神病学就是其中新兴的一个领域。

根据这种观点，科学并不是敌人，相反，它是一个可贵的工具包，可以帮助我们改变现实。正如米哈伊在 2000 年所写的那样[20]：

"在寻求最优解的过程中,积极心理学并不依赖于一厢情愿的想法、信念、自欺欺人、潮流或空洞的承诺。人类行为具有独特的复杂性,积极心理学试图将科学方法中最好的部分应用于这些问题,以帮助那些希望全面了解人类行为的人。"

鉴于临床精神病学和临床心理学的进展停滞不前,人们有充分的理由怀疑这样的科学是否可靠。或许,有人认为,我们还没有能力开发出处理心理复杂性的科学方法。如果说,我们在研究精神疾病方面投入了 50 年却收效甚微,那么,在心理健康方面进行相同的投资为什么又会产生不同的结果?

答案有两方面。第一个原因是,临床精神病学和心理学已经取得了许多成果。20 世纪末进展停滞不前,这一事实不应削弱之前所取得的真正胜利。对大脑功能障碍的科学研究产生了抗精神病药物和镇静剂,使得人们避免住院;药物治愈了神经梅毒;循证的心理治疗技术重新训练人们的大脑,以及出现了像脑部磁共振成像这样的新型诊断技术。在某种程度上,精神病学因为自身的成功而受到惩罚:一旦某种精神障碍被完全理解,比如神经梅毒,它就会成为神经学这个相邻领域的范畴。几乎在定义上,精神病学就限于那些模糊不清的部分,而在这个模糊不清的领域里还有太多工作需要完成,以至于可能让人感到不知所措。但最近几十年明显的停滞不前不应让我们忽视之前起步时更低的水平。

科学方法能够发掘出帮助我们蓬勃发展的工具,我们相信这一点的第二个原因是,它已经做到了。在过去的 25 年里,积极行为科学通过运用观察、测量和实验等相同的方法,把幸福生活作为其主要研究对象。在积极心理学、社会心理学、行为经济学等领域，我们已经对如何预防不良心理结果（避免 –10）以及如何实现更高程度的蓬勃发展（达到 +10）有了很多了解。例如，我们发现，人们的主观的福祉——幸福——集中在五个组成部分，即 PERMA：积极情感（P），在工作、爱和玩耍中的投入（E），积极关系（R），意义或要紧感（M），以及成就、成果和精通（A）。超过 8000 项研究已经定义了这些维度，展示了我们如何去改善每个维度，并且验证了在 PERMA 方面的改善与我们身心健康的改善是一致的。

我们也学到了很多关于如何经受挑战的知识。比如，迄今已有 40 000 篇关于心理韧性的学术文章发表了，心理韧性正是我们下一章的主题。我们知道如何测量韧性，知道是什么导致它的减弱和增强，我们也有一系列经过验证的干预措施，经证实可以增强心理韧性。

现在已经有足够多的独立研究，以至于关于积极心理学干预措施（PPIs）的元分析（对独立研究的数据的研究）也比比皆是。例如，2021 年都柏林大学的艾伦·卡尔（Alan Carr）教授及其同事们发表了一篇论文，对 347 项不同的积极心理学干预措施研究进行了分析，[21] 涵盖了 72 000 名受试者。他们发现这些干预措施显著改善了幸福感，增强了个人优势，并降低了压力、焦虑和抑郁水平。在干预措施结束后立即进行测试时，以及三个月后再进行测试时，这些改善都很显著。

以上这些并不是说工作已经完成。但对于今天研究积极心理学干预措施的人来说，最有趣的问题不在于这些干预措施是否有效——那已经得到了确认。相反，他们更关注深入理解这些干预措施为何有效，如何让它们更加有效，以及如何延长它们的效果持续时间。

得益于这些科学投入，现在已经有了丰富的文献资料，可以教我们如何在面对当今时代独特挑战的同时仍能过上比以往任何时候都更好的生活。

当吉尔·钱伯斯邀请马丁来到五角大楼分享他的观点时，马丁已准备好要赢得人心了。那时他已经持续十年提倡预防性的幸福健康方法，并且他清楚应该如何去做。

令他惊讶的是，观众早已站在他这边了。2008年，领先的军事思想家们已经对积极心理学非常了解。对他们来说，人类的最佳绩效事关国家安全。他们没有忽略马丁、他的数十位同事以及他们的数百个学生记录的众多研究结果。他们已经准备好采取行动了。"心理适应的关键是韧性，"在马丁开始讲话之前，时任陆军参谋长乔治·凯西（George W. Casey Jr.）将军告诉与会者，"从现在开始，韧性将在整个美国陆军中得到教授和测量。塞利格曼博士将告诉我们该如何做到这一点。"

凯西、钱伯斯和团队并不追求古代的智慧，也不追求宗教或哲学理念。他们想要一种基于实证的方法来促进人的蓬勃发展。这正是马丁和他的同事们一直在构建的。他们发现，我们可以统计预测谁最容易患上PTSD，可以降低患精神疾病的可能性，还可以

短期主义
以极高的
社会和环境
成本为代价。
公司需要
预先防范
未来的挑战，
而不是
等到必然的
事情发生后
才做出被动的反应。

培养英雄气概和在工作中的卓越表现。[22] 在过去的 30 年里，积极行为科学领域的大量研究成果，为我们能够经受住即将到来的职场变革风暴带来了希望。如果没有这门科学，我们将像之前的几代人一样，对劳动转型所带来的心理痛苦毫无防备。有了这门科学，我们不仅有机会避免伤害，还能在未来的挑战中变得更加坚强。

拥抱这门科学需要对以病理为中心的心理学方法进行巨大的改变——如果我们把心理学看作修复人的一种方法，那么我们将等到伤害发生后，才把病人送去找治疗师。

这里有一个类比，就是企业的短期利润思维方式，旨在最大化季度收益，类似于米尔顿·弗里德曼（Milton Friedman）在 1970 年 9 月 13 日发表于《纽约时报》（New York Times）的宣言[23]中所述。事实证明，短期主义以极高的社会和环境成本为代价。因此，今天的首席执行官们至少在理论上明白，公司需要预先防范未来的挑战，而不是等到必然的事情发生后[24]才做出被动的反应。

然而，我们尚未在人力资本管理中看到这种向长期主义的转变。太多的企业仍然以事后纠正的心态来对待员工的困境。这种心态与整个社会的心态相呼应，由于历史原因，人们仍然将心理学本身视为主要用于帮助病人的科学。

相比之下，如果我们能够接受行为科学作为一门能帮助我们蓬勃发展并防止疾病扎根的领域，我们将把它们的发现视为我们今天都迫切需要的工具。这些工具将使我们能够积极主动地构建一个更美好的未来——为我们自己，为我们的企业，以及为整个社会。

04

第 4 章

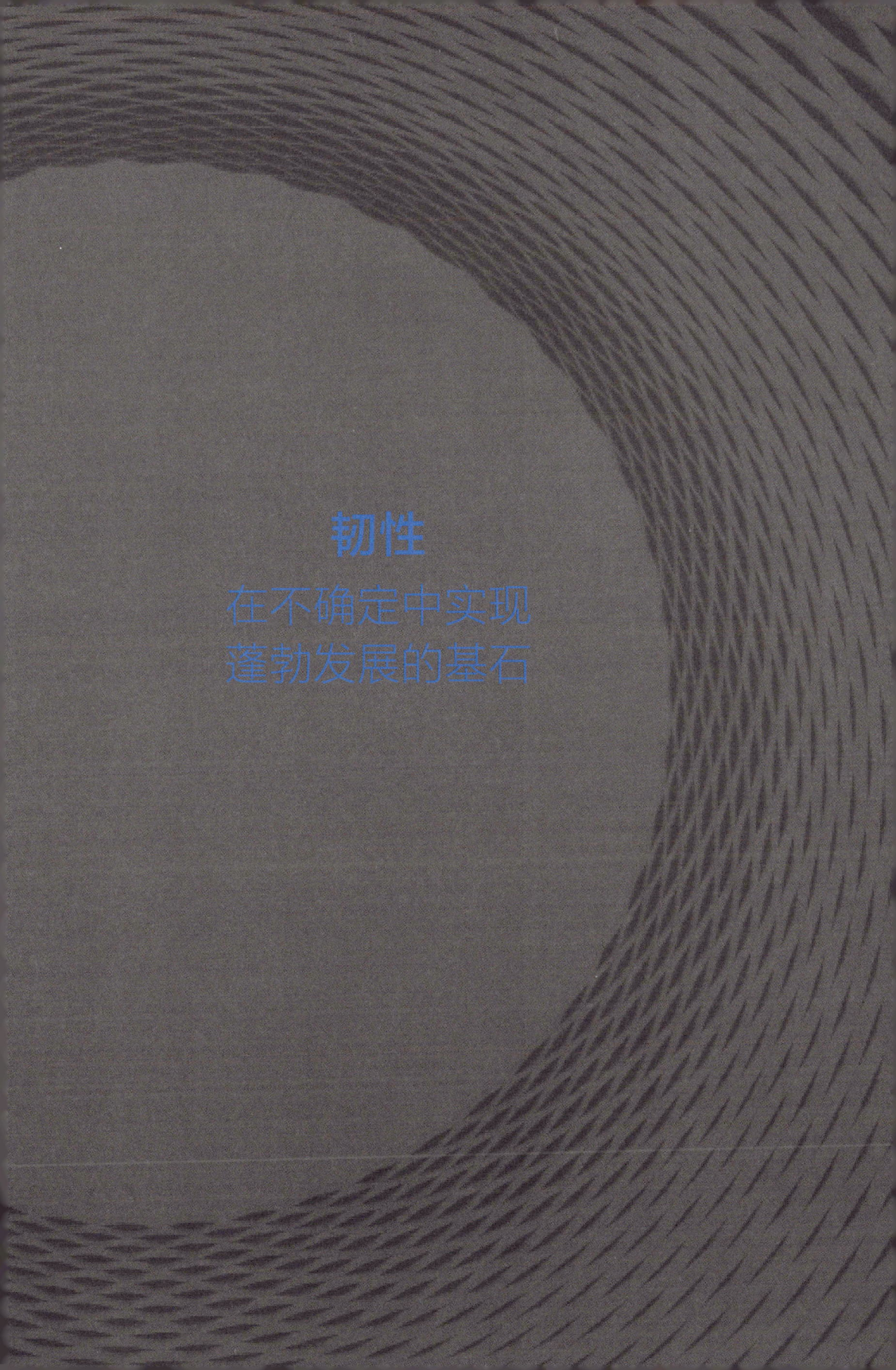

拥有更高水平韧性的个人和组织更幸福、更健康，并能取得更大的成功。数百项研究表明，心理韧性是可以被教授的。借助正确的工具，我们每个人都可以培养韧性，积极地发展那些让我们能够应对挑战并蓬勃发展的心理肌肉。

除了应对PTSD外，美国国防部全力推行韧性训练还有第二个原因。在过去几十年中，乌卡时代风格的战争的动荡性和不可预测性有增无减。这种战争打法上的彻底转变——从以前的指挥 - 控制到现在的高度分散、超本地化（hyperlocal）——意味着接受传统训练的美国士兵将一次又一次地，发现自己无法适应新型的战斗方式。正如美国陆军战争学院前校长、少将鲍勃·斯凯尔斯（Bob Scales）[1]所说，我们全面卷入了一种全球性的冲突形式，这种形式"从传统的线性构造转变为变形虫形状的战场；它是分布式、离散、非线性的，在空间上基本没有形状，在时间上没有边界"。现代战争是由士兵近距离作战的，他们需要随时准备好自主决定改变战术并尝试新的方法。

从等级制、集中管理向分布式、动态化、本地化、反应高度灵敏的方式转变，这也同样可以用来描述后福特主义时代我们的职场。对平民而言，赌注不同，但游戏是相同的。就像现代士兵一样，在我们的日常工作中，我们需要随着环境的变化灵活应对。我们的组织依赖于我们每个人做出关键的实时决策，并在挑战到来时驾驭浪潮而不被淹没。

像凯西将军一样，斯凯尔斯长期以来一直寻求运用行为科学更好地武装我们的士兵，以应对这种乌卡时代的环境。"想象一下，如果我们更好地理解人类行为动力学，士兵在这种情况下的心理、行为和情感力量[2]将会得到怎样的增强。"他在2006年写道，"我们必须从现在开始，以类似于曼哈顿计划或阿波罗计划的方式充分发挥社会科学的潜力。"

对于世界上最大的雇主——美国国防部而言，培训韧性远不仅仅是为了预防PTSD。赋予士兵在不确定环境中蓬勃发展的能力，让他们能够在最极端的环境中保持+5的表现。韧性成了在激流战争中心理适应力的基石。

同样，在工作中也是如此。一切都基于韧性。在这样的情境下，拥有更高水平韧性的个人和组织更幸福、更健康，并能取得更大的成功。拥有更高员工韧性水平的公司与韧性水平较低的公司相比，其发展的年同比增长率高出320%。[3]数百项研究表明，心理韧性是可以被教授的。借助正确的工具，我们每个人都可以培养韧性，积极地发展那些让我们能够应对挑战并蓬勃发展的心理肌肉。基于这些理由，韧性是我们首要的，也是最基础的明日心智技能。

当谈到韧性时，我们究竟在谈论什么

从最基本的意义上来说，韧性意味着从困难事件中"反弹"。一些艰难的事情发生了，一些人崩溃了，而另一些人则蓬勃发展。

然而现实要更加复杂一些，因为韧性可以指 [4] 我们在实时事件发生时的应对方式，它可以描述我们对预期可能发生的事件的准备方式，还可以描述我们在事件发生后的处理方式。韧性也可以用来描述个人、团队或整个组织的行为。

在韧性正态曲线的负向一端，韧性水平低的人难以应对挑战，甚至可能出现精神健康障碍；在曲线的另一端，有些人在面对挑战时却会变得更加坚强。环顾自然界，我们能找到许多例子证明压力可以带来适应和改善。比如锻炼后肌肉的增强就是一个例子。创伤后成长则是另一个例子。许多类型的学习都遵循相同的曲线：挣扎是推动我们前进的动力。散文家纳西姆·尼古拉斯·塔勒布（Nassim Nicholas Taleb）为这个过程创造了一个术语： [5] 反脆弱性（antifragility）。

如果说普通人就像一块洗碗海绵，在承受一定心理压力后达到饱和状态，那么具有反脆弱性的人更像是你扔进热水里的那些小颗粒，在你眼皮下神奇地变成暴龙。令人不可思议的是，这些人似乎在挑战中蓬勃发展。他们吸收挑战，并在这个过程中变得更强大。

从 20 世纪 70 年代以来，马丁和其他人一直在研究以下问题：是否有某种品质或技能使具有反脆弱性的人与众不同？如果有的话，我们是否能将这种技能传授给其他人？

这两个问题的答案都是肯定的。

马丁在宾夕法尼亚大学对习得性无助的研究为之后的数百种韧性

干预方法奠定了基础。例如，这些研究表明，我们对困难情况的反应在一定程度上取决于我们是否相信自己能够采取行动来避免这些情况，而且，更健康的信念体系是可以被教授的。

因为韧性对于员工队伍的蓬勃发展至关重要，BetterUp 实验室最重要的项目之一就是理解韧性的驱动因素。韧性是一种涉及我们的思维、情感和行为的应对方式，它并不依赖于某一个单一特质。因此，建立韧性需要加强一整套复杂的心理和行为技能。但是我们该如何确定它们是什么呢？

数据科学家往往使用统计回归来分解一个结果的关键驱动因素。这类分析采用大量的前后对比数据，来表明哪些因素对我们感兴趣的结果产生了最大的影响。我们研究韧性驱动因素的方法之一就运用了这样的相对权重分析。在心理测量评估专家的带领下，我们查看了 1800 名在 BetterUp 平台上通过辅导和实践努力提高韧性的全职员工的数据。我们分别在辅导前、辅导中和辅导后对他们进行了全人模型（Whole Person Model，WPM）评估，这是一个包含 150 个项目的量表。全人模型包括了高功能成年人全面的思维模式和行为，包括在社交、认知和情感上的蓬勃程度以及基本的工作场所领导行为。然后我们分析了这 150 个项目中哪些对提高韧性的结果贡献最大。（有关全人模型的更多信息，请参见附录。）

我们的研究结果如图 4-1 所示。

在左侧，你可以看到在所有 150 个可能的心理因素中，与个体在我们的韧性评估量表上得分显著相关的那些因素。连接左侧测量指标和右侧韧性数据的"面条"的粗细反映了该因素对于人的韧性结果贡献有多大。

虽然左侧的所有因素都在提高韧性方面发挥了作用,但你可以看到,其中有五个因素尤为重要:情绪调节能力、乐观主义、认知灵活性、自我关怀和自我效能感。这与现有的那些以提高韧性为主要研究目标的文献很一致。

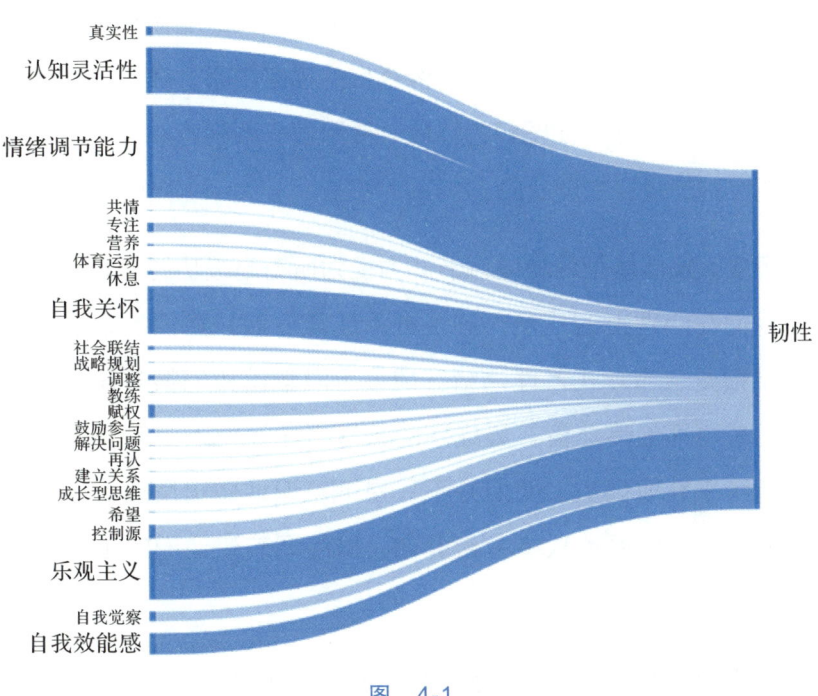

图 4-1

接下来,我们将探讨这些驱动因素如何对我们的韧性产生影响,以及如何培养它们。

情绪调节能力

情绪调节能力指的是我们灵活而有效地管理情绪的能力,尤其是在负面情绪涌现时,为了实现我们的目标而控制情绪。如果没有情绪调节能力,负面情绪会压倒我们清晰思考的能力。所有那些经过数百万年高度进化出来的大脑能力,都被情绪的洪流劫持了![6]

这种劫持发生在我们的大脑边缘系统,它是大脑中最古老的部分之一,负责我们的战斗或逃跑反应。强烈、突然的愤怒来自杏仁核——一个约一厘米宽、形状像杏仁的情绪中心。在压力或恐惧下,杏仁核会触发皮质醇的释放,并引发一系列可能与原始威胁不成比例的强烈生理反应。

许多成人发展模型将情绪调节能力视为所有高级功能的基础。随着我们在心理上的成熟,甚至进入成年后期,我们学会以更加细微和复杂的方式管理情绪。情绪可以教给我们很多东西,但它们是直率的传达者。最成熟的领导者和专业人士知道如何控制情绪来获取优势。他们并不只是下意识地做出反应。出于同样的原因,优秀的教练会告诉你,情绪调节对他们的工作至关重要。

关于我们所说的"教练"的解释:教练有很多种——健康教练、体育教练、生活教练。在本书中,我们所说的教练就是我们过去所称的高管教练,他们受过专业培训,帮助职业人士在工作和其他领域取得成功。今天,这些针对职业发展的教练与各级员工合

如果没有
情绪调节能力，
负面情绪
会压倒我们
清晰思考的能力。

作，所以"高管"这个词已经过时了。和心理治疗师一样，教练与客户一起工作，改善心理健康。与治疗师不同的是，他们不治疗心理疾病，而是专注于帮助客户实现其个人和职业潜能。当在工作中遇到困难时——比如表现不佳，厌倦办公室政治，精疲力竭或者感觉无法找到在艰难时期向前迈进的方法——许多人会寻求教练的帮助。其他人则与教练合作以期实现特定的个人或职业目标，例如获得晋升或改善家庭中的沟通。

情绪调节通常是控制我们的心理过程并实现目标的第一步。教练在帮助我们做到这一点方面是宝贵的合作伙伴，因为教练辅导课程提供了一个结构化且充满关怀的环境，让我们可以在其中审视和理解自己的感受。教练根据我们独特的成长轨迹有针对性地教授目标技能。仅仅三个月的教练辅导[7]后，情绪调节最困难的人的能力可以提高 92%。

最重要的两个情绪调节技能是"减速"和认知重评。我们可以在以下的小故事中看到这两个技能的应用：

乔伊是一位在芝加哥市区工作的销售人员，她正处于她职业生涯的中期。最近她得知，她所负责的销售区域将被重新分配。销售领导层决定将重点转向较小的城市，因为新的数据显示，该公司的核心产品（一款客户管理软件）开始在这些小城市找到市场定位。乔伊已经花了三年时间在芝加哥建立业务关系。当她听到这个消息时，感到极度愤怒。她认为，领导层脱离实际，不关心员工。他们甚至没有征求她的意见，就将她的心血、汗水和泪水付诸东流。

得到调任消息的那天下午，乔伊起草了一封辞职信。她决定在提交之前给她的教练打电话。

"我得离开这里，"乔伊告诉她的教练卡罗尔，"他们让我重新开始。"

在这个时刻，卡罗尔的工作是帮助乔伊减速，在她的负面情绪反应和她随后的行为之间创造空间。她首先需要让乔伊感觉到自己被倾听，然后通过一系列的问题引导乔伊更好地理解自己的感受。

"听起来你感觉被忽视了。"经过几分钟的深入倾听后，卡罗尔说。

"确实如此。"

"你还有什么感受？"

"生气。恼火。沮丧。精疲力竭。"

给我们的情绪命名有助于我们获得洞察力，并且也在刺激和反应之间创造了距离。现在，乔伊可以阻止杏仁核的劫持，这种劫持把她的感受与她打算"逃跑"的行为（辞职）联系起来。在触发条件和反应之间的停顿中，乔伊可以更仔细地考虑她的选择。她正在给她的杏仁核踩刹车，这样就不会让自己失控。

"辞职当然是一种选择，"卡罗尔开始说道，"你需要什么信息来决定这是不是正确的做法？"

现在卡罗尔开始转变为使用认知重评技能。认知重评包括一组技巧，这些技巧最早由马丁的导师亚伦·贝克（Aaron Beck，马丁将本书献给他）创立，构成了认知行为疗法（CBT）的核心。

认知行为疗法可能是我们拥有的最强大的循证心理疗法。在重新评估时，我们从自己的想法、情绪和行为的紧迫感中退后一步，对我们的反应做出认知上的挑战。通过这样做，我们可以重新评估我们的处境，发现比我们的情绪最初所暗示的更细致的解释。

乔伊思考着。"我还不知道他们会不会让我保留现有的潜在客户。"

"这是个决定性因素吗？"

"我不需要保留整个芝加哥地区，但我需要保留所有已经达到第三阶段及以上的客户。"（第三阶段是销售周期中的一个阶段，从接触潜在客户到达成交易通常分为七个阶段。）

"这听起来很合理。"卡罗尔说。

"而且我需要知道这是否会改变我的佣金结构。在这些较小的城市里，我无法达成大额交易。"

现在乔伊已经完全投入到认知重评中，开始准备和公司谈判。然而，卡罗尔暂时把她拉回到她的情绪上，以确保她不会抛弃这些情绪给她带来的启示。

"那被认可的感觉呢？这似乎对你很重要。在那方面你有需要了解的事情吗？"

"我需要知道他们想让我留下，"乔伊说，"比如说，他们在乎我离开吗？如果他们不在乎，我也不确定我是否还想留下来。"

她们讨论了乔伊如何寻求她渴望的认可，以及怎样判断她在雇主那里是否得到了适当的重视。在地区重新分配后，乔伊可能会继续留在她的岗位上，也可能不会，但至少她会在均衡客观信息的基础上做出决策，而不是做出冲动的反应。

教练在帮助我们减速并重评认知方面非常有效。但是，即使没有教练，你也可以提高自己调节情绪的能力。下次当你发现自己被情绪淹没并且想采取极端行动时，可以尝试这个两步法：

第一步，减速。在你感受到的情绪和它们可能引导你采取的行动之间创造空间。你可以通过观察你的情绪，给它们命名，并询问是什么触发了它们来实现这一点。注意你的生理反应——你的心跳、身体里的任何紧张感。如果你过于激动而无法保持头脑清晰，那么专注于延迟行动，直到你的身体恢复平静。散步、冥想、给朋友打个电话、去门口收邮件。你正在将行动与情绪隔离开，这样你就可以重新评估了。

第二步，认知重评。现在，利用你所创造的空间来思考。你的情绪在试图告诉你什么信息？这些信息中哪些是有帮助的？哪些不太有用？例如，对于乔伊来说，注意到自己感到不被重视是很重要的。如果她要留下来并在新岗位上蓬勃发展，她需要知道她的领导重视她。接下来，考虑你的选择。你有哪些选择？在做决定时，你需要哪些信息？

对于特别紧张的情况，你可能需要重复这两步，特别是当你还不熟悉这两个技能的时候。随着时间的推移，我们会越来越擅长快速地重新获得洞察力和控制力。

乐观主义

乐观主义是指对在未来出现积极结果充满希望和信心的倾向。我们早已知道乐观主义是韧性的关键预测指标。从1967年开始，马丁对习得性无助的研究发现，即使在不可避免的不幸事件面前，[8]也有大约1/3的受试者从未陷入无助。这些有韧性的个体往往将挫折解释为暂时的、局部的和可控的：挫折会很快消失，这只是一次性的情况，而且将来我可以采取很多措施来预防这类事情的发生。

请注意这个关键词：不可避免的。这些人为了应对困扰而对自己讲述的故事实际上并不符合他们的经历。尽管如此，他们还是继续讲述乐观的故事，结果，他们不断尝试，且取得了更好的成绩。这个启示是清晰且有力的。我们对某些情况有多大的容忍度，取决于我们是否相信自己可以采取措施来摆脱它。这就是乐观主义：对有利结果的偏向性预期。

为什么我们要教自己以这种方式思考呢？因为在绝大多数情况下，这对我们有益。乐观主义不仅预示着心理上的韧性，还预示着生理上的韧性。你知道乐观主义者的寿命比悲观主义者长约八年吗？当心脏病发作时，他们死于心脏病发作的可能性要小得多。他们的免疫系统更为健全。乐观地思考对身心都有益。[9]

强有力的新证据表明了乐观主义者在工作中的表现如何。研究者保罗·莱斯特（Paul Lester）与已故的埃德·迪纳（Ed Diener）还有马丁一起，对超过90万名士兵进行了长达五年

你知道
乐观主义者的寿命
比
悲观主义者
长约八年吗？
当心脏病发作时，
他们死于
心脏病发作的
可能性要小得多。
他们的
免疫系统
更为健全。
乐观地思考
对身心都有益。

的追踪调查，观察他们的优异表现。在这五年中，这些士兵中有 12% 因"表现杰出"而获得了在军队中备受瞩目的奖项。问题是，我们能不能从他们刚入伍时的心理测验中，预测出谁会获得这些奖项呢？答案是肯定的，而且预测非常准确。那些有着高积极情绪、低消极情绪和高乐观心态得分的士兵获得杰出表现奖以及英勇奖的可能性是其他人的四倍。由于样本人群涵盖了 150 种高度多样化的职业，[10] 这些发现很可能适用于美国的整个职场。

帮助人们乐观思考的最佳干预措施之一被称为"最佳自我"。在这个练习中，你选择一个未来的时间范围——也许是从现在开始的 15 年后。想象一下 15 年后的你，一切都进展顺利：如果你希望拥有一个深爱的伴侣，你已经找到了；你实现了一直以来的职业目标；你住在自己一直最喜欢的街区。然后花十分钟写下这个未来的样子。你都花时间做些什么？你最常见到哪些朋友或家人？感觉怎么样？超过 30 项研究[11]表明，这个练习不仅可以增强乐观主义，还可以改善身体健康。你可以使用不同的时间范围重复这个练习。每次进行这个练习，你都在增强自己的乐观主义。

以关注品味成功、感恩、赞美辛勤工作为重点的练习都有助于我们对未来感到更加乐观。监控输入给我们的信息（包括社交媒体），也可以增强乐观主义。例如，在新冠疫情期间，许多人需要帮助来过滤掉不切实际的负面信息，比如夸大病例激增的报道，以便更清晰地聆听他们努力培养的内在乐观主义。

认知灵活性

认知灵活性描述了我们在集中精力并采取行动之前，能够在许多可能的情境之间进行灵活的思维转换的能力。我们之前已经看到，在历史上觅食者的工作中，以适应力形式表现出来的认知灵活性是多么重要。它与我们所需要的通才力密切相关。觅食依赖于在全新地形中见机行事地识别资源，然后进行有针对性的采集或狩猎。如果不对证据持开放态度，采集者就会错过有价值的发现。但如果缺乏专注和通才型思维模式，他们将无法收获他们发现的食物。

作为一个物种，人类经过了数百万年觅食生活的进化，才掌握了这些技能。但自从农业革命以来，我们就不再使用它们了。随着农业和工业化的发展，我们的角色变得越来越狭窄，工作活动也变得越来越预先确定了。

今天，我们再一次需要觅食者的认知灵活性和适应力，以便灵活应对激流般的职场环境。在这个背景中，我们解读浪潮，分析环境，并为自己留下尽可能多的选择，以免陷入僵局。

我们来回顾一下罗伯特·范奥登在通用汽车于哈姆特拉米克的工厂关闭后突然失业的情况。他被解雇这件事本有可能会导致一段时间的抑郁和长期失业。但这并不是罗伯特的故事。经过短暂的悲伤期，罗伯特振作起来，开始寻找新的生活方式。凭借觅食者的灵活性，罗伯特在当地环境中寻找机会，打造了一套全新的就业方案。首先，他利用零工经济开始在打车平台 Lyft 上开车。接下来，他运用自己更广泛的技术技能成为一名杂工，接附近的零活，在底特律的一家教堂安装了一个商业厨房。然后，他将翻新汽车的热情变成了收入来源，出售翻新后的汽车。最后，由于热爱音乐，罗伯特成了当地乐队的订票代理人[12]。即使通用汽车工厂重新雇用了他，他也申请了其他职位以保持选择的开放性。

几十年来，约西布一直在撰写有关灵活性的重要性的文章，但他将这些经验付诸实践的时间更长。在划皮艇和骑摩托车之前，约西布通过搭便车来旅行。在他成长的纽约州汉密尔顿的乡村小镇，搭便车是最容易的探索方式。一次次旅行，一辆辆汽车，约西布变得擅长分辨威胁与安全的信号，以确定该乘坐哪辆车，以及如何在不花费太多钱的情况下曲折地从一个地点到另一个地点。他学会了在任何地方甚至是在路边睡觉。

1958年，18岁的约西布从纽约搭便车去古巴探望他的女朋友。究竟怎么才能搭便车去古巴？并且是在古巴革命中期还这么干？在成功抵达佛罗里达州的基韦斯特（Key West）后，约西布在机场边缘徘徊、观察，等待带着合适货物的合适飞行员，愿意在哈瓦那（古巴首都）附近的跑道上"放他下来"。回程更加惊险：基韦斯特的警察逮捕了约西布，因为搭他的飞机可疑地把他留在了跑道上，然后又立即起飞。他口袋里的一封推荐信（就是为这样的危急时刻准备的）使他获释。发现自己在半夜被释放，无处可睡，约西布向警察请求留在监狱里过夜。他们答应了，留着他的牢房门没锁。

认知灵活性为我们提供了多种选择。有些人只看到了一堵墙，而像约西布这样的人则看到了隐藏的隧道或藏身之处。幸运的是，认知灵活性是可以教授的，那些在这方面遇到最大困难的人也表现出了最显著的改善。在认知灵活性得分最低的 1/4 的人中，经过三个月的指导后，[13] 这种能力的提高达到了 77%。

认知灵活性的一个令人啼笑皆非的讽刺是，在危机时刻时，我们最需要它。比如说，当你被困在跑道边的小屋里时，那也正是我们的杏仁核想要让我们感到恐慌的时候。当恐惧支配我们的大脑时，我们很难保持开放的心态去看待不同的可能性。相反，我们会变得过于保守、目光狭隘。因此，在提高认知灵活性的同时，我们通常还需要进行情绪调节的训练。在这里，培养乐观主义也经常能发挥出作用。

对于缺乏韧性的人而言，最重要的预测因素之一就是灾难化思维。在不确定的情况下，灾难化思维者会立即想象出最坏的情况。在七万名派驻伊拉克或阿富汗的士兵中，灾难化思维者比非灾难化思维者更容易患上 PTSD，尤其是面对激烈战斗的时候。灾难化思维者在乐观主义[14]、情绪调节能力和认知灵活性等方面的得分都较低。

要评估自己灾难化思维的倾向，可以想象以下情境：周五中午，你正在工作时，突然弹出一条来自你老板的助理的消息，说你的老板想在下午 4:30 和你单独见面。

你会朝什么方向想？

认知灵活性
会让人保持对
多种可能性的
开放度，
能更好地
应对未来的
不确定性
与动荡。

有些人会有一种特定的自动思维："我要被炒鱿鱼了。"怀着这个想法，他们可能会被恐惧压倒，整整一天都无法集中精力关注其他事情。

诚然，裁员有时确实会在一周结束时发生，且往往毫无预警。然而，在没有其他表现不佳的迹象的情况下，这远非最可能的解释。在一年中，你的老板在星期五下午 4:30 会有很多会议。每次都有人会被炒鱿鱼吗？很可能不是。

然而，对于那些倾向于将事情想得过于严重的人来说，这个信息就像是死刑判决书。这些人让焦虑和恐惧主导了他们对现实的解读——这是情绪调节不良和乐观程度较低的表现。他们还会过分关注某一个结果——这是认知灵活性受损的表现，而正常情况下认知灵活性会让人保持对多种可能性的开放度。

通过训练，灾难化思维可以被消除。练习"以正确的角度看问题"就是通过有意识地将视角扩展到所有可能的结果来应对这种认知扭曲。以下是这个方法的操作步骤。

以正确的角度看问题

对于任何你发现自己的想法可能会得出最坏结论的场景，你的目标是更准确地预测不同的结果。

（1）在纸上画一条直线，左端写上"最糟"，右端写上"最好"。以"周五下午老板打电话"的例子来说，将"被解雇"这个可能性放在最左边。

（2）既然你已经想到了最糟糕的结果，是时候把视线拉向另一个极端了。最好的结果可能是什么？你能想象的最积极的情景是什么？在上述例子中，也许是"得到升职"。将这个结果标在最右边。

（3）想出至少三个"最可能"的解释，并将它们标在直线的中间。例如，"老板在一个项目上需要紧急帮助"可能属于这个范畴。在这个范围内提出好几个例子是很重要的，因为你的思维正在学习更真实的可能性分布。比起最好或最糟的结果，有很多更"可能"的结果——这使得这部分范围非常关键。认知灵活的头脑能够在想象潜在结果时考虑到这些可能性。

这个练习的一个版本曾被用来培训 40 000 名美国士官，以培养他们和他们所在部队的心理韧性。他们学会了识别并挑战灾难化思维，培养出新的、更具认知灵活性的直觉，以便他们能够更灵活地应对未来的动荡。

自我关怀

得克萨斯大学奥斯汀分校的教授克里斯廷·内夫（Kristin Neff）把自我关怀，也就是我们心理韧性的第四个驱动因素，定义为我们对自己的痛苦、失败或认识到的不足[15]给予关怀的能力。我们熟知去安慰遇到困难的他人的方法——我们的大脑很乐意做到这点，自我关怀能让我们把这些方法应用到我们自己身上。

爱你自己
如同爱你的
朋友一样。
通过唤起
同情心，
我们可以
用爱和关怀
来抵消恐惧
或羞愧的
负面情绪。

这种做法的一个关键方面是要把我们自己个人面临的挑战放到更广泛的人类共同问题的范畴下理解。我们面临的任何逆境通常都与历史上其他人经历过[16]的情况没有太大差别。对于那些患有PTSD的人[17]来说，自我关怀也是缓解与创伤相关症状的有效工具。

练习自我关怀的一个简单方式是，想象你正在经历的困难发生在了别人身上。不是你，而是你的好朋友奥利，在向他的管理团队做演示时搞砸了。你会对奥利产生什么样的情感？你会如何支持他并帮助他恢复信心？要调动这些情感和行为反应并不难，然而它们通常与当我们自己成为危机的主体时自然而然产生的反应截然不同。通过唤起同情心，我们可以用爱和关怀来抵消恐惧或羞愧等负面情绪。

自我效能感

韧性的最后一个关键驱动因素是自我效能感，即我们相信自己能在特定的事业中取得成功。这个概念最早由心理学家阿尔伯特·班杜拉（Albert Bandura）在20世纪80年代提出，它对从职场表现到节食或锻炼成功等各个方面都有极强的预测作用。罗伯特·范奥登在寻找新的、高度多样化的工作组合时的勤奋体现出了他极大的自我效能感。他知道工作在那儿，相信自己能找到，于是他就去做了。与自我效能感密切相关的是能动性，即我们可以改变未来事件的信念。能动性保护我们免受习得性无助的伤害。

自我效能感可以得到提升。根据班杜拉的观点，有过精通某事的经验，是提高自我效能感的最佳途径。精通任一领域都需要长时间积累的微小而稳固的胜利。设定切实可行的、分阶段的目标有助于避免目标过大而无法达成的陷阱。小目标还有助于我们建立信心，让我们能逐渐应对更大的挑战。[18]当我们经过所有这些努力，技能终于达到高水平——精通时，我们会感受到更高程度的自信，这种自信可以迁移到其他许多领域。

认知灵活性和自我效能感密切相关，我们可以从接下来的故事[19]中看出。莎雅是一家总部位于湾区的世界最大科技公司之一的产品营销经理。她在佛罗里达州长大，是一对摩洛哥移民的女儿，上公立学校并在当地一家杂货店的库房打工以帮助养家糊口。莎雅对营销感兴趣是因为 20 世纪 80 年代末的广告。她回忆起当她看到坎贝尔汤罐上平淡无奇的图像时，便想要通过新产品帮助他人想象更美好的生活。

刚从大学毕业时，莎雅最初在一家办公用品公司从事传统营销领域的工作，包括平面广告和现场活动——会议和客户聚会，这些活动与过去几代人的品牌建设活动如出一辙。那时她典型的一个工作日可能包括起草文案、打电话给客户以及规划会议议程。她工作勤奋，比团队里的其他人都要努力，渴望获得她的父母从未实现的经济稳定。她意识到，通过专注和毅力，她可以在自己的领域内学到广泛的技能。

在开始第一份工作的三年后,莎雅发现她所在区域的公司将因为更懂数字技术的竞争对手而申请破产。之前她曾看到即将到来的颠覆性变革的信号,但不知道该如何警醒她的领导。寻找下一个工作岗位非常困难,因为经理们需要具备数字营销经验的员工。

面对自我怀疑,莎雅回想起,她在之前三年里学到了那么多的东西:如果我曾经做到过,我也能再一次做到。她的过往经历让她有信心报名参加在线营销课程。这就是自我效能感。最终,莎雅渴望学习和愿意从基层开始的态度为她赢得了第一个数字营销岗位。

在过去的十年里,莎雅在更大的企业技术公司工作,她的工作完全转向了在线营销。如今的营销高度分析化,同时需要运用数十种软件程序:社交媒体营销工具、搜索引擎优化工具、潜在客户生成和捕捉工具、电子邮件营销工具等。每月、每周甚至每天,都有新功能和技术涌现,具有成就或摧毁一家企业的潜力。营销技术——"MarTech"⊖已经成为金融科技、健康科技等行业的一个独立产业。莎雅以跟上最新的 MarTech 趋势为荣。她无须成为每个新工具的专家,但她需要有足够开放的心态来判断其相关性。这可能意味着观看演示、下载免费试用版或与新技术的早期用户交谈以了解他们的经验。对于她认为值得纳入团队工作流程的工具,她必须转换为专注行动模式,了解它们的来龙去脉,

---

⊖ "MarTech"起源于美国,大概指包含在整个营销生态中,所有和企业营销业务相关的硬件、软件、平台和服务(摘自艾瑞咨询)。——译者注

能动性保护我们
免受习得性无助的伤害。
设定切实可行的、
分阶段的目标
有助于避免目标过大
而无法达成的陷阱。
小目标还有助于我们建立信心，
让我们能逐渐应对更大的挑战。
当我们经过所有这些努力，
技能终于达到高水平——
精通时，
我们会感受到
更高程度的自信，
这种自信可以迁移到
其他许多领域。

并带动其他人使用它们。

同时,莎雅需要跟上企业技术行业本身的剧变。每个月,作为公司大部分营销组合的负责人,她的关注重点可能从向北美客户推广文件共享产品转变为向亚太地区的企业买家推广影像产品。莎雅的关注领域既有由上而下的决定——上级在新兴产品之间分配资源,也有由下而上的决定,因为莎雅和她的同事们主张给有前景的新机会更多关注。

任何一次转变——从一个非常独特的产品到另一个产品,从一个地域到另一个地域,从一种技术工具包到另一种——都会挑战莎雅的自我效能感、认知灵活性乃至整体韧性。她首先必须能够应对变化的激流,不要陷入无助的泥潭。然后,她必须在对新机会的开放态度与专注执行之间取得平衡。

自我效能感、自我关怀、认知灵活性、乐观主义和情绪调节能力是我们在激流职场中蓬勃发展所需的心理韧性的基石。这些都可以被教授。个性化的方法,像教练或基于数据的学习系统,可以使学习体验适应每个人的需求。例如,我们中的一些人需要更多地关注情绪调节能力,而另一些人则需要增强乐观主义。

通过练习,我们所有人都可以增强韧性,并使自己的反脆弱性越来越高。如果你做对了,成果很快就会出现:[20] 我们发现,对于那些在这项技能上起步最低的人来说,在短短三个月内,他们自我评估的韧性得分提高了 125%。这种增强将帮助人们避免负面结果，并帮助他们在个人和职业生活中更加出色地蓬勃发展。这改变了前文提到的韧性正态曲线。

到目前为止，我们已经了解了韧性如何使个人受益以及我们如何能建立个人韧性储备。韧性也可以在团队和组织层面发挥作用，它对工作场所的成果很重要。现在，让我们看看团队层面。

韧性是培养高绩效组织的基石

新冠疫情为劳动者的韧性提供了一个实例教训。一夜之间，数千万名工作者发现自己变成在家工作，与室友、伴侣或从学校回家的小孩子一起挤在狭小的空间里。服务行业的工作者要应对生意关门和不断变化的法规。然而，这些还是幸运的人。还有数百万人彻底失去了工作。每天都有人失去亲人。疲惫、困惑、恐惧和愤怒的感受涌上心头。

在工作中，组织需要员工大规模迅速地转变。他们能多快地从制作大衣转向缝制口罩？从建造汽车转向组装呼吸机？领导层为大部分员工安排了休假，而留下来的员工要做的工作增加了一倍。

所以，疫情揭示了韧性是所有人力资本策略真正的基石。韧性较低的员工睡眠减少、饮食恶化、很少锻炼，并且生产力降低；韧性较高的员工不仅保持了自己的幸福感，还保持了为雇主工作的能力。他们的高峰水平变得更高，低谷期的状态得到缓解。韧性使他们在这个最具挑战性的时期蓬勃发展。

为了量化这一优势，我们在 2020 年春季检查了与我们合作的公司的财务回报，并将这些回报与员工的韧性得分进行了比较。员工平均韧性得分最高的公司的资产回报率高出 42%，年股本回报率高出 3.7 倍。此外，它们的同比增长率高出 [21] 3.2 倍。

我们还专门研究了领导者韧性会如何推动这些结果。我们发现，从组织角度来看，韧性强的领导是对团队不断有输入的宝藏。向韧性领导者汇报的员工本身的韧性几乎是其他员工的三倍。与领导者韧性较差的员工相比，他们的工作倦怠程度降低了 50%。拥有有韧性的领导者的团队的生产力提高了 30%。这些团队在创新和认知灵活性方面也更强。[22]

如果你觉得这些很难相信，试着回想一下你过去的几位老板。他们的韧性如何？他们容易感到有压力吗？

现在考虑一下在向这些人汇报工作时你自己的幸福程度。你发现规律了吗？

截至 2020 年 5 月，据估计有 22% 的美国公司将韧性归入领导力素质[23]。领导力素质是组织期望在其领导者身上看到的行为和技能。公司在设计领导力培训时通常会将重点放在这些方面。正如我们将在第 10 章中看到的，大多数这些培训并非循证的。尽管如此，22% 是一个开始。

培养韧性的最好时机就是现在。我们最经常被问到的问题是：我们应该如何开始？

我们知道答案。市场上现在有基于证据的项目。它们可以根据数十年来成千上万的研究，以精确的、数据驱动的方式针对个人发展需求进行定位。这些干预手段可以在个人、团队和组织层面提高韧性这一最基本的能力，而且许多人在数月而非数年的时间里就能取得成效。

培养韧性可以让我们应对今天和明天的挑战。问题不在于如何开始，而在于何时开始。我们还在等什么呢？

05

第 5 章

在工作中寻找意义

如果你了解自己生命的意义,
你就会处理好所有事情。[1]
　　——尼采

20世纪70年代，普利策奖得主路易斯·特克尔（Louis "Studs" Terkel）为后代保留了一份珍贵的记录，他用录音带记录了美国人谈论他们工作的声音。特克尔在他的横贯美国之旅中，与书籍装订工、杂货店员、钢铁工人、牙医、卡车司机和掘墓人们闲聊，谈论他们在工作中如何打发时间：他们与之互动的人，工作引发的感受，以及他们在日常工作中闪现的想法。这些对话的文字版本于1974年出版，起名为《工作：人们关于每天在做的事和对其感受的说法》（*Working: People Talk About What They Do All Day and How They Feel About What They Do*）。

当时，特克尔并未意识到他的书将成为一个理想的关于"从前"的记录——因为它的背景正是历史上最为剧变的劳动力转型之前。在劳动力市场波涛汹涌的变革前夕，人们对他们所做的事情有何感受呢？

在书的引言中，特克尔总结了他从美国工人身上获得的最有力的智慧。在众多不同故事中，最主要的主题是在工作中寻求意义：

> （这本书）是关于一种追寻……追寻生活所需的面包和生活的意义；追寻认可以及金钱，追寻惊奇而非麻木；简而言

之，追寻生活，而非在周一至周五的日常中死去。或许，永生也是这追寻中的一部分。被铭记是这本书中的男女主人公们说出的和未说出的愿望。

这一观察既是普遍的，又是那个时代独特且令人惊讶的产物。特克尔的同时代人，人本主义心理学家亚伯拉罕·马斯洛和维克多·弗兰克尔（Victor Frankl），也得出了关于意义在我们工作中所扮演的基本角色的类似结论。1962年，马斯洛说："如果工作是毫无意义的，那么生活就接近于毫无意义。"[2] 1969年，教育家尼尔·波兹曼（Neil Postman）和查尔斯·魏因加特纳（Charles Weingartner）定义了"意义创造"，如今被认为是教育、工作和咨询的基础。[3] 大的变化正在酝酿之中。

硅谷本身正是在这种精神氛围中诞生的。我们通常认为硅谷的发端是在20世纪90年代，但实际上早在20世纪70年代，约西布的施乐帕洛阿尔托研究中心团队就已经在研发以太网、图形用户界面（GUI）和激光打印机。工程师们被斯坦福大学工程学院的优秀课程、美好的天气和早期计算机处理器的可用性吸引到了这个地区。这些工程师还梦想推动太空旅行的发展和挑战人类进步的极限。

这次特殊的向西迁移与其说是一场淘金热，不如说是一场追寻意义的热潮。这些开拓性的思想家——他们那一代的伟大创新者——肯定是被金钱吸引，但与此同时也是被目的吸引到这项工作中来的。正如苹果的早期员工、领英联合创始人里德·霍夫曼

"如果工作
是毫无意义的,
那么生活
就接近于毫无意义。"
——马斯洛

（Reid Hoffman）在他为弗雷德·科夫曼（Fred Kofman）关于有意义的工作的书所写的前言中所说：

我们在硅谷一次又一次地看到，那些发展最快、执行力最稳定且在各自行业占据主导地位的公司……正是那些以宏大、崇高、令人难以置信的雄心壮志来定义其企业使命[4]的公司。

如今，每家公司都有一份使命宣言，旨在既激励员工又吸引客户。沃尔特·迪士尼公司的员工通过神奇的体验创造快乐。索尼激发并满足你的好奇心。巴塔哥尼亚致力于拯救我们的地球。130年前，可口可乐由一位药剂师创立，他选择这个名字是因为两个C在广告中看起来不错。现在，可口可乐的宗旨是"让世界焕发新生，创造改变"。[5]

许多这样的宣言流于空谈。在竞争激烈的劳动力市场中，员工可以坚持选择那些目标与自己的价值观最为契合的企业。同样地，他们也能够辞去那些他们认为不道德的公司的工作。音乐家尼尔·扬（Neil Young）就鼓励音乐媒体平台Spotify公司的员工们这样做。当时，乔·罗根（Joe Rogan）散播关于新冠疫苗的阴谋论激怒了公众舆论，但Spotify拒绝放弃这位最大的播客明星。"在那个地方吞噬掉你的灵魂之前离开它。"尼尔·扬这样建议道。[6]

为什么使命和意义会成为我们工作中如此重要的一部分？本章探讨了以目的为导向的绩效对我们蓬勃发展的核心作用，并探讨我们可以使用的工具，以测量和培养意义感。

何为意义

心理学家迈克尔·斯特格（Michael Steger）[7]将意义分为三个组成部分：

（1）理解：理解自己的经历。
（2）目的：拥有高度珍视的人生目标或使命。
（3）重要性：认为自己的生活有价值并且值得度过。

这三个组成部分虽然相当不同，但都可以被我们俗称的"意义"所涵盖。

并非所有的工作都同样有意义，我们也并非都以相同的方式在工作中寻找意义。在1997年一项著名的关于工作态度的研究中，心理学家埃米·瑞斯尼斯基（Amy Wrzesniewski）、克拉克·麦考利（Clark McCauley）、保罗·罗津（Paul Rozin）和巴里·施瓦茨（Barry Schwartz）发现，人们会把他们的工作看作谋生方式、职业或使命，如下所示：

- 一种谋生方式：关注金钱回报和必要性。它是使你能在工作之余享受生活的手段。当你找到更高薪酬的工作时，你就会辞职。
- 一份职业：关注职业发展。对于有职业的人来说，我们会为自己的职业成就和提升的社会地位感到自豪。当不再有晋升时，你就会辞职。
- 一种使命：关注有成就感的工作。你觉得自己被召唤去做有社会或道德价值的工作。几乎无论发生什么，你都不会放弃。

担任同样的销售职位的三个人可能会根据他们的取向，[8] 分别将他们的工作视为一种谋生方式、一份职业或一种使命。这些不同类型的动机产生了不同类型的工作。我们中为金钱（外在或外部动机）而劳动的人会精确地完成所要求的工作，但不会再多做。相反，我们中拥有使命感、更高目标感（内在动机）的人，会将我们的工作与我们的身份紧密联系在一起。意义推动的表现远远超出了该角色所严格要求的范围。

人们普遍渴望工作更有意义

全球数十亿人每天都要上班。有多少人从他们的工作中寻找意义呢？你可能会认为，对于一小部分特权阶层的工作者来说，意义很重要，而大多数人只要工作能谋生就可以了。

我们也对此持怀疑态度。2018 年，我们的实验室开始研究有多少工作者分别属于每个阵营。我们把重心放在美国，在那里我们拥有最多的数据，并且可以接触到具有最广泛经济背景的工作者。我们调查了 2000 名不同年龄、行业、工作任期和收入[9]的全职美国员工。

事实证明，想要有意义的工作的人并不少。事实上，在美国，它甚至算不上"一部分"。实际上，我们研究的每个人——无论年龄、收入水平、行业或职位——都渴望工作更有意义。

一种使命：
关注
有成就感的工作。
你觉得自己
被召唤去做
有社会或
道德价值的工作。
几乎无论发生什么，
你都不会放弃。

每个人都希望工作有更多的使命感，而不只是一种谋生方式。

我们还想知道工作者在他们当下的职位中找到了多少意义。在同一项研究中，我们使用了一个从 0（无意义）到 100（有最大意义）的评分量表，人们给他们当前的工作打的平均分是 49。

也就是说，我们的"意义之杯"还不到半满杯。

我们还询问了这 2000 名工作者，他们愿意为了一份对他们来说意义重大的工作牺牲多少薪水。结果令人大开眼界。平均而言，人们愿意牺牲惊人的 23% 的未来收入，以换取一份始终具有很高意义的工作！这个百分比在年收入从 4 万美元到 20 万美元的各个收入档次中都是如此。

为了更直观地了解这一点，可以看看另一个数据。截至 2018 年，美国人将大约 17.5% 的收入用于支付住房贷款。[10] 我们愿意为寻求意义花费的金钱比我们在自己居住的房子上花费的还要多。

有意义的工作益处多

为什么意义在我们的工作生活中如此重要，以至于作为组织，我们要招募能和组织使命产生联结的人，而作为个人，我们如此渴望意义，以至于我们愿意放弃大量金钱来获得更多意义？

事实证明，这不仅仅是炒作。我们从组织收益开始说。现代人力资源部门的"圣杯"之一就是"自主努力"。企业寻求从员工那里获得最大的工作效益。心理学家奥布里·丹尼尔斯（Aubrey Daniels），创立了绩效管理领域，他将自主努力定义为"如果人们愿意，他们可以付出的努力程度，[11]但要超过最低要求"。在一种谋生方式中，人们不会付出自主努力，而把工作当作使命的人会。要创造出非凡的工作产品——达到其他产品无法达到的工艺和创新水平，就必须付出自主努力。这种工作由内心深处和目标推动。

从相关研究来看，能发现什么呢？我们的研究发现，那些觉得自己的角色有意义的员工工作时间更长，缺勤天数更少。他们更喜欢自己的工作，在公司待的时间更长，工作效率也更高，每年为公司多创造约 9000 美元的价值。如果有 1000 名员工发现自己的工作非常有意义，企业每年平均可以节省 594 万美元的人员流动成本。这些员工也是应对组织挑战的出色缓冲器：面对糟糕的管理或有毒的环境，那些发现自己的工作非常有意义的员工能够更轻松地克服消极情绪，不太可能辞职。

对于作为个体工作者的我们来说，有意义的工作的回报更大。在专业层面，那些认为自己的工作很有意义的人比那些不这么认为的人获得更多的加薪和晋升。所以，事实证明，你根本不需要接受那 23% 的减薪——恰恰相反，做你喜欢的事，热爱你所做的事，会带来经济利益。

在个人层面，有意义的工作对我们的健康有益。出于内在动机——我们内心深处的原因，而不是外部回报——去追求工作已被证明对我们的整体幸福有积极影响。[12] 事实上，由心理学家爱德华·德西（Edward Deci）和理查德·瑞安（Richard Ryan）创立的自我决定理论（SDT）[13]认为，内在动机是我们生活中各个方面心理健康的基本要素。在现代工作世界中，这股源自内心深处的动力至关重要。在激流中航行绝非儿戏。我们每天都在奋力划桨，波浪拍打着我们，我们面临一个又一个挑战。意义和目的激励着我们继续前进。

实际上，如果说韧性和认知灵活性是我们应对变化的方式，那么意义和目的就构成了"为什么"这个问题的核心。它们是我们应对未来挑战所需的动力。的确，数据显示，我们的前两个PRISM能力——有意义的工作和韧性——是密不可分的。在2018年的研究中，我们还比较了那些认为自己工作最有意义和最无意义的人的心理韧性水平。结果是很明确的：那些认为工作最有意义的人（认为工作有意义的得分位于前25%）在韧性项目上的得分比认为工作最无意义的人（得分位于后25%）高出23%。

相比之下，美国人类学家和无政府主义者大卫·格雷伯（David Graeber）详细描述了毫无意义的工作对心理的负面影响。他在2018年出版的新书《毫无意义的工作》（*Bullshit Jobs*）中指出，从接待员到市场撰稿人再到官僚，数以百万计的人拥有毫无目的的工作，而且他们知道这一点。尽管格雷伯的观点可能言过其实，但他的研究对象所描述的无意义工作对心理产生的负面影响值得关注。他们深受焦虑、抑郁和自尊心低落的困扰。当他们找到更有目的性的工作[14]时，心身疾病神秘地消失了。

我们需要有意义的工作来帮助我们在变化中表现出色并蓬勃发展。我们的组织需要我们发现工作的意义,以便在顺境中获得最大收益,在逆境中得到缓冲。

鉴于这一切,那意义是可以培养的吗?还是说它本来就在那儿触手可及?

是什么让工作变得有意义

我们在 2018 年进行那项研究的另一个原因,是想要找出在职场上让员工发现工作有意义所需的最关键的因素。了解这些驱动因素为个人和组织提供了干预的切入点。

研究中第一个发现的关键因素是,你是否在工作中觉得孤单。职场社会支持对意义感产生了显著影响。在工作中感受到更多社会支持的员工,在职场意义量表上的得分比那些没有感受到社会支持的员工高出 47%。对于当今的组织来说,特别是在新冠疫情之后,最困难的挑战之一是在远程工作、人员流动和工作不稳定的背景下仍保持团队凝聚力。但我们大多数人并没有意识到,工作本身的灵魂也是团队凝聚力的重要影响因素。

数据中出现的另一个关键因素是与领导层(特别是公司最高层领导)的价值观和目标的一致性。与同事在价值观上保持一致的员工对工作的满意度高出了 33%,这已经不错了!然而,与领导层在价值观上保持一致的员工对工作的满意度更是高出了 46%。领导层的价值观很重要,这并不仅仅是对股东或董事会成员而言。它们对需要跟随领导者渡过困境的每个工作者也很重要。共同的使命宣言是一个不错的起点。然而，为了达到最佳效果，高层领导必须真的践行公司所倡导的价值观。

我们还发现了一些与工作类型相关的意义程度的重要差异。例如，知识型工作者发现他们的工作比其他人的更有意义。为什么会这样呢？深入分析发现，知识型员工具有更强的主动专业成长意识。所有工作者都希望并应该在工作中体验到这种成长感。作为个人，我们去寻求这些成长机会；作为组织，更普遍地提供这些机会。这样每个人都能分享到这种满足感。

哈佛大学商学院教授伊桑·伯恩斯坦（Ethan Bernstein）的研究表明，工作场所的有些改变可以创造一种环境，让所有员工都觉得自己的工作是知识型工作[15]。例如，当员工被赋予一定的隐私权和在不受评判的环境中进行尝试的能力时，他们的表现会更好。创建这些条件的组织有望为员工带来更强烈的意义感。个人在物质上和心理上都会受益，组织也会获得超额回报。每个人都是赢家。

增强工作的意义

这是关于意义的由外而内的视角——找到影响人们普遍认为其工作有多大意义的组织性因素。为了得出这些答案，我们需要观察人们在工作意义量表上的分数，看看它们与组织特征之间的关联程度。

同样问题的由内而外的版本则询问：人们认为工作中哪些部分最有意义？

在格雷姆·佩恩的家乡新西兰基督城，坎特伯雷大学的两位教授发现了员工在职场中找到意义的七个最常见驱动因素。[16]

以下哪个因素最能概括你对工作意义的感觉？

（1）个人成长：你觉得工作对你内在自我的发展有积极的帮助。
（2）职业发展：你觉得工作可以激发你全部的职业潜力。（这是我们发现知识型工作者体会最深的一点。）
（3）共同目标：你觉得你和你的同事以及领导都在朝着一个共同的目标努力。
（4）服务：你在为他人服务的行为中找到意义。
（5）平衡：你在平衡个人与职业态度和优先事项的工作中找到了意义。
（6）灵感：你被公司的愿景和领导所鼓舞。
（7）诚实：你将坦率的沟通和对工作的现实评估视为核心价值。

创造意义的许多努力必须发生在个人层面。帮助人们理解是什么创造了他们个人的目标感，是一个好的教练的核心职能。

金妮是一名从事"下一代"产品研发的中级研发经理，她向教练帕特里克尽情倾诉了她对老板给出的负面绩效评估的失望。她知道自己达不到要求，而她也无法让自己去完成要做的工作。"他让我为一个可能永远都无法问世的项目做所有这些工作，"

金妮说，"然后我还要雇人帮我做这些我自己都不怎么有信心的工作。"

减轻她的沮丧需要追溯她留任职位的动机。在他们最初的几次会议中，金妮确定了她的职场意义的核心在于服务。她希望自己的努力能为社会服务。正因为如此，她负责的产品有可能永远都不会被生产出来的想法让她受挫。

帕特里克帮助金妮制订了两项战略来重新建立联系和重启。首先，金妮需要重新审视和接受从事尖端产品工作的风险。在创新团队中，成功可以产生巨大的影响，而失败则可能是令人沮丧的。作为她服务工作的一部分，金妮需要能够容忍出现死胡同的可能性。其次，金妮错过了给她周围的人提供小型服务的机会。例如，让她感到焦虑的招聘过程，其实是一个帮助处于职业生涯早期的人学习关键技能的机会，而这些技能只有金妮可以传授。她意识到，甚至她的老板也可以从她的帮助中受益，因为他不得不忍受他们团队工作的不确定结果带来的同样的挫折感。

我们还可以在不同的角色和环境中依靠不同的目的来源，为自己提供更大的灵活性。例如，对于某些员工而言，新冠疫情引发了从关注专业发展到关注服务的转变。在转型和动荡时期，"服务"和"诚实"可能是特别强大的动力。

在我们 2018 年的研究中，在所有工作者的群体中，工作意义的最常见来源是个人成长。在马斯洛所说的自我实现的旅程中，我们在职业生涯中寻求机会来发展我们的内在自我。增加我们对有意义的工作的感觉可以很简单，就像弄清楚我们成长的方式——我们的想法、我们的人际关系、我们的技能、我们的知识——并寻找机会专注于这些方面。

增强自我成长感的一个方法是定期回顾自己的成就。你多久会在一天结束时，反思一次出色完成的具有挑战性的任务？作为同事、朋友或领导者，工作中你的人际关系拓展得如何？注意和品味自己的成长，会增加你的目标感和满足感。[17]

意义的替代品："要紧感"

几年前，在疫情之前，伊利诺伊州的一些高级人力资源领导在芝加哥市中心聚会，加布里埃拉在聚会上发表了一个关于工作的意义和目的的演讲。这次活动是由一家媒体公司在其体育电视频道总部举办的。在享用完开胃菜和鸡尾酒之后，每个人都进入了演讲会场所在的电视新闻演播室。在蓝色和橙色的荧光灯下，在演播室舞台上宽大的白色新闻桌后面，除了举手之外，很难去辨认参与者。

"有一件事我不太确定我是否认同，"一位男士问道，"作为雇主，让某人的工作变得更有意义真的在我们的职责范围内吗？"

这是一个很合理的问题，一个诚实的问题；就算我们忽略其他原因，而仅仅因为当我们在讨论这个主题时，这个问题的各种版本总会不可避免地出现，已经说明了这个问题的重要性。当时，加布里埃拉的回答是重申这样做之后带给组织的利益。

但这位先生不是在问为什么，他是在问是否。企业领导者有许多理由不愿涉足职场意义的领域。对有些人来说，这会让人感到不舒服。意义是如此个人化。这真的是老板的事吗？

部分挑战在于"意义"这个词太宽泛了。它确实可以表示许多不同的东西。即使在前文提到的斯特格的定义也包含着三个不同的概念：理解、目的和重要性。这就导致了模糊，甚至无力以及混淆，使得谈论意义、衡量意义和增强意义变得比实际需要的要困难得多，尤其是对于企业领导者而言。

出于所有这些原因，多年来，在我们的工作中，我们——加布里埃拉和马丁——一直倾向于将"要紧感"（mattering）这个概念，作为企业领域中"意义"的一个更具体、可衡量和可操作的替代品。"要紧感"比"意义"更接近工作者关心的本质，以及公司可以做出的影响的本质。像新闻演播室观众中那个人一样的怀疑论者对要紧感没有异议。每个人凭直觉都能明白，我们需要感觉到自己的工作是要紧的，而我们自己之外的人——我们的老板、我们的领导——通常比我们更能帮助我们看到这种影响。

我们将要紧感定义为一个人在世界上产生的影响感。在斯特格关于意义的定义中的三个方面，其中的"重要性"最接近"要紧感"，尽管要紧感也影响了我们的目的感。你可以将要紧感看作意义的一个非常具体的子集。那些觉得自己的努力无足轻重的人根本就没有工作的动力,更不用说迎接挑战了。因此,组织有充分的理由确保他们的员工知道他们及其工作为什么重要。

哲学家以及麦克阿瑟天才奖得主丽贝卡·戈尔茨坦(Rebecca Goldstein),在她 1993 年出版的才华横溢且风趣的小说《心身问题》(The Mind-Body Problem)中首次提出了"要紧感地图",她做了大量论证,认为我们作为人类的决定性特征之一就是我们对要紧感的需求。自然选择有利于要紧感。用戈尔茨坦的话说:

如果一个有机体——任何有机体——有能力阐明其最深层次的动机,即所有其他动机的前提,这些动机驱使它不停地完成任务和活动,如穿行、躲藏、漫游、掠夺、交配,那么它就会说,它在这个世界上的存在,它的持久和繁荣,都很要紧。[18]

这是戈尔茨坦所说的"要紧感本能"。我们对要紧感的需求是我们生存的基本要求。

为什么"要紧感"很重要

透过戈尔茨坦的要紧感本能的镜头,要紧感是我们为了解释我们自己的存在而告诉自己的故事。它帮助我们理解为什么我们觉得自己需要生存,即使我们的生存需求实际上是生物学层面的。

芝加哥居民荷马·马丁内斯(Homer Martinez)的职业是掘墓人,这让他自己都很惊讶。在接受特克尔的采访时,马丁内斯分享了这段叙述，他以此来解释为什么他应该觉得自己的工作很重要：

> 我从未梦想过拥有这种工作，但我相信这很重要，因为不是任何人都可以成为掘墓人。我的意思是，你可以是一个下水道挖掘者，你可以挖下水道，但是你可以随便挖一个洞，你可以扔土，你可以把它弄得一团糟。但是当你挖坟墓的时候，它必须是整洁干净的。你看到的是一个方形的洞，非常完美。

无论我们是为了坟墓、下水道还是无缘无故地挖洞，挖洞的物理行为都是一样的。马丁内斯的叙述讲述了他如何理解自己为什么活着并日复一日地挖洞，为什么他所挖的洞具有独特的要紧性。

我们知道，通过对要紧感的叙事来解释我们自己行为的这一能力对我们个人的健康有巨大的影响。没有它，我们就会步履蹒跚。[19] 抑郁症的标志之一是自我价值感低。当抑郁时，我们认为自己实际上并不重要，因此我们的活动就没有意义。何必费心尝试呢？我们精疲力竭，没有与世界接触的愿望。意义一直是马丁和同事在 PERMA 中[20]定义的幸福的五大支柱之一。今天，我们用其更可操作、更具体的成分——要紧——来代替意义，作为 PERMA 的 M。

许多展望激流工作世界的人担心，我们会因为反复的失业和不稳定而失去意义感。正如未来学家和计算机科学家李开复在他著名的《AI·未来》(*AI Superpowers*) 一书中所写到的那样："就业市场和整个社会的动荡将在人们在心理上失去目标[21]的背景下发生，而心理上失去目标是个人和人类更大的危机。"尤瓦尔·赫拉利（Yuval Harari）也分享了这种担忧："我们需要保护的是人类，而不是工作。这里的危机是意义危机，而不是就业危机。"[22]

我们认同这个观点，并且想补充一句：从组织的角度来看，更具体地说，这是一场关于要紧感的危机。

斟满我们的"要紧感之杯"

对我们今天来说，工作中什么是"要紧"的，一定与过去的年份有所不同，尤其是在工作任期缩短到几年或更短[23]的情况下。我们需要更早地感到自己的存在很要紧，并且我们需要能够频繁地重新定义这种要紧感，因为我们的角色会发生变化。在这种新的背景下，组织和个人需要干预措施来填补我们的"要紧感之杯"。

在2018年冬季，我们与戈尔茨坦以及一组研究人员合作，共同测量和构建要紧感。虽然我们都认为要紧感是对含义模糊的概念的有益替代品，但还需要进行大量的工作，以使其在科学上更加有力。

我们的首要任务是创建组织中的要紧感量表。为了衡量任何潜在的干预措施是否成功，心理测量量表是必要的。[24]我们的量表是围绕着要紧感可以被客观或主观地定义这一想法而设计的。戈尔茨坦解释说，人们可以用经典的术语"arête"（ἀρετή）或"kleos"（κλέος）⊖来理解要紧感，arête即由行为而取得卓越的成就，kleos即通过一个人的优秀行为而获得的名声和荣耀。前

⊖ arête：古希腊语"美德""优秀品质"或"卓越表现"。kleos：古希腊语"声誉""名望"或"荣耀"。——译者注

"我们需要保护的是人类,而不是工作。这里的危机是意义危机,而不是就业危机。"

——尤瓦尔·赫拉利
(Yuval Harari)

者（arête）是一种个体可以通过努力、积累经验和拥有耐心实现的，内在的要紧感。后者（kleos）是外在的，需要他人的认可。这两个方面的要紧感对于生产力都很重要。

这种二元性非常适合测量和干预，因为 arête 侧重于个人如何帮助自己获得重要感，而 kleos 则侧重于组织如何支持员工了解他们对他人所做贡献的更广泛的价值。意义的宏大的部分可能需要几个月或几年的时间来培养，而我们的工作意义感几乎可以通过 arête 和 kleos 的结合立即培养起来。

我们用量表来评估帮助个人建立要紧感的那些干预措施。你可以用它来测量自己是否觉得[25]自己的工作很要紧。在量表上得分越高——对每一项的认同程度越高——就意味着升职越多、加薪越多、离职率越低。

组织中的要紧感量表

请在 1（非常不同意）至 5（非常同意）的范围内回答：

（1）成就感（arête）

- 我的工作有助于我所在组织的成功。
- 我的工作质量对我所在组织有实质的影响。
- 我的工作影响我所在组织的运作。

（2）被认可感（kleos）

- 我的组织公开表扬我的工作。

- 我的同事称赞我的工作。
- 我在组织中以工作质量著称。
- 我的工作使我在工作场所很受欢迎。

你在工作中有成就感（arête）吗？被认可感（kleos）呢？

成就感得分超过 13 分，被认可感得分超过 15 分，是非常高的分数。

有了量表后，我们开始构建干预措施，以增加员工感受到的要紧感。我们以"心身问题"为蓝本，创建了一个组织中的要紧感地图，经理可以使用它来帮助他们的下属更全面地理解他们的工作对他人的重要性，目的是让员工获得被认可感。我们设计了这张地图来重点关注要紧感的最基本领域。在地图的中心，经理会放置员工的姓名和照片。围绕着这个中心有三个同心圆，每个同心圆上都有三个文本框。在最内层的圆圈里，经理确定了员工最能体现的三个公司价值观。这些价值观离中心最近，代表它们与员工的身份认同的联系。经理们需要提供引语和详细信息来解释每个价值观。价值观的呈现反映了我们最深切的要紧感。

中间那层圆圈列出了员工帮助过的三个业务团队的名称。这使经理能够帮助员工了解他们的工作对其他人的重要性。由于我们工作的节奏快，变化也快，我们并不总是知道它在组织中的更广泛的影响。这一层圆圈能让经理用引语和推荐来突出影响的连锁反应。

最后，最外层的圆圈聚焦于员工工作在组织中所产生的三个成果。在这里，经理可能会强调员工开发的流程使效率提高了

x%，他们的客户服务改善了y%的评分，他们的销售活动带来了z美元的预订。其中一些结果员工可能已经知道，而其他结果员工则可能还不知道。

重要的是，在每一层圆圈里，员工都能了解到一些新的、具体的、关于他如何对别人来说很要紧的东西。这增强了他的要紧感，并帮助他感觉到，这些不同层面的要紧感被他的经理和其他人看到了。

在最上面的一角，公司的高层领导会附上一句箴言和签名。这可能是自动生成的，但它提供了一种官方认可的感觉，有助于促进要紧感，特别是被认可感。

未来的激流将如何改变我们在工作中的要紧感？工作在未来会变得更有意义还是更没有意义？作为乐观主义者，作为两个对未来新型工作——更人性化、更少机械化的工作，更加多样化和更少枯燥乏味的工作——有相当了解的人，我们看到在自动化技术发展中的巨大希望，有意义的工作将会更多而不是更少。我们研究中产生的大量的数据也意味着我们有更大的潜力来测量和认识要紧感。

即使在这些积极的、人性化的浪潮中，我们也将面临许多挑战，我们需要依赖于我们的要紧感驱动力来帮助我们渡过难关。幸运的是，无论身处顺境还是逆境，只要我们愿意接受，我们就有机会重新找到我们的人生目标。事实上，世界历史上最可怕的条件催生了人类关于意义的一些最深刻的思考。1946 年，维克多·弗兰克尔总结了他从集中营的非人折磨中学到的东西：

> 即使在如此可怕的精神和身体压力的条件下，人也可以保持精神自由和思想独立的曙光。我们这些曾生活在集中营中的人可以回忆起那些在小屋里走来走去，安慰别人，将最后一片面包给别人的人。他们或许人数不多，但他们足以证明一个人的一切都可以被夺走，除了一样东西：最后的人类自由——在任何特定环境中选择自己的态度，选择自己的道路。这种精神自由，不会被剥夺，可以使生活充满意义和目标。[26]

要紧感是意义的组成部分，它让我们能够向自己解释为什么每天醒来并做我们所做之事。要紧感助力我们的幸福、生产力以及在困境中的坚忍。个人、领导者和组织都可以培养它，并且需要这样做以成功应对未来的挑战。

人所拥有的
任何东西，
都可以被剥夺，
唯独
人性最后的自由——
在任何境遇中
选择一己态度
和生活方式的自由——
不会被剥夺。

——维克多·弗兰克尔
(Victor Frankl)

06
第 6 章

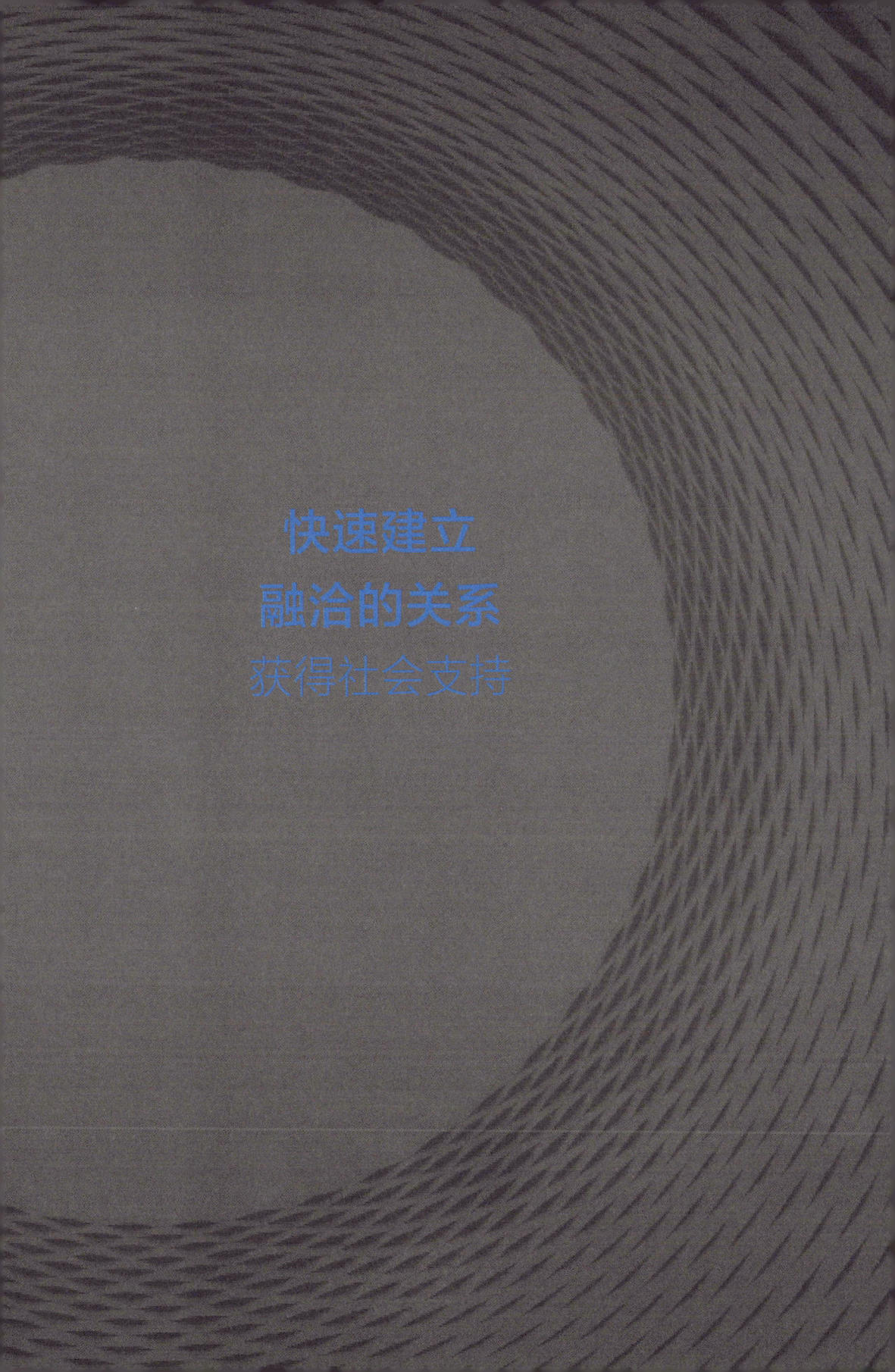
快速建立
融洽的关系
获得社会支持

联结，乔治，联结！

——史蒂芬·桑德海姆（Stephen Sondheim），
《星期日与乔治同游公园》（*Sunday in the Park with George*）㊀

㊀《星期日与乔治同游公园》是音乐剧大师史蒂芬·桑德海姆的代表作之一，获得普利策最佳戏剧奖。——译者注

1970年12月14日新泽西州普林斯顿市里阳光明媚的一天，上午10点，第一批志愿者来到了一个心理学实验现场。志愿者是普林斯顿神学院的学生，正在学习宗教知识，为将来的精神服务生活做准备。

志愿者抵达研究管理员的办公室后，被告知实验将研究神学院学生的职业道路。每个人被要求准备一个关于这个话题的简短演讲，管理员发了一些阅读材料以供参考。一半志愿者收到了一张纸，上面有关于如何最好地利用神学院教育的问题和想法。另一半收到了一则著名的《新约》寓言，讲的是一个善良的撒玛利亚人在路上停下来帮助有需要的人的故事。

志愿者不知道的是，这一切只是序幕。

接着，管理员告知每个志愿者，由于空间限制，他们需要走到另一栋建筑去发表演讲。志愿者收到了一张地图，地图上画着一条路线，指引他们穿过一条小巷到隔壁的建筑。

志愿者一个接一个地出发了。

进入小巷后，每个志愿者都遇到了一个令人震惊的景象：一个男人，瘫倒在黑暗的门口，一动不动，痛苦地呻吟。实验是这样的：谁会像善良的撒玛利亚人一样停下来帮忙？谁会直接走过？

呻吟的人是研究小组的伪装成员，他记录下了每位神学院学生的反应。有些人匆匆走过，没有注意到他。其他人看了看或点了点头，但没有停下来。有些人稍作停顿，询问他是否还好。然后还有一些"超级帮助者"，他们把他带到了室内，直到救援来临才离开。

谁停了下来？谁匆匆走过？是什么决定了一个人是否会花时间去帮助另一个有需要的人？

研究负责人约翰·达利（John Darley）和丹尼尔·巴特森（C. Daniel Batson）假设，引导学生去想善良的撒玛利亚人会使他们更有可能提供帮助——这将会证明《圣经》在激发道德行为方面的力量。然而，分析显示这没有统计学上的显著差异。没有读过寓言的学生去帮助（或没去帮助）呻吟的人的人数与读过寓言的学生相近。

达利和巴特森测试的所有其他变量（比如参与者持有的宗教信仰类型）也没有产生影响。

只除了一个。时间。

那些被告知要尽快到达目的地的学生，显著地更不可能停下来帮助处于痛苦中的人。那些被告知有一点儿空闲时间的学生则更频繁地停下来，并提供了更实质性的帮助。[1]

我们很难想象在美国还有人比神学院的学生更愿意留下来提供帮

助。然而，即使是那些一生致力于服务他人的人，时间紧迫的感觉也会阻止他们去帮助那些明显需要帮助的人。

那么几十年后，随着生活节奏比以往任何时候都快，我们如何减少时间紧迫给人们为他人提供帮助带来的阻碍呢？

如今，时间不够是建立社会联结最大的障碍之一。我们认为自己正在遭受"时间饥荒感"的折磨：总是有太多事情要做，而时间永远不够。[2] 现代公司奉行这种饥荒心态。人力资本管理系统监控员工如何以及在哪里度过他们的日子。员工记录"时间饼状图"以追踪他们在特定项目中分配这种稀缺资源的情况。在工作和生活之间找到平衡的永恒挣扎通常归结为一个问题：我根本没有足够的时间兼顾工作和家庭。有70%的美国人在办公桌前吃午饭，[3]或者干脆不吃午饭。56%的医生认为他们没有足够的时间给病人关爱。[4]时间不足，或者是我们认为时间不足，使我们无法建立联结。

要求"准时"的压力助长了各种反社会行为。想想路怒症——当其他驾驶员阻挡在我们和目的地之间时，我们的愤怒就像火山爆发一样强烈。或是想想多任务处理[5]，人们对这种无处不在的分散注意力的现象心存幻想，以为同时做多件事情不会导致平庸甚至致命的结果。在美国，每天有九个人死于司机因发送短信或打电话[6]导致的分心，还有超过一千个人受伤。

除了时间之外，激流工作世界独特的社会背景也给联结带来了许多额外的障碍。七万年前，我们生活在小型、稳定、无等级的团体中，一生可能只会遇到几百个人，所有人的肤色相似，习惯于相同的地形，一起在同一个狭窄范围内活动。

当然，与其他物种相比，我们的社会交往一直非常复杂，以至于大脑皮层的大量空间都用于解开其他人身上的巨大谜团。当我们和部落围坐在火堆旁时，我们如何才能组织出一个句子既能取悦珍妮，又不会贬低卡莉，不会让曼迪感到无聊，同时还能让达瑞尔发笑呢？英国神经心理学家尼克·汉弗莱（Nick Humphrey）首次提出了[7]我们丰富的社交环境与异常庞大的大脑之间的关系的假说。许多神经科学研究证实了这一点，例如，我们的社交网络规模越大——通过文本和电子邮件等反映出来——我们的前额皮质、杏仁核等[8]特定部位的体积就越大。我们的大脑构造使我们能够通过与他人的关系成长。我们可以识别他人并预测（在某种程度上操控）他们将做什么。我们拥有一种"心智理论"，使我们能够推测他人的想法并相应地采取行动。我们可以利用这种能力来和他人谈判、调情、撒谎，或者劝诱、同情、命令和服从他人。我们可以同时快速地与多个我们的同类进行这些活动。

今天，我们社会环境的复杂程度比那些围坐在火堆旁的时候要高出好几个数量级，这首先体现在我们社交网络中联结的数量和多样性上。全球的专业人士每年都会与来自世界各地、不同文化背景的数千人互动，这涵盖了难以想象的广泛人群，如同事、邻居、服务员、店主、看护人员、教师、桥牌伙伴、投资者、导师、游戏玩家等。

我们认为
自己正在遭受
"时间饥荒感"
的折磨：
总是有太多事情要做，
而时间永远不够。
时间不够，
是建立社会联结的
最大障碍之一。

截至 2019 年，在新冠疫情之前，美国有 30% 的人在远程工作。[9] 到 2020 年 10 月，至少有一半的美国员工每周有几天[10]在家工作。我们可能在某个雇主那里工作三四年，然后再重新开始，[11] 结识一群全新的同事。我们在团队之间跳槽，改变工作地点，转换职位。一位来自中国台湾的经理在她领导的承包商团队（来自巴西和加拿大）休息时工作。他们通过电子邮件和通讯应用程序进行沟通，各大洲的成员各自在新的一天太阳升起时交换代码和文档。

然而，尽管社会联结的方式、规模和速度发生了巨大变化，我们对建立联结的需求却依然强烈，甚至比以往更为迫切。

在本章及下一章中，我们将探讨社会联结对我们作为人类的身体和情感健康的重要性，对我们在现代全球市场中的表现的重要性，以及对客户体验的重要性。了解了这些好处之后，我们将概述使联结变得如此困难的障碍。最后，我们将介绍如何利用我们 PRISM 力量中的第三项——我们称为"快速建立融洽的关系"的一系列策略，来克服这些障碍。

社会联结与幸福感、身心健康水平

社会联结是幸福的应有之义。从抑郁到焦虑，从精神分裂到 PTSD，几乎每一种心理障碍的风险都随着社交孤立的增加而增加。当我们独自一人，失去他人的关怀时，我们就不会感到幸福。相反，与他人共同进行的几乎每一项积极活动都会带来更多的快乐。

关于社会联结对人类蓬勃发展的重要性，一些最令人信服的证据来自对身体而非心理疾病的研究。大量文献将社会支持与更好的医疗结局联系起来。杨百翰大学的老年学研究人员汇编了 148 项这类研究的结果，这 148 项研究涵盖了三万名研究对象。他们的结论是什么呢？在我们的生活中建立牢固关系可以让我们的"全因生存率"提高 50%。也就是说，无论我们面临的死亡原因是什么，如果我们拥有有意义的社会支持，[12] 我们生存下来的可能性就会增加 50%。

在后续的研究中，同一个研究团队反过来问了这个问题，如果我们感到孤独，那么我们年轻时死亡的可能性有多大？他们发现，社交孤立的人早逝的风险[13]高出 26%。我们的长寿确实依赖于我们与他人的联结。

这种依赖关系的生物学基础是什么？要了解人际关系和长寿之间的生理联系，我们首先需要定义几个术语。现在在社交媒体上，人们可以通过点击一个可爱的蓝色矩形与他人"联结"。这个动作对你的大脑或整体幸福几乎没有什么帮助。那么生物学上有意义的联结是什么样子的呢？

共情描述了这样一种能力：我们体验他人的情绪，就好像我们自己身处其中一样。当我们与另一个人共情时，我们实际上会在情绪上感受到他的一些感受。在这一瞬间，我们会与我们的同伴同步激活一种特殊类型的神经元，即镜像神经元。

无论我们面临的
死亡原因是什么，
如果我们拥有
有意义的社会支持，
我们生存下来的
可能性就会
增加 50％。
社交孤立的人
早逝的风险
高出 26％。
我们的长寿
确实依赖于
我们与他人的
联结。

在早期的网络桥牌上，马丁亲眼看到，从未见过面的人之间形成了令人惊讶的紧密关系。一天晚上，马丁和他喜欢的搭档明一起玩，他们的对手犯了一个小错误。许多看牌的人一直在后台热火朝天地聊着天。

明加入了话题。"我最近身体不太好。"

"是什么严重的事吗？"马丁大胆地问道。

看牌者们的聊天速度稍微放慢了。

"是的，马丁。"

聊天又慢了一些。

"我得了癌症。胰腺癌。"

终于，大家都沉默了。

"我把电脑带到了医院。"

一片死寂。

"这样我就可以在朋友们的陪伴下离开。"

长时间的沉默。

被感动的旁观者们纷纷打出了字。

感慨万千。

在医院的病房里上网打牌的同时等待死亡，这样的悲痛击中了我们的内心——当我们的镜像神经元启动时，我们能感受到明的一些痛苦。这与同情形成了鲜明对比，后者更多是一种认知层面的行为，即认识到别人的感受，而自己却没有体验到。[14]

北卡罗来纳大学教堂山分校的心理学家巴布·弗雷德里克森（Barb Frederickson）想要对"深度联结"的生物学本质进行更细致的阐述，他创造了"积极共鸣"一词来描述共享积极感受、相互关怀与关注以及生物同步的体验。当我们感到与他人有很深的联结时，我们可以从自己的身体中感受到。我们会变得更加平静，充满温暖，甚至时间都会变得缓慢。共情通常意味着共同感受痛苦，而积极共鸣则包含了所有共同的情感，这种情感的分享本身就是一种积极的体验。更具诗意地说，积极共鸣可以被认为是爱的体现[15]。

关怀覆盖了所有这些概念，描述了一种产生行动的共情状态。如果同情意味着你理解对方的感受但自己并没有感受到它，共情是实际体验到了你想象中的他人的感受，那么关怀则意味着，这种感受促使了你采取行动去减轻他人的痛苦。在工作场所，同情不如共情，而共情又不如关怀。我们希望同事采取行动来帮助我们。我们希望我们的员工采取行动来帮助我们的客户。

最后一个术语：融洽。共情和关怀可以作为一次性事件来体验和实践。但融洽，两个人之间亲密和信任的关系，则源于长期的共情和关怀。

有了这些定义之后，我们再回到关于联结会如何影响我们生理机能的问题。积极共鸣带来"温暖和愉悦"有什么生物学基础？为什么联结会对健康有很多积极益处？关于后面这个问题的一系列生理机制，人们已经有相对深入的了解。当我们通过共情或积极共鸣与他人产生情感上的同步时，我们的整个身体都进入了不同的状态。一切都放缓了。我们从内而外地放松了。

我们的神经系统有许多分支，每个部分都控制特定的功能，如控制我们的肌肉运动或感知热度等。其中两个重要的分支是交感神经系统和副交感神经系统。

交感神经系统的主要任务是触发"战斗或逃跑"反应，在面临威胁时，在心理和生理上激发我们。我们需要这种保护机制来应对真正的危险。但战斗或逃跑反应非常敏感，即使威胁不那么严重，也可能触发。举个例子：在我们后面鸣喇叭的汽车并不像一头冲过来的狮子那样危险，尽管它可能会给人这样的感觉。因此，要最大限度地提高健康水平意味着要尽量减少交感神经系统的活动——降低焦虑、压力和愤怒。

不过，请记住，我们的目标是达到 +10，而不仅仅是避免负面情况。我们不仅想要减少压力，我们还想要更多的意义、更多的联结和更多的快乐。

这就是副交感神经系统——"休息和充电"系统变得至关重要的地方。当我们从别人那里得到关怀，或者关怀别人时，我们的副交感神经系统会发出信号，产生各种神奇的效果，从降低血压到减缓呼吸频率。这些变化能增强幸福感，改善我们的生理状况。

副交感神经系统的明星成员是迷走神经。迷走神经之所以成为幸福科学家们关注的"热门"神经，理由是充分的。迷走神经可以抑制交感神经活动，降低过度唤醒，为更多的幸福感而不仅仅是减少痛苦铺平道路。迷走神经张力通常通过心率变异性（HRV）来测量，它测量一个人的心率与基线相比偏离的程度。你可能会认为偏离程度越大越糟糕，也就是说，更大的不规律性会产生更多的压力。结果恰恰相反。更大的可变性表明我们的心率具有更大的适应性，较小的可变性意味着较高的心血管风险；较大的可变性意味着更大的幸福感。心率变异性大的人具有更好的记忆力与对情绪的控制能力、较低的抑郁程度、更高的幸福感和更持久的注意力[16]。

除了副交感神经系统之外，还有许多其他机制促成了联结带来的良好感觉。在亲密关系和积极共鸣状态下，皮质醇水平下降。皮质醇，也被称为"压力激素"，可以调节体重、心血管状况、记忆力、免疫功能等。尽管皮质醇有助于在压力高峰时期调节身体，但其持续的高水平对我们有害，可能导致一系列身体疾病的恶性循环，从而释放出更多的皮质醇。社会联结打破了这个循环，让我们回归平衡。

由联结触发的一条大脑通路会释放出催产素，也称为"爱情激素"。催产素提高了我们的联结感以及整体幸福感，同时降低了我们的血压并增加了我们的疼痛阈值。它告诉我们某人是我们部落的一员，让我们感到被爱、充满爱意和安全。[17]

那些感受到爱的人会更快地从各种伤口从烧伤到巨大的创伤中痊愈。受到他人支持的感觉会减少我们对身体疼痛的感知，从而更容易忍受更严重的不适[18]。加州大学河滨分校教授索尼娅·柳博

真诚地感受到
与人相联结、
成为朋友和
被爱是我们
人性的
基本部分,
没有这些,
就会产生无数
形式的痛苦。

米尔斯基（Sonja Lyubomirsky）的实验室甚至证明，实施善意的行为会改善我们表达的炎症基因类型。联结不仅能带来直接的生物和心理结果，而且还能带来长期积累的好处。

那么，只是表面的联结又如何呢？神经科学家现在已经证明，在生理学和解剖学上，出于关怀帮助他人与出于义务帮助他人[19]的体验都存在差异。正如伊曼纽尔·康德（Immanuel Kant）和马丁·布伯（Martin Buber）等哲学家所推测的，把帮助别人作为一种手段，与把它作为目的本身是有区别的。

真诚地感受到与人相联结、成为朋友和被爱是我们人性的基本部分，没有这些，就会产生无数形式的痛苦。

社会联结与工作表现、工作满意度、归属感

在 2008 年，有 34 名弗吉尼亚大学的学生在穿越校园时被拦下，并被要求估计眼前一座山坡的陡峭程度。一些参与者是独自经过这座山坡的，而另一些则与朋友一同经过。心理学家团队利用这种情况来了解与朋友在一起是否会影响一个人对斜坡陡峭程度的感知。

结果具有积极的隐喻意义。事实证明了，当我们估计一座山坡的陡峭程度时，如果与朋友在一起，我们会觉得陡峭程度显著降低，而如果我们独自观察，我们会认为它更陡峭。有同伴在身边让我们在心理上[20]觉得未来的任务变得不那么令人望而却步。

社交媒体使用率高
会大大增加
一个人患上
抑郁症的概率。
社交媒体使用率越高，
社会隔离感也越强——
我们花在网上的时间越多，
就越感觉不到
与外界的联结。
似乎仅仅是手机的存在，
就会干扰到我们希望
在交谈中实现的深度联结。
不使用社交媒体
可以改善主观幸福感。

在那些所需技能、嵌入式技术、产品组合和市场定位每个季度都在变化的工作中,每个减少的坡度都很有帮助。我们在上一章中看到,工作场所的社会支持是克服挑战所需的意义感的重要驱动因素。能够在每个新角色、每个新团队中快速建立这种支持非常重要。

在对孤独的研究文献中可以清楚地看到它对职业生涯的影响。2018 年,我们在线发表于《哈佛商业评论》(Harvard Business Review)的研究发现孤独的员工对工作的满意度较低,晋升机会较少,辞职的可能性更大。[21] 从积极的一面来看,在工作中拥有一位好朋友的人,他们对工作的投入度是没有好朋友的人 [22] 的七倍。当有一位亲密的朋友在身边时,我们在工作中会感到更快乐。

有关职场中社会支持的讨论多数都主张在工作中建立一个更广泛的支持网,而不仅仅是单个最好的朋友。心理学家肖恩·埃科尔(Shawn Achor)在他的著作《大潜能》(Big Potential)中令人信服地指出,如果没有和多样化的他人的密切合作,我们就无法在职业上或创意上发挥潜力。与此同时,对团队协作的研究也侧重于探讨,具有更多和更丰富的社交互动的团队与关系较弱的团队 [23] 相比,为什么前者的创新性和工作效率会更高。

与创新有关的历史也证明了这一点。贾里德·戴蒙德(Jared Diamond)阐述了塔斯马尼亚岛⊖的原住民与澳大利亚大陆原住民相比在认知上的劣势是如何形成的。塔斯马尼亚被几乎无法通

⊖ 塔斯马尼亚是澳大利亚的一个州。在约 10 000 年前,塔斯马尼亚岛是与大洋洲大陆相连的。冰河时期的结束使融雪化成的水淹盖了两岸交接之地,形成了海峡。——译者注

行的巴斯海峡隔断，而澳大利亚大陆境内的社会交往并没有受到地理上的限制。两千多年后，澳大利亚大陆原住民制造的工具越来越复杂，而塔斯马尼亚人的工具的复杂程度却在下降。[24]

事实上，交叉思维可以丰富我们的理解。在激流中成功的团队协作会带来巨大的好处，但这绝非易事。在工业时代，相同类型的零部件从装配线上生产出来，由同一组专业人员以相同的顺序进行处理。但今天，随着技术的不断发展，新的专业人士每天都在不断涌现。让我们看看人工智能职位的激增：数据科学家、数据工程师、分析师、机器学习工程师、数据研究员。这种动态变化，意味着协作变得更加复杂，难以预测和应对。团队快速地组建与重组，带来前所未有的全新技能组合。

在工作中，归属感是成功实现跨不同背景的团队合作的秘诀之一。归属感是指被周围的人接纳和包容的感觉。没有它，我们就不会做出最大的贡献。换句话说，一家公司可以付出巨大的成本，把所有合适的专家都召集在一个房间里。但如果他们不觉得自己属于这个团队，他们就不会全力以赴。

许多公司领导在公开场合对归属感的重要性表示赞同，但在私下里却不以为然。由于仍然存在对"归属感是团队成功运作的必要条件"这一观点的抵制，因此在 2018 年，我们进行了一项研究，探讨团队成员是否真的会因为归属感而有不同的表现。我们在美国各地招募了两千名工人，[25] 组成多个临时的三人虚拟团队。在研究的前半部分，队友们通过一起玩游戏建立团体认同感。后半部分，他们共同完成一项任务。

这项研究的关键在于，每个团队中只有一位成员是人类。其他两位成员是机器人，不过人类参与者并不知道这一点。建队活动是一个虚拟的接球游戏。在我们设定的"包容"条件下，机器人平等地把球传递给人类参与者和另一个机器人。而在"排斥"条件下，人类参与者则几乎从未拿到过球。

游戏结束后，我们给参与者一些简单的数学问题，并在随机时间间隔内给予经济奖励。同样有两种情况。一些人被告知，他们可以自己留着这笔钱，比如说最多 10 美元。其他一些则被告知他们必须与团队成员分享这笔钱——最多 30 美元，平均分成三份。然后，我们让他们做数学题直到他们自己决定停下来为止。由于奖励是随机分发的，因此随着时间的推移，参与者坚持得越久，他们拿到的钱就越多。

请注意，两种情况下，参与者能获得相同的最高金额。唯一的区别是，这些钱是归他们自己所有，还是他们的队友也能从中受益。（同时请注意，我们的分析对参与者性格以及其他可能影响结果的因素进行了控制）。

在三次独立的重复实验中，我们发现，首先，当人们可以保留所有收益时，被包容或被排斥的感觉并不会影响他们工作的努力程度。被集体排斥并没有减弱人们只为自己工作时的积极性。

接下来，我们研究了团队条件，即参与者必须平分奖励。那些被团队包容的参与者为团队付出的努力与为自己付出的努力一样多。[26] 与此形成鲜明对比的是，感到被排斥的参与者的工作强度明显降低——即使会以失去自己的金钱为代价。在一个完全理性的世界里，队友给你传多少次球都无所谓，你会尽可能地努力工作，为自己争取尽可能多的金钱。但现实生活中的人们并非如此。当我们感到被冷落时，我们就会对工作不上心，从而给每个相关人员带来负面影响。

到目前为止，我们已经了解了社会联结是如何支持我们的身心健康、丰富我们的个人工作以及促进团队成功的。现在，让我们来看看它是如何改善客户体验的。

社会联结与客户体验

1994 年，肯·施瓦茨（Ken Schwartz）40 岁，正值壮年。作为一名备受赞誉的健康倡导律师，他经常锻炼身体，饮食健康，自认为身体状况总体良好——直到一次持续的咳嗽把他送进了医院，检查结果显示他患上了晚期肺癌。

从某些方面来看，施瓦茨是幸运的。他住在波士顿，那里有世界上最好的几家医院。他的兄弟是一名医生，曾在马萨诸塞州综合医院接受过培训，能够引导他找到最顶尖的专家。由于职业关系，他在与医疗系统打交道方面有着丰富的经验。简而言之，他是个内行。但随着病情的恶化，这些优势开始显得苍白无力。在生命的最后时刻，他回顾了自己作为一个患者的时光，并感慨地写下了真正帮助了他的事情：

> 无论我的护理人员有多么熟练和知识渊博，最重要的是，他们共情我，给我带来希望，让我感觉自己是一个人，而不仅

仅是一种疾病。一次又一次，那些最细微的善意举动感动了我——握手时的轻轻一捏、温柔的触摸、一句安慰的话。在某种程度上，这些悄无声息的善举比高剂量的放疗和化疗更具疗愈作用，虽然后者承载着治愈的希望……在这个注重成本的世界中，随着可能的裁员和士气的低落，是否仍会有一家医院能够继续培养患者和护理者之间的珍贵互动时刻，来为病人带来希望，对康复过程[27]提供至关重要的支持呢？

施瓦茨担心，作为内部人士接受治疗，他所享受到的最不公平的好处是医生为他所花费的时间——他们用于表现出关怀的时间。他知道，由于医务人员要面对每天尽量看更多病人的压力，患者与医生之间的那种联结变得多么罕见。在他去世前不久，他创建了施瓦茨关怀医疗中心，该中心的目标是在医疗的方方面面——医疗服务的提供、医疗系统的结构、医疗结局的衡量以及医学教育的设计——优先考虑关怀医疗。

25 年后，数百项研究证实了施瓦茨的观点的真实性。今天我们知道，有关怀心的医生提供更高质量的临床护理。他们更常遵循最佳实践，患者的治疗结果也更好。关怀心得分较高的医生也较少犯重大医疗错误[28]。像施瓦茨一样，尽管患者并不了解这些研究，但他们能直观地感受到这一切。正如《华尔街日报》在 2004 年报道的那样，在选择医生时，人们更看重医生的人际交往技巧而不是专业培训——这并不是因为我们不关心治疗效果，[29]而是因为我们从直觉上明白，花时间建立个人关系的医生会更努力、更好地为我们服务。

类似的经验适用于所有直接为他人提供服务的工作，从家政清洁人员到牙医、警察、护士和服务员。对于许多职业来说，社会联结是工作的关键。

即使在客户服务等领域，自动化越来越成为常态，这一趋势也更突显了人际接触的珍贵性，因为员工与客户之间的每一次互动都变得更加重要。想一想行业用语的演变。30年前的目标是顾客满意度。到了21世纪，顾客服务团队成为帮助"顾客成功"的部门。如今，我们已经超越了"成功"的范畴，追求顾客的"喜悦"——"顾客满意度的极致表现"[30]。这种转变不仅仅是语义上的。它反映了全球竞争如何加剧了对高质量服务的需求。顾客是精明的，他们期待获得更多。

企业不惜重金培训员工，以创造令顾客满意的服务。迪士尼学院为非迪士尼的团队提供沃尔特本人的世界级服务培训，提供"卓越客户服务"的研讨会，每人每天的培训费用为1750美元。[31]这些投资的合理性并不难证明。对客户满意度的衡量往往可以用来预测公司的未来收益[32]。投资者会仔细研究客户流失率的指标——客户不满意的标志——以此作为公司可持续发展的重要指标。

顾客满意度的"阴暗面"不是客户的体验，而是服务人员自身的体验。服务行业的许多人，包括医生，都饱受倦怠、抑郁甚至药物滥用[33]的困扰。他们发现自己被客户的反复要求弄得精疲力竭，而不是精力充沛。随着时间的推移，这种消耗也在不断增加。企业对客户服务员工以客户为中心的要求越来越高，却不了解这些要求对员工个人的影响。

如此全心全意地为顾客服务，需要社会学家阿莉·拉塞尔·霍克希尔德（Arlie Russell Hochschild）所说的"情绪劳动"：压抑我们真实的情绪反应，为有偿工作服务。霍克希尔德在1983年出版的《心灵的整饰》(The Managed Heart) 一书中探讨了空姐如何"比自然人更善良"，如何为了顾客而压抑自己的恐惧。在新冠疫情期间，店员们即使面对谩骂，[34] 也要礼貌地请人们戴上口罩或出示疫苗接种证明，承担起情绪劳动。霍克希尔德在谈到当时的工作人员时说："情绪劳动者的内在任务是吸收——整饰直接的恐惧感受，同时又不被这些恐惧压垮。"情绪劳动会大大增加职业倦怠的风险。[35]

如果我们自己就是孤独的，如果我们缺乏认为自己工作重要的信念，如果我们无法应对周围的动荡变化，那么这种以他人为导向的服务水平就不可能会达到预期。鉴于服务业占美国GDP的70%，服务业职业倦怠这一日益严重的问题事关国计民生[36]。

联结的三大障碍：时间、空间和我们/他们

与他人建立联结对我们的个人幸福至关重要。它能显著改善我们的职业成果。它还能推动更愉快、更成功的客户互动。所有这些都说明了为什么社会联结对今天我们每个人的工作都如此重要。但这只是其中一半原因。

这一领域需要特别关注的另一半原因是，现在的人比以往任何时候都更难建立联结。当今的工作环境存在三大障碍，导致与以往

的工作环境相比，建立融洽的关系要困难得多。能否与同事和客户建立可持续的深层联结，取决于我们能否突破这些重大障碍。

时间

我们的大脑，就像普林斯顿神学院的学生匆忙赶往另一栋楼一样，把时间是否充足作为决定是否花时间帮助他人的核心因素。饥饿、疲劳和受伤是其他决定我们是否愿意慷慨救助的因素，但时间却是当今工作者最宝贵的资源。

如果问医生是否有时间以病人最希望的方式与他们交流，超过一半（56%）的人会告诉你他们没有时间[37]用关怀心对待病人。重要的是，驱动这种心态的往往不是客观上的时间不足，而是我们主观上的"时间饥荒"体验。要快速建立联结，就必须消除这种观念。

空间

我们的工作场所从未像今天这样分布得如此分散。疫情前，30%的美国人远程工作；在疫情期间，[38]有50%～60%的人在家工作。在软件领域，团队成员在世界各地开展协作早已成为常态，只有40%的开发团队在同一地点工作。[39]

毋庸置疑，这并不是我们进化所追求的联结类型。在包括人类在内的灵长类物种中，触觉、嗅觉和身体的接近会触发特定激素的释放，有助于产生上文讨论的联结对健康的诸多益处。但没有人会觉得拥抱电脑能产生催产素。

与此同时，为促进社会联结跨越这些鸿沟而发展起来的技术可能弊大于利——因此，一个需要突破的障碍正是我们为提供帮助而制定的解决方案。从爱沙尼亚到西班牙，从美国到中国，数十项研究表明，社交媒体的使用与抑郁和焦虑之间存在联系。例如，2016年，在一项研究中，刘依林（音译；Liu Yi Lin）及其同事将1787个具有代表性的美国成年人的社交媒体使用情况与抑郁症状联系起来。他们发现，社交媒体使用率高会大大增加[40]一个人患上抑郁症的概率。社交媒体使用率越高，社会隔离也越强——我们花在网上的时间越多，就越感觉不到与外界的联系。[41] 似乎仅仅是手机的存在，就会干扰到我们希望在交谈中实现[42]的深度联结。现在，研究人员已经证明了这种关系的因果性质，表明不使用社交媒体可以改善主观幸福感。[43]

社交媒体将我们分隔得比地理距离所显示的还要远。

我们 / 他们

关于灵长类动物的不太美妙的社会事实之一，就是我们对群体内和群体外的区别的敏感性。在进化过程中，这是一个生存问题。我们需要能够迅速判断某人是支持我们还是反对我们，并据此处理他们的行为。

从神经学角度看，与"我们"建立联结和与"他们"建立联结是不同的。当我们看到自己群体中的某个人陷入痛苦时，我们会感同身受。我们的情绪脑回路，尤其是杏仁核，会被激活，因此我们会体验到我们的朋友所感受到的情绪。当我们的亲属对我们表示关怀时，他们的关怀实际上减轻了我们的痛苦。

相比之下，当被我们视为"他人"的人经历痛苦时，我们不会以同样的方式感受到他们的痛苦。当我们从陌生人的角度出发去思考他人如何感知世界，我们会看到大脑中负责心智理论的区域被激活——这种方式的自动性和情绪化程度远远低于我们从亲密爱人的角度[44]出发去思考的方式。从进化的角度来看，我们是部落生物。我们对和自己相像的人更有关怀心。道德圈延伸到"我们"，而不是"他们"。

未来全球和谐的关键是延长道德圈的直径。用神经内分泌学家罗伯特·萨波尔斯基（Robert Sapolsky）的话说，"对我们采取道德行动是自动的，而对他们采取道德行动则需要努力"。[45] 我们已经看到，归属感对于团队表现至关重要。帮助"我们"感受到归属感比帮助"他们"更自然。当我们在职业生涯中转换团队、角色和地域时，我们必须学会快速、不断地克服将别人归为"他们"的感觉，并有效地将新同事转变为"我们"。

我们今天的社会现实与我们祖先的想象完全不同。我们的幸福感和工作表现都依赖于社会联结。然而，我们彼此相距甚远；我们素不相识；我们每天没有足够的时间来建立关系。这些挑战是严峻的，但正如我们将看到的那样，我们是可以应对的。

07
第 7 章

如何快速建立融洽的关系

—— 奉献时间,让你拥有时间。 ——

鉴于社会联结对于我们在激流中取得成功至关重要,我们如何克服这三个障碍——时间、空间以及我们/他们?我们如何才能尽可能快速、有意义地与同事和客户建立融洽的关系?本章将继续我们的讨论并提供解决方案。

时间充裕感:奉献时间,让你拥有时间

从一栋楼赶往下一栋楼的神学院学生并没有停下脚步去帮助巷子里一个瘫倒在地的人,因为他们被告知要抓紧时间。这个指令——"抓紧时间"——触发了一个心理脚本。我们的注意力变得狭窄。我们迅速行动,忽略可能阻碍我们实现目标的刺激,包括社会干扰。

匆忙本质上并不是坏事,但一刻不停的时间饥荒感会降低我们的生活质量,使我们错失重要的机会。诀窍在于打乱这个脚本,恢复我们的平衡感。怎么做呢?

有两种不同的策略可以帮助我们。首先,虽然我们不能在一天中增加更多的时间,但我们可以让自己感觉好像已经做到了这点。2010年,沃顿商学院、耶鲁大学和哈佛大学的三位教授进行了

一项著名的研究，研究了四种减少时间饥荒感的策略：

（1）把之前用于从事某项任务的时间还给人们。
（2）让人们花这段时间来帮助别人。
（3）让人们把这段时间浪费掉。
（4）让人们把这段时间花在自己身上。

这些干预措施中只有一项让人们感觉到了自己有空闲的时间——作者称之为"时间充裕感"。想猜猜是哪一个吗？

这项研究的文章标题概括了[1]其结论：奉献时间，让你拥有时间。当我们帮助他人时，我们会觉得时间是增加了，而不是失去了。相比之下，帮助自己则没有这种作用。

将这一经验内化需要练习。我们需要鞭策自己，在自己觉得最没有能力帮助别人的时候，把时间留给别人。我们还需要在事后反思自己的经历，注意到自己的时间充裕感有所增强。重要的是，不要过度承诺——当你实际上只有一个小时的时间可用时，却在社区活动中为自己签下三个小时是行不通的。从小事做起，不断积累，但一定要开始。克服"匆忙的担忧"，因为正是在我们觉得最没有能力帮助别人的时候，帮助别人对我们最有益处。

解决时间饥荒感的第二个策略，是把提供帮助所需要的确切的时长量化。令人遗憾的是，我们往往会高估所需的时间，因而根本不提供帮助。这在医疗领域是一个特别棘手的问题：医疗诊所人手不足，以至于那里的工作人员觉得他们无法充分照顾任何一个病人，更不用说所有的病人了。

有许多经过了测试的干预措施可以教导医生如何高效而有效地表达关怀。例如，约翰斯·霍普金斯大学的研究人员测试了一份脚本，治疗癌症的医生与病人会面的时候可以用上。

在会面开始时，肿瘤学家说："我知道这是一次艰难的经历，我想让你知道我会和你在一起。我今天对你说的一些事情可能很难理解，所以我希望如果我说的话让你困惑或不明白，你可以随时叫停我。我和你在一起，我们将一起渡过难关。"

然后，在会面结束时，医生说："我知道这对你来说是一个艰难的时刻，我想再次强调，我们是在一起的。我会陪着你走好每一步。"

那些有医生分享这段话的病人认为他们的医生更温暖、更有关怀心、更有爱心。也许更重要的是，这些患者的焦虑程度明显低于那些没有从医生那里听到这些话[2]的患者。

然而，这项研究的目的并不是要证明关怀心很重要，而是为了证明一个人能多快地对病人表达关怀。总的来说，这份脚本平均只花了40秒就完成了。仅仅123个字就能显著降低每位患者的焦虑程度。

其他几项研究也得出了类似的结论。例如，荷兰一项关于向病人传递坏消息的研究发现，用一种能降低病人焦虑的方式表达关怀只需要38秒。其他几项研究证实，表达减少患者担忧所需的关怀只需要不到一分钟的时间。[3] 很难想象还有比向病人传递坏消息更重要的场景了。如果忙碌的医生背诵事先写好的脚本能在

40秒钟内起到作用，那么经理、呼叫中心话务员、接待员和航空公司乘务员也可以期待类似的效果。

更重要的是，即使是更少的时间增量也会产生影响。2017年的一项研究发现，医生每说一句充满关怀的话，患者的焦虑感就会降低4.2%，而每多说一句话，[4]效果就会累积。

你可以自己在工作中试试看。十秒钟的关怀就可以将你与同事联系在一起，增强默契，并增强双方的幸福感：

- 今天干得不错。我知道过去一周很艰难。我看到了你工作的努力，我为能与你并肩作战而感到自豪。
- 我真的很钦佩你的随机应变。我想让你知道，你不是一个人在战斗。我和你在一起，我们会一起想办法。

尽管我们可能会觉得时间不够用，但可悲的事实是，我们每天在工作中浪费在上网或其他方面的时间从30分钟到3个小时[5]不等。我们当中有谁不能抽出几秒钟的时间，与同事或客户进行简单的交流，表达自己的关怀？

获得时间充裕感需要挑战自己对时间饥荒的感知，首先逼迫自己为他人付出几分钟甚至几秒钟的时间，然后注意到并享受由此带来的时间充裕感。

同步：共享时间和经历

在一分钟或更短的时间内，我们就能大大加强人际关系，这一点令人欣慰。但在当今的工作世界中，人际关系不仅受到时间的限制，也受到空间的限制。不同于医生能与病人当面交谈，我们需要跨越遥远的距离，抓住同行的注意力。对于一支全球化的、远程协作为主的员工队伍来说，有什么值得推荐的快速建立融洽的关系的"秘诀"呢？

我们实验室最近与加州大学河滨分校积极活动与幸福实验室的索尼娅·柳博米尔斯基合作研究了这个问题。柳博米尔斯基是世界上研究社会联结最重要的专家之一。在几个月的时间里，我们向全美各地的全职员工支付报酬，让他们为他人——陌生人、同事或家人——做出善举。其中一些互动是面对面进行的。还有一些则是通过视频、电话、电子邮件或各种社交媒体平台进行的。我们将成功的社交互动定义为能够产生积极共鸣的互动。正如前一章所述，积极共鸣描述了与他人共享积极感受、相互关怀与关注以及生物或行为同步的体验。

通过这个实验，我们发现了现代联结的重要"方式"。我们了解到，同步施行的善意——当面、通过电话或视频——效果最好，无论是对陌生人、同事还是家庭成员。相比之下，通过电子邮件、短信或社交媒体异步施行的善意所产生的积极共鸣要少得多。实时在一起是深度联结的重要组成部分。共享的时间、共享的经历很重要。

这也是电子邮件可能成为灾难的原因。如果没有及时的纠正反馈，就会丢失太多丰富的信息。为什么他在句末用了句号而不是问号？她是故意拼错我的名字吗？那是讽刺还是错别字？距离我发送完短信已经三个小时了，为什么还没有回音？语境的缺失同样加剧了社交媒体的毒性。在最坏的情况下，这种类型的相互作用可能会产生与积极共鸣相反的结果：消极螺旋。

比较两种流行的积极心理学干预的结果，也得出了类似的结论。无论是"感恩拜访"还是"感恩书信"，你都要写一篇简短的感言，写给一个在你人生道路上帮助过你，但你从未好好感谢过的人。感言包括三个部分：首先描述她做了什么或说了什么，其次描述她的言行对你产生了什么影响，最后描述她的善举让你有了今天的成就。如果选择感恩拜访部分，你需要给她打电话，告诉她你想去拜访她，但不说明原因。然后，你出现在她家门口，念出你的感言。这也可以通过电话或视频完成。通常情况下，两个人都会流泪，送礼者会感到幸福感大大增加，抑郁情绪大大减少。如果选择感恩书信，你只需要发送感言。感恩书信也能提高幸福感和降低抑郁，但比感恩拜访产生的效果要小。

在我们与柳博米尔斯基的研究中，我们惊讶地发现，无论身处何地，同步都能带来深层次的联结，这也是我们打算进一步研究的问题。但共享时间和异步时间之间的鸿沟并不令人惊讶。令人欣慰的是，在虚拟世界中，共享时间可以弥合地理鸿沟。无论如何，员工都应该使用电子邮件或通讯应用程序作为快速交流信息的方法。但是，要想真正建立联结，我们就必须离开社交媒体，真正在现场相互交谈。

赋权、换位思考和个体化：把"他们"变成"我们" / 共同的群体认同

到目前为止，我们已经看到，建立联结并不需要太多的时间，尽管我们确实需要改变我们时间紧缺的心态，以便能够建立联结。我们还看到，最有效的联结形式是共享时间，这对今天过于依赖视频或电子邮件而不是现场对话的所有经理和客户服务中心来说都是重要的一课。

如何才能克服第三道障碍，即我们划分"我们"和"他们"的生理反射？我们怎样才能跨越文化、组织、宗教、民族、种族和社会经济方面的巨大差异，更快地获得团结的感觉？如何扩大我们的道德圈？

这个问题可以单独写一本或者几本书，它代表了一个丰富而复杂的跨学科研究领域，这超出了我们的能力范围。不过，作为每天都在帮助员工、团队和组织应对差异的行为科学家，我们有一些技巧可以分享。

在第 6 章中，我们介绍了我们的接球游戏实验，在这个游戏中，团队要么让参与者觉得自己是"我们"，要么是"他们"。当参与者感觉自己是"他们"时，他们就会退缩，以此作为一种抗议行为，从而导致整个团队遭受损失。

实验并没有就此结束。在证明了排斥会降低团队工作效率之后，我们想知道能否扭转这种影响。我们测试了一些具体的干预措施，看看它们是否能在排斥后恢复"我们"的感觉，以及这样做

是否也能消除对团队绩效的影响。

我们测试的干预措施中有两项值得一提。第一项是赋权。在有人被团队排除在外后,他们被要求分享他们对如何改进游戏的想法。参与者建议采取更公平的轮换、监督轮换以及其他促进包容性的行为。结果非常显著。只要有一个表达对改进游戏的想法的渠道,就能完全扭转排斥对团队表现的影响。事实上,那些先被排除在外,然后又被授权提出改进意见的参与者,随后在团队中比那些一开始就被团队接纳的参与者更加努力地工作。

赋权如何扭转排斥现象?征求别人的意见可以让他们对自己的处境有更强的掌控感,这反过来又会加强他们的参与。征求他们的意见可以告诉他们,他们的想法可以改变现状。在一些研究中也观察到了类似的现象,即医生的关怀如何以及为何带来更好的病人治疗效果。为什么会出现这种情况,这一点并不明显:为什么友善的医生会让你更健康?在这些实验中,病人的自我效能感——相信我们有能力战胜面前的挑战——是其获得良好治疗效果的重要中介因素。也就是说,当医生表现出关怀心时,首先会激发患者的自信心。患者开始相信他们能够做出医生需要他们做出的改变,然后他们就会做出改变。例如,在一项针对艾滋病患者的研究中,研究人员发现,那些被医生关怀对待的患者对自己坚持服药[6]的能力最有信心,并最终坚持了下来。赋权和关怀都可以促进自我效能感的形成,而自我效能感是预测积极心理结果的更有力的因素之一。

我们在接球游戏实验中测试的第二项干预措施是换位思考。当被排除在外的参与者读到其他同样被排除在外的参与者的感言时，他们会感到不那么孤独，对自己的经历更有安全感。[7]这反过来又促使他们下次更加努力地为自己的团队工作。

可以使用多种类型的换位思考练习来建立归属感和融入感。一个典型的练习可能会要求一个本群体的成员努力想象外群体在这个世界上的经历可能是什么样的。想象"我们"的经历要容易得多，而对于"他们"，我们则需要付出艰辛的努力，去想象一个在我们自身背景之外的陌生世界，以达到相同的理解水平。

在最成功的情况下，换位思考不仅使我们能够在认知层面了解别人的经历，而且能够通过足够的想象力在情绪层面感受到他们的感受。这种共情联结代表着至少暂时将"他们"成功地重新认知加工为"我们"。

因此，赋权和换位思考是消除排斥的有力工具。那有哪些方法可以从一开始就避免排斥呢？和蔼可亲、心地善良的同事希望他人能立即感受到被包容，而不是被排斥。除了在接球游戏中公平地传球之外，我们如何实现这一目标？

从"我们"转向"他们"的一个重要加速器是个体化。当我们的大脑将某人指定为"他们"时，所根据的是群体层面而非个人层面的特征[8]。将戴圆顶小帽的人识别为犹太人，除了表明他们皈依某个特定宗教之外，并不能表明这个人的个人身份。有意识地关注个人特征——对未来的期望、亲和力、习惯、性格特质等——可以避免泛泛地将某人自动归类为"其他人"。

与此相关的一项技能是重新分类。我们都有多重身份。两个人可能在某一维度上相隔万里，但在另一维度上却是"近亲"。共同的身份比比皆是：作为照顾者，特定软件语言的专家，同一作家的粉丝，最小的孩子等。诀窍在于找到这些共同点。神经内分泌学家罗伯特·萨波尔斯基提供了一则南北战争时期的逸事：

> 在葛底斯堡战役中，南方联邦将军刘易斯·阿米斯泰德（Lewis Armistead）在一次冲锋中身负重伤。当他倒在战场上时，他做了一个秘密的共济会手势，寄希望于它能被共济会的同伴发现。结果真的有人认出了手势——北方联邦的军官海勒姆·宾厄姆（Hiram Bingham），宾厄姆保护了阿米斯泰德，将他送往联邦战地医院，并看管他的个人物品。一瞬间，"我们"和"他们"之间的南北之分变得没有共济会与非共济会[9]的关系那么重要了。

心理学家萨姆·盖特纳（Sam Gaertner）和约翰·多维迪奥（John Dovidio）[10]将其称为"共同的群体认同"。已经有研究把这种方法应用于帮助两家公司的员工在合并中实现融合。[11]

个体化和重新分类是同一过程的两个部分：了解一个人作为个人和社会成员的本质。我们中的许多人在初次见面时都会自然而然地经历这一过程。例如，在聚会上，当被介绍给朋友的朋友时，大多数人都会自动开始打探信息，以便了解这个人的为人。这种"闲聊"行为就是一种信息收集行为。我们提出的问题、提问的方式、提问的顺序——所有这些都会影响我们对对方的看法，以及对方对我们的看法。

通过有意识的个体化和重新分类，你可以把闲聊变成快速建立融洽的关系的过程。下一次，当你在工作中遇到新同事时，无论是自己团队的还是其他团队的，都要控制住你对信息的反射性驱动，不要把问题集中在试图勾勒出对方身份的大致轮廓上，而将问题的重点更多地放在找到通往"我们"的最快、最具体的路径上。我们穿的是同一个品牌的鞋子吗？那天早上我们的学龄前孩子是否把我们俩都逼疯了？我们听同一个营养学的播客吗？今年夏天我们都去露营吗？当你找到共同点时，停留在那里，挖掘出更深层次的联系。将共同点作为了解更多信息的视角，找到你们共同的身份。这不仅仅是闲聊：这是重新连接你和交谈者的大脑，把"他们"变成"我们"。

企业在各种不同的环境中非正式地使用这些工具来获取组织利益。基于心理学的谈判策略利用重新分类[12]来化解紧张气氛。客户支持人员学会在他们的产品基础之上快速达成共识。如果他们为父母服务，他们就会确立自己作为母亲或父亲的形象。如果他们的目标是酒店行业，他们会透露自己曾经担任过餐厅的前台。

经验丰富的专业销售人员非常善于找到通往用户的最短路径。观看他们工作就像是在旁听一堂此技能的大师课。BetterUp 公司的全球销售高级副总监布拉德·麦克拉肯（Brad McCracken）是一位杰出人士，他深思熟虑，在与人见面后的几分钟内就找到了共同点。他在见面之前就开始做工作——调查潜在客户的背景、地理位置、志愿者经历等。今天的潜在买家希望新接触的人会做这些功课。谈话开始后，他会通过与对方相关的信息进行自我介绍："我在圣路易斯长大……"（因为他看到潜在客户来自附近的城市。）"……我有两个孩子，一个喜欢运动……"（因为这位潜在客户自愿担任足球教练。）"我以前在思爱普（SAP）⊖工作，但我喜欢为初创公司工作……"（因为潜在客户刚刚做了类似的转型。）"……关于我的一个有趣的事实是，我最喜欢领导团队的部分是教他们做得比我更好。"（因为潜在客户在博客上发表了一篇关于谦逊和领导力的文章。）

他所说的一切都是有意义的、真实的。布拉德没有编造任何东西，他只是把注意力集中在自己身上与新联系人身上自然吻合的部分。布拉德建立的联系让人感觉真实可信。虽然在某种程度上，销售人员和潜在客户最终在职业上分属"我们"和"他们"。但布拉德在强调自己身份的各个方面时做得极有艺术，这有助于他与每个潜在的新客户建立联系。

通过个体化、重新分类、赋权和换位思考，我们可以更快地与同行和客户建立关系。但我们如何加深这种关系呢？我们的最后一项技能可以让我们投入的时间在此产生最大的影响：倾听。

深度倾听和共情型倾听：拉近彼此的情感距离

除了关怀的话语，我们还能为他人提供的最简单但最有力的行动之一就是深度倾听。当下的、慷慨的倾听，而不是有时间压力的倾听。好的倾听者会为他人创造空间，让他们充分表达自己的想

⊖ 一家全球领先的企业应用软件提供商。——译者注

法。相比之下，技巧较差的倾听者会过于情绪化。为了平息自己的焦虑，他们可能会过早地开始解决问题，或将挑战最小化。这样一来，对话对任何一方的益处都会化为乌有：说话者会感觉压抑，而倾听者也无法体验到帮助别人带来的时间充裕感。

沟通专家[13]将倾听分为五种类型：

- 辨别型：我们识别并分离出所听到声音的类型和来源。
- 综合型：我们专注于理解内容，比如，听新闻报道。
- 批判型：判断所分享信息的价值。
- 共情型：我们尝试体验说话者的想法或感受。
- 欣赏型：为了获得快乐而倾听，比如我们听音乐是为了享受。

共情型倾听是客户服务中心所需要的倾听方式，也是优秀教师默认的倾听方式。我们很少对这种倾听进行培训，尽管它对这些职业工作至关重要。但这是可以教的。这里有一个练习，你可以用来训练这种技能。

下次与同事一对一坐下来时，试着用你倾听配偶或好友说话的方式来倾听。让你的同事主导谈话。除了点头或表示赞同外，不要打断。她会因为畅谈而头脑清晰，情绪舒缓。

当她停顿时，问一些开放式的问题。问"接下来发生了什么"，而不是"他们给你回话了吗"；问"你现在感觉如何"，而不是"你今天感觉好些了吗"。

请复述听到的内容，以确认你真的理解它。当我们重复朋友的讲述的时候，我们也让他们听到了自己所说内容的不同的说法，这为他们提供了一些有益的距离来重新审视自己的想法。尊重他们的每一个陈述，将它视为一个自我披露的礼物。有时，你可能会想要分享类似的感觉或经历，尽管你不想转移焦点，但分享脆弱会以一种更互惠的方式将你们有意义地联系在一起。

最后，允许沉默。讲述者的沉默很可能充满了想法。给你的朋友一些时间来消化这段对话以及谈话所唤起的回忆。她会觉得你在赠予她时间。

重要的是，共情型倾听是以讲述者的情绪需求为导向的，倾听者需要做大量的工作来关注讲述者的情绪状态，而不是自己的情绪状态。社会心理学家和用户体验研究员安妮克·布福内（Anneke Buffone）将神经性共情与成熟的共情区分开来。在神经性共情中，人们会问自己："如果我经历了那样的事情，我会有什么感觉？"在成熟的共情中，人们会问："如果她经历了这些，她会有什么感受？"成熟的共情需要更多的时间和思考，效果也更好。[14]

共情型倾听是所有良好辅导或治疗的核心。它切中了我们如何建立融洽的关系的要害。并且，现在已经有越来越多的公司要求他们的管理者充当其下属的教练，在这样的大环境下，共情型倾听是现代管理者的一项基本技能。在等级森严的工作环境中，管理者只管发号施令，而在当今高度敏捷、动态和日益扁平化的企业结构中，经理们要教下属自我指导，以实现目标。如果做得好，共情型倾听对讲述者和倾听者来说都会带来改变。

基于上述这些原因，倾听也是有风险的。回想一下霍克希尔德所说的情绪劳动：为了有偿工作而压抑我们真实的情绪反应。在工作中反复进行深度倾听，同时抑制自己的情绪，这的确可以被视为情绪劳动。我们如何在服务他人的行动与情绪倦怠的风险之间取得平衡？我们如何设定正确的界限，以免在付出时伤害到自己？

在人际关系中设定适当的界限是成年人心理健康和成熟的标志之一。工作中的界限因所涉及的关系而异——无论是与老板、客户、同事还是知己。有一个简单的方法是从我们的"老朋友"——时间的角度出发来思考界限。因为对每个人情绪支持的时间长短有合理的，有不合理的。对于亲密的朋友，这个时间会更长，而对于不熟的同事，这个时间则更短。如果倾听和自我披露是相互的，那么时间就会多一些；如果只是单向的，那么时间就会少一些。倾听客户的合适的时间长短因企业和行业而异。有些公司会设置好标准，而在其他公司，如果你不知道什么时间长短是合适的，就需要请教你的老板或资深同事。

一旦你明确了时间这一基本参数，你就可以安心地知道，你的深度倾听是有限度的：你不会沉溺于数小时的倾听中；你花在接收对方话语上的时间，将为你正在建立的联结的强度带来超额回报。适当限制对每个人的倾听时间，然后将时间集中在共情和倾听的同步行为上，这将最有效地促进你们之间的关系。

人们彼此需要。人们需要彼此关心，需要彼此感觉良好、身体健康、生活幸福，需要彼此在个人和职业上都取得成功。我们所在的组织依靠我们的社会行为来推动生产力发展、创新和客户成功。现代工作方式导致的社会联结的障碍是巨大的，在未来的几十年里，这种障碍还将变得更为严重。我们仍将继续感到无暇顾及彼此。我们仍将继续感到身体上的疏离，因为我们确实如此。我们仍将继续努力寻找归属感，因为那些真正的差异将我们分隔开来。

面对这种情况，我们需要更快地与更多人建立联结，跨越更大的背景鸿沟，完成日益复杂的任务。

解决方案并不简单，但很有效。我们需要与自己的时间饥荒感做斗争，这样我们才能追求那些实际上可以帮助我们感觉自己有空闲时间的社交行为。然后，我们可以将我们所拥有的时间（即使只有几秒钟）用于同步分享体验、说一两句善意的话或慷慨地倾听。我们可以任意运用许多循证的策略——个体化、重新分类、赋权和换位思考——来找到一条快速表达"我们"的感觉的途径。

这项工作很难，但它本身就是一种回报。

现代工作方式导致的
社会联结的障碍是巨大的，
在未来的几十年里，
这种障碍还将变得
更为严重。
我们仍将继续感到
无暇顾及彼此。
我们仍将继续感到
身体上的疏离，
因为我们确实如此。
我们仍将继续努力
寻找归属感，
因为那些真正的
差异将我们分隔开来。

展望能力

不确定时代的决定性的心理能力

我们这个时代与以往时代的不同之处在于其惊人的复杂性和新事物令人惊叹的速度出现。

当我们每个人都面对一个动荡和不确定的未来时,预测变化和为之做规划的能力(即展望能力)变得尤为迫切。

数据盛宴始于Facebook在2010年4月21日召开的F8开发者大会。马克·扎克伯格（Mark Zuckerberg）身着标志性的连帽衫和宽松的牛仔裤，在台上发布了一款产品，用他的话来说，这将是"我们在互联网上所做的最具变革性的事"。[1]

开放图谱（Open Graph）这个产品增强了Facebook用户之间的联系。比如说，他们现在可以看到朋友正在阅读哪些文章，或者评论了哪些餐馆。因此，网络中的每个人都成了该网络中其他成员的入口，这使得大量积累人们上网习惯的数据——他们浏览的内容、他们去的地方、他们怎么消费——变得很容易。该产品还包括一个计算机程序之间的连接接口（API），允许开发人员将这些信息导入或导出Facebook。开发人员可以无限期地保留对这些信息的访问权限。[2]

当时，这些功能被当作显而易见的商品卖点。开放图谱的目标是"创建一个更智能、更社交化、更个性化、更语义化的网络"。对于亚历山大·科根（Aleksandr Kogan）来说，这是来自门洛公园㊀的众神的礼物。

㊀ Facebook总公司所在地。——译者注

科根是一名心理学家和数据科学家,也是剑桥大学亲社会性和幸福实验室的创始人。他以思想敏锐而著称,热衷于运用新方法来研究人类联结的古老问题。

开放图谱使他能够以前所未有的规模去探究这些问题。2015 年发表在《人格与个体差异》(*Personality and Individual Differences*)杂志上的一项研究展示了这一过程是如何运作的。科根及其同事研究了财富与全球网络之间的关系:拥有更多的钱意味着你拥有更多还是更少的国际朋友?[3] 他的实验室为每位受试者提供一美元,让他们填写一份同意书,以便研究人员访问他们的 Facebook 个人资料。共有 857 人签署了同意书。

这对任何心理学研究来说都是相当可观的被试人数。然而由于开放图谱的存在,科根招募的每个人都带来了几百个好友的信息,导致数据爆炸式增长。

于是,科根和他的团队用 857 美元的低价合法购买了将近 30 万人[4]的 Facebook 数据。

这仅仅是一项研究。突然之间,科根能构建出数百万人的详细资料,这些人来自地球的每一个角落,涵盖了每一个人口统计类别,而做到这一切,轻松得令人震惊。

需要指出的是,至少从一开始,他的意图似乎是崇高的。他的团队并没有想要针对或识别任何个人,只是挖掘数据以期获取有关福祉的洞见,为更广泛的社会公益服务。

如果科根继续只以这种方式使用数据,世界可能永远不会听到他的故事。他的人生可能会更像剑桥大学教授约翰·拉斯特（John Rust）、戴维·史迪威（David Stillwell）和米哈尔·科辛斯基（Michal Kosinski）。他们三位是最早在剑桥研究 Facebook 的人。他们开发了一款名为"myPersonality"（我的性格）的应用程序，用以研究人格类型与网络社交活动之间的关系。即使该项研究的商业潜力当时已经非常明显，[5] 他们还是选择将其研究成果完全用于学术。

科根选择了另一条道路。2013 年，他开发了自己的应用程序，名为"这是你的数字人生"（Thisisyourdigitallife），最初的他似乎是想把它用于学术工作。然而，到 2014 年，他创办了一家名为"全球科学研究"（Global Science Research）的商业公司，利用这款应用来进行性格测试。报名参加测试的人们往往在不知情的情况下，[6] 开放了自己和朋友的 Facebook 个人资料。

总而言之，科根大约支付了 27 万人的测试费，从而获得了 8700 万 Facebook 用户的数据。[7] 该数据集最终被出售给选举咨询公司剑桥分析（CA）的母公司。在 2016 年接受天空新闻采访时，剑桥分析公司首席执行官亚历克斯·尼克斯（Alex Nix）吹嘘说，剑桥分析公司拥有"每一个美国人[8]的四五千个数据点"。

接下来的事人尽皆知。在 2016 年美国大选期间，剑桥分析公司利用这些数据锁定并操纵选民。他们还利用这些数据影响了英国脱欧的选民。目前，墨西哥、澳大利亚、印度和阿根廷等国都指控剑桥分析公司干预了选举。美国联邦贸易委员会最终以 Facebook 侵犯消费者隐私为由对其处以 50 亿美元的罚款，[9] 和解协议包括对该公司今后如何处理数据隐私的限制。

回头来看，这很明显，那些数据完全能够而且也将会被滥用。人类总是容易贪婪和腐败。但是科根并没有创建开放图谱——他只是抓住了它的潜力。从各方面来看，实际设计该产品的开发人员当时丝毫没有意识到他们正在打开潘多拉的盒子。Facebook不仅允许科根的工作，还公开参与其中，并为能通过自己的平台推进科学对人类福祉的理解而感到自豪。在"财富与朋友"研究的共同作者中，有些学者来自哈佛大学和加州大学伯克利分校，它们都是在行为科学研究方面有着光荣历史的著名学府。此外，还有两位作者来自Facebook。

为什么他们没有预见到这些？

在我们沾沾自喜之前，我们应该记住，人类这个物种以"解决了一个问题，却发现这个问题的解决又带来了一系列新的、不可预见的问题"而"闻名"。我们往往只关注当前的需求和条件。早期人类驯服火来取暖和烹饪食物，他们不可能知道这将带来火刑和原子弹。

我们这个时代与以往时代的不同之处在于其惊人的复杂性和新事物令人惊叹的出现速度。我们面临的是乌卡时代世界中的棘手问题。从发现火到广岛原子弹爆炸，中间经历了150万年。然而，从"开放图谱"到"这是你的数字人生"只用了三年时间。而且，变革的步伐还在不断加快，现在，似乎每隔几个月我们就会面临一次技术、文化和经济方面的剧变。我们经常在追赶，努力解决一些已经过时的问题。

人类这个物种以
"解决了一个问题，
却发现
这个问题的解决
又带来了
一系列新的、
不可预见的问题"
而"闻名"。

从这个意义上说，Facebook 的错误是 21 世纪的典型错误。最重要的是，这是人类想象力的失败。人们没有预见到事情"可能"发生，更不用说"就要"发生了。

当我们每个人都面对一个动荡和不确定的未来时，预测变化和为之做规划的能力变得尤为迫切。"为什么我们没有预见到它的到来？"这个问题让位于另一个更紧迫、更可操作的问题：我们怎么才能做得更好？

展望能力：我们时代的决定性的心理能力

对未来的想象和规划能力是人类异常强大的能力。展望将过去和现在进行"新陈代谢"，从而预测未来。就像消化系统的新陈代谢一样，展望从过去和现在中提取营养，然后排出毒素和淤积物，为明天做好准备。展望包含了一切，从我们关于午餐吃什么的想法，到我们签署放弃急救同意书的能力，再到我们遏制全球变暖的集体努力。借鉴丹·吉尔伯特（Dan Gilbert）、蒂姆·威尔逊（Tim Wilson）、哲学家彼得·雷尔顿（Peter Railton）、神经科学家钱德拉·斯里帕达（Chandra Sripada）和心理学家罗伊·鲍迈斯特（Roy Baumeister）等人的研究成果，我们将展望定义为[10]"预测和评估未来可能性，然后用这些预测来指导思考和行动的心理过程"。2013 年，马丁、雷尔顿、鲍迈斯特和斯里帕达出版了《展望智人》（Homo Prospectus）一书，书中认为我们这个物种的决定性特征就是对未来的设想和规划能力。[11]

作为觅食者,我们需要对近在咫尺的具体自然事件进行预测和规划。农业革命预示着一种新型的基于展望的劳动的到来——春天播种,秋天收获,种植均衡的作物,饲养温顺的牲畜,储存食物以防饥荒。正如我们在第 1 章中看到的,农民的展望也带来焦虑的阴影。

随着工业革命的到来,劳动者将他们的注意力从展望转移到一直执行独立的、当下的任务。机器决定了节奏、顺序和结果。人类的双手执行重复的、即时的任务。在工作之外思考未来仍然会让我们获益匪浅。但在工厂内部,展望作为一项核心劳动技能的重要性却微乎其微。

现在,潮流再次转向。在当今劳动力转型的背景下,展望已重新成为劳动者必备技能的重中之重。今天的工作者比以往任何时候都更需要展望,并且展望的形式也与以前不同,因为我们的激流世界是一个不断快速变化的世界。通过有效的展望来领先于变化的能力,能为个人和组织提供巨大的优势。

对于个人而言,展望可以让我们在变革到来之前,在情绪和后勤方面做好准备。2021 年,我们研究了 1500 名工人的展望能力与其个人和职业发展的关系。我们发现,通过一系列展望量表的评估,展望能力较强的人具有更强的乐观主义、自我效能感和韧性,焦虑和抑郁情绪明显较少。展望能力还与工作效率和生活满意度相关[12]——展望能力更强的人工作效率要高出 21%,总体生活满意度要高出 25%。展望使我们能够预测决策的下游影响,而在高度互联的环境中,这种影响也会波及我们的团队、公司和市场。

展望能力：
预测和评估
未来可能性，
然后用这些
预测来指导
思考和行动的
心理过程。
人类这个物种
的决定性特征
就是对未来的
设想和规划能力。

在组织层面，展望是必不可少的，因为战略不再是 20 年计划之类的东西。市场和技术发展太快。公司层面的展望依赖于实时的、自下而上的输入，这些输入可以为可能的未来提供一套动态的方法。

这个故事的一个版本是：我们把所有数据都交给机器，让它们告诉我们该怎么做。根据这个故事，需要掌握展望的不是人类，而是机器。但问题是，所有这些机器在关键方面仍然依赖于人类的输入。在 2016 年的总统大选中，民主党利用尖端的数字民调工具预测了 11 月 8 日星期二的胜利。但是，选择收集哪些数据以及如何解读这些数据的还是人类。许多民调机构决定使用与 2012 年大选相同的模型，而并没有根据选民在此期间的变化去发展出更新的模型。还有一些民调机构利用媒体对集会的报道数据来进行预测，却没有考虑到不同媒体会因其政治立场而低估或高估出席率。也是人类，告诉机器要去预测什么。机器学习算法通常仍依赖于人类给出假设，虽然它们可能证明也可能推翻人类的假设。我们决定什么可能是真的，机器则告诉我们数据是否符合我们的假设。无论如何，目前我们仍然受"劣质的材料产生劣质的产品"的限制，只不过形式更复杂而已。

因此，整个组织的展望要求我们作为人类员工更善于前瞻。在 2021 年我们做的那一项研究中，我们还研究了展望与集团层面业务成果的关系。我们发现，领导者在展望方面得分较高的团队[13]在许多关键维度上表现更好：团队参与度高出 19%；团队创新得分高出 18%；用认知灵活性量表测量，团队敏捷性高出

25%。团队领导者在展望方面的强弱最重要的区别之一是他们花在计划上的时间。展望得分高的领导者在工作计划上花费的时间比展望得分低的同龄人多 159%。这些领导者也更加忠于雇主——他们辞职的可能性降低了 33%。[14]

展望对个人和组织的益处显而易见。今天，我们对展望的需求还有更具哲学意义的一面。在一个不断变化的时代，我们预测未来事件的能力为我们提供了保持自主的希望。就像格雷姆·佩恩一样，我们需要时刻耳聪目明，读懂下一步的线索。韧性和灵活性等能力可以帮助我们应对变化的冲击——迅速而持续地从波涛汹涌的浪潮中浮出水面，而展望则为我们提供了在最大的冲击来临之前就发现它们的潜力。基于以上原因，展望能力是我们 PRISM 能力的第四项，是在当今工作中蓬勃发展的一项决定性元技能。

"软件编码错误"与"人类展望的错误"

软件团队——通常是由工程师、产品经理和设计师组成的小型工作组——提供了最有说服力的例子，说明展望在现代工作场所的关键作用。

想一想今天用于公共安全、隐私、医疗保健、金融和政治机构的操作系统。擅长构建数字工具的软件团队将被招聘或外包开发这些平台。然而，这些团队在民事领域并不同样专业——这是可以理解的。理想情况下，工程师和行业专家，如人口统计学家、公共卫生官员、执法人员或投票官员，将和他们并肩作战，在做出每一个决定时进行指导。偶尔确实是这样的。但更为常见的情况是，由于资源有限、时间紧迫，这些系统的软件开发者像在体育赛场上做决定一样，被要求自己解决问题，而这些决定可能对社会的运作产生深远影响。有时，他们没有预料到这一切可能会出大错。

2014年4月9日，太平洋时间晚上11点54分，加利福尼亚州、华盛顿州、佛罗里达州、明尼苏达州、宾夕法尼亚州、南卡罗来纳州和北卡罗来纳州的81个911紧急呼叫中心瘫痪。在长达六个小时的时间里，没有人能够打通电话。1100万人缺乏紧急支援。想象一下，在你最需要帮助的时候，拨打911却无人接听。心脏病发作、自杀、入室盗窃、车祸、房屋着火——无人接听。估计有6600个紧急电话无人接听。[15]

各方力量迅速出动，诊断问题所在。手机服务中断了吗？是什么出现了故障？

联邦通信委员会最终认为这是"软件编码错误"造成的。但把它称为"人类展望的错误"会更准确。"软件编码错误"意味着有人漏掉了一个分号之类的错误。但这些工程师的代码并没有出错；他们以及他们所在的团队——有两个具体的决定影响了他们的代码。首先，在构建呼叫系统时，团队设定了一个总容量限制，超过这个限制就不会接听来电。在设定上限时，团队估计过低。其次，对于每一个潜在的系统功能障碍，团队都建立了一个

韧性和灵活性
等能力可以
帮助我们应对
变化的冲击——
迅速而持续地
从波涛汹涌的
浪潮中浮出水面，
而展望则为
我们提供了在
最大的冲击来临
之前就发现
它们的潜力。

报警系统，以引起那些监督运行的人的关注。但是，由于他们没有想到系统会超出其极限，因此他们为这个问题设计的报警器既太慢，级别又太低，难以奏效。对于监视系统的人来说，错误的来源和严重程度都不可见。

这个软件团队是否应该能够预见到这个问题？是的，很明显。我们可以很肯定地说，他们的工作是一个错误，因为有更好的信息可以指导他们的决策。任何一个开发人员或产品经理都不可能本能地猜到系统会很快超过 4000 万次呼叫的限制。然而，通过获取相关专业知识和准确的人口统计输入，他们本可以完全避免这次故障。问题的核心不在于编码技术，而在于对未来建模的不足。1100 万人无法获得紧急帮助是因为展望错误，而不是编码错误。

无论我们是要充分利用我们的预测工具，还是要考虑新产品的潜在影响，抑或是在我们的职业生活中驾驭动荡，展望都要从个人做起。这一切都要追溯到那个三磅重的橄榄球的一个特殊部分。

让我们来看看展望在大脑中是什么样子的。

默认模式网络：最佳创意来源

默认模式网络（DMN）是我们一生中最重要的神经科学发现之一，它和精神休眠时间[16]有关。与许多最重要的科学发现一样，它也是在偶然间被发现的。

脑功能成像研究人员正在绘制大脑的"任务激活"网络，这些区域会在我们从事需要专注的任务（如猜谜语或算术）时亮起。在大多数这些实验中，还有一个对照组，即休息时间（"躺在那里，什么也不做"）。我们可能会认为大脑在休息时会变得黑暗和安静。相反，一个由中线和颞叶内侧大脑结构组成的稳定的网络会持续亮起来，这表明大脑并非处于停滞状态，而是充满活力。[17] 每当我们走神，比如做白日梦时，[18] 这个网络就会激活。

想想这其中的意义。当没有其他事情发生时，大脑不会"断电"。相反，它会切换到一种新的思维模式，这种模式如此重要，以至于成了我们的默认模式——我们的大脑在每一个空闲时刻都会进行这种活动。这种活动有何重要之处？它擅长两个过程：想象和计划。

钱德拉·斯里帕达这样描述体验默认模式的感觉：

> 它的内容具有准感知性和想象性：对遥远事件的自传体记忆，对较近事件的回放，对短期和远期未来的展望。思维之间的过渡是散漫的。相邻的思维项目之间往往有主题关联，但也有很大的不连续性。这种蜿蜒曲折的思维流非常适合发现有意思的模式和关系。思维以不可预测和部分随机的方式与其他思维并列，从而使内隐学习系统能够"观察"这些新颖的思维流（就像它们观察世界上实际发生的事件一样），并从中提取出新的模式、概括、解释和见解。[19]

我们都熟悉注意力的自发的波动。事实上，在你阅读这本书的时候，这种情况就发生在你身上。每隔一两分钟，你的注意力就会飘向白日梦。[20] 你可能会在那里停留一分钟，然后振作起来，继续阅读。在心智游移的过程中，默认网络是打开的，注意力从特定的任务转向白日梦。在这个领域，我们的思维打破了空间和时间的束缚，将记忆和幻想融合在一起。当我们回到手头的任务时，任务激活网络会重新启动，注意力从白日梦转移开。这些波动——大约几秒钟或几分钟——整天都在重复发生。

斯里帕达将这种摇摆理解为开发和探索之间的永恒循环。任务激活思维是高效的；它尊重空间和时间，收集关于世界的现有信息并利用这些已知信息。默认网络则通过想象中的场景去探索新的可能性，而这些场景可能与实际的过去和现在截然不同。这种生动、奇妙的想象让我们能够深入发现和了解还不存在的事物。

利用任务激活网络，我们阅读历史书，并在大脑中记录富兰克林·罗斯福接替赫伯特·胡佛担任总统这一事实。但是，下一刻，我们把赫伯特·胡佛想象成了一个巨大的吸尘器⊖……这让我们想到了太空的真空……这让我们想知道生活在火星上会是什么感觉……我们正在做一件对我们的大脑至关重要的事情。在下一章中，我们将看到这种相互作用对创造性工作的重要性。

这种观点认为，心智游移是思维的一种特征，而不是一种缺陷。当我们感到时间越来越不够用时，我们可能会想把注意力控制得

⊖ 胡佛牌吸尘器是美国很有名的真空吸尘器。——译者注

越来越紧,不停地磨炼自己,减少精神上的"闲暇"。即使有可能,这也是不可取的。默认模式往往是我们最佳创意的来源。它成为默认模式是有原因的,如果我们忽视了它,就会给自己带来危险。

这种思维徘徊如何影响我们对未来的理解?我们又该如何利用它来制订更好的计划?

这正是我们的同事罗伊·鲍迈斯特想知道的。

展望的两个阶段

澳大利亚昆士兰大学的心理学教授鲍迈斯特是发表论文最多的心理学家之一。鲍迈斯特身材高大,言语简洁,他发表了700多篇文章,出版了40多本著作,在行为科学研究方面的知识堪称行走的生物医学文献检索系统 PubMed。多年来,他从多个角度对展望进行了研究。在一项耗费大量人力物力的研究中,他让500名参与者在三天的时间里随机追踪他们一天中的想法,以便更好地了解我们是如何思考过去、现在和未来的。这些想法既有任务激活的模式,也有心智游移模式。鲍迈斯特将"现在"定义为当前五分钟内。其他一切都属于过去或未来。

由此得出的数据为我们提供了大量关于日常思维处于"何时"的信息。我们是活在过去、现在还是未来?

鲍迈斯特发现,人们大部分时间都在思考现在……但思考未来的时间比思考过去的时间要多得多。事实上，展望占据了我们至少 1/4 的清醒思考。

他还提出了一个有趣的悖论。与对现在或过去的思考相比，对未来的思考更有意义，也更令人兴奋。但关于未来的想法也比关于现在的想法带有更多的负面情绪。更多的实验加深了这一矛盾。虽然人们在畅想未来时经常会感到乐观，但在这种未来心态下，他们实际选择采取的行动却反映出对风险的厌恶和悲观。

我们该如何理解这一点呢？在想象未来时，我们似乎既是最乐观的自己，同时也是最悲观的自己。

为了解决这一难题，[21] 鲍迈斯特与明尼苏达州营销学教授凯瑟琳·沃斯（Kathleen Vohs）和纽约大学心理学教授加布里埃莱·奥廷根（Gabriele Oettingen）一起，提出了展望分为两个不同阶段的观点。

- 第一阶段是快速、广泛和乐观的。在这一初始阶段，我们的思维往往集中在"我希望未来是怎样的"或"未来可能会出现什么充满希望的结果"等问题上。第一阶段通常持续几秒钟到几分钟。它也更具探索性，反映了默认模式网络的参与。
- 第二阶段在第一阶段之后很快开始，需要对第一阶段所描绘的图景进行更缓慢、更具体、更深思熟虑、更现实甚至悲观的评估。现在的问题变成了"我将如何达到目标"。在第二阶段，我们要进行以细节为导向的规划——这很快就会让人感到力不从心。

两阶段模型有助于调和关于展望体验的相互矛盾的实验结果——我们从对未来的思考中获得意义，但同时也会感到恐惧和焦虑；我们可以对即将发生的事情感到乐观，却做出规避风险的决定。想象我们下一步将走向何方是一件非常有意义和令人兴奋的事情，而当我们开始思考如何才能到达目的地时，我们又会感到恐惧。这种恐惧会促使我们选择安全的路线。

这个两阶段模型也提示了该如何更好地提高展望能力。对于展望，人们有着不同的天赋。因此，我们采用的干预措施分别针对每个阶段。

打造展望"肌肉"：第一阶段

对于我们当中乐观的白日梦爱好者来说，第一阶段的展望是最美好的。人们思维广阔，将理想中的自我投射到令人振奋的光明未来。大脑的默认模式网络充满了可能性。

然而，对于其他人来说，第一阶段的展望却让人很不舒服。这些人不喜欢模糊性，他们宁愿尽快着手解决问题。我们将在下一章中看到，这种倾向的部分原因很可能与一种叫作"经验开放性"的人格特质水平较低有关。一个在第一阶段中挣扎的人，会在没有充分考虑所有可选方案的情况下，就直接进入计划。这样，他就犯了一种心理"错误"：他可能会在不知不觉中让自己、家人或组织失去更多光明的机会。他还剥夺了自己巨大的乐趣——幻想的快乐！

另一种类似的第一阶段"错误"出现在PTSD患者身上。正如我们在第4章中看到的,PTSD患者的自动思维模式之一就是灾难化思维。灾难化者会立即找到最坏的可能结果,并宣布那是不可避免的,从而停止了对其他选择的探索。

在这种情况下,第4章中的"以正确的角度看问题"练习是一个有用的干预措施。这个练习可以让人们有条理地磨炼自己的展望能力,为更多可能的结果敞开大门。此外,通过在第一阶段花费更多时间,该练习还能让人们感受到它带来的一些积极情绪。以开放的心态探索高度多样化、令人兴奋的可能性,这种感觉很好。每个人都应该体验一下。

严重的PTSD患者很难对未来有任何积极的想法。几年前,马丁当时的学生戴维·亚登(David Yaden)和安·玛丽·勒普克(Ann Marie Roepke)尝试用不同类型的干预措施来解决这一难题。[22] 在他们的研究中,他们要求最近遭遇逆境的人完成不同的任务。其中一项任务每周做一次,持续一个月,效果最好。具体指导语如下:

> 在经历了困难之后,许多人都会有一种失落感:他们觉得生活中的某些机会或"大门"已经关闭了。但有时,人们也会发现新的大门打开了,新的机会出现了。这些新的机会几乎可以是任何东西(新的活动、目标、榜样、朋友、与工作有关的变化、想法或帮助他人的方法)。新机会的存在并不意味着损失不重要或不那么痛苦,重要的损失可能与一些潜在的重要新机会同时存在。我们想知道,在过去的六个月里,你是否注意到自己的生活中出现了新的机遇。

> 在接下来的 15 分钟里，请写下你想到的关于已经打开或者可能打开的新机会或"新的大门"的任何内容。

这项任务明确承认有消极思维的陷阱的存在，并尊重痛苦经历的真实性。你的损失是真实的，我们也看到了它们。这一简单的团结信息产生了强大的效果，为消极想法建立了一个共同的心理"容纳空间"。现在，参与者感到可以从这些想法中后退一步，这使他们抵制消极想法的牵引变得容易了一些，并为有关过去、现在和未来的积极想法腾出空间。

勒普克、亚登和同事们发现，用这些特定的话语来介绍这种表达性的写作任务，可以提高从逆境中成长的能力，减少面对挑战时的消极结果。它能强化第一阶段的肌肉，让我们发现之前埋藏在消极情绪中的可能性。

另一种改善第一阶段展望的工具叫作情景规划。情景规划最初是由未来学家赫尔曼·卡恩（Herman Kahn）在 20 世纪 50 年代为兰德智库（RAND）开发的，它指引着领导者队伍去设想大相径庭的未来（第一阶段），然后要求他们倒推准备计划[23]（第二阶段）。第一阶段的工作经常会产生一些本来不会出现的设想，而这些设想在近期规划中被证明是非常有用的。在一个著名的情景规划成功应用案例中，荷兰皇家壳牌石油公司利用这种方法在 1973 年石油禁运和由此引发的价格冲击发生之前就做好了准备。

对迥然不同的未来进行描述，利用了我们非凡的默认模式网络进行探索。更生动地想象未来，可以让我们更好地为未来做好准备。

打造展望"肌肉":第二阶段

对其他人来说,第二阶段的展望是最难的。

第二阶段涉及对潜在的未来进行仔细、审慎的评估,以便为行动提供依据。但在这一过程中,我们大脑的一些核心功能会与我们作对。

丹尼尔·卡尼曼(Daniel Kahneman)和阿莫斯·特沃斯基(Amos Tversky)在1979年首次描述了计划谬误,即我们倾向于严重低估未来任务所需的时间和成本。如果你曾经做过家庭装修项目,你可能知道这会是什么样的。

重要的是,这种谬误只发生在我们为自己计划未来的任务时。当我们观察别人的计划时,我们会更准确。下一次,当你在为大修做预算时,请一位完成过类似项目的朋友预测一下你的成本和工期。他可能会比你预测得更准确。

要帮助人们更好地进行第二阶段的展望,就需要训练他们对实现任一给定结果所需的条件进行更现实的评估。纽约大学教授加布里埃莱·奥廷根的"WOOP"框架就是一种有可靠证据支持的干预方法。该框架听起来很简单,但取得了一系列令人印象深刻的成果,从糖尿病患者成功减肥,到提高学生在学校的努力程度和出勤率。

WOOP分为以下四个步骤。

(1)确定愿望(Wish)
(2)思考结果(Outcome)

（3）关注障碍（Obstacles）

（4）确定计划（Plan）

许多教练都采用一种类似的方法，叫作GROW。GROW使用四个基本步骤来帮助个人确定目标并制订应对障碍的计划。然后，教练会要求个人负责执行他们的计划。GROW也可以调整为个人使用。

练习：教练使用的GROW模型

G（目标）：第一步是确定你的目标。目标应该遵循SMART原则——具体的、可衡量的、可实现的、相关的和有截止期限的。在这一阶段，你要回答以下问题。

- 你想要实现什么目标？
- 你怎么知道自己什么时候实现了目标？
- 在多长时间内实现这个目标是现实的？

R（现实）：第二步是了解阻碍你实现目标的现实。教练会帮助被辅导者找出关键障碍，并通过仔细检查每个障碍来推动自我意识。此步骤中需要回答的问题包括：

- 是什么让你难以实现这个目标？
- 这些障碍在什么情况下最突出或最不突出？
- 你尝试过哪些策略？
- 这是否让你想起了过去的经历？

O（选择）：第三步，我们设想克服这些障碍的方案。这是GROW模型中最具创造性的部分——用第一阶段的一些探索性展望，为第二阶段的深思熟虑服务。一些有用的提示包括：

- 这次你有哪些不同的尝试？
- 这些选择的利弊是什么？
- 想象一下，你正在讲述你是如何实现目标的。你成功的秘诀是什么？

W（意志）：在第四步中，你要选择一个方案，并将其转化为行动计划。

- 你会采取哪一种方案来实现你的目标？
- 你需要遵循哪些步骤？
- 你将如何克服障碍①、②和③？
- 如果陷入困境，你会去哪里寻求帮助？
- 你会把你的计划告诉谁，以让他们帮你承担责任？

GROW模型可以帮助人们在实现目标方面取得实质性进展。无论是使用GROW、WOOP还是其他类似的方法，增强预测障碍和计划克服障碍的能力都有助于提高我们的第二阶段展望能力。

创新者的认知偏差

计划谬误只是卡尼曼、特沃斯基等人发现的众多认知偏差之一。简单地说，认知偏差就是一种思维上的系统性错误。这些错误根植于我们的大脑中，影响着我们所有人。

我们为什么会有内置错误呢？认知偏差并不都是坏事。在适当的情况下，它们充当了思维捷径，为我们节省时间或资源。问题在于，无论在什么情况下，它们总是在运行，这会把我们带到一些奇怪的地方。

2021年，BetterUp实验室研究员安德鲁·里斯（Andrew Reece）和他的团队提出了一种新型偏差，这种偏差特别妨碍我们去准确预测新产品的潜在危害。这个想法源于对现实世界中一种模式的观察：擅长第一阶段展望的高度创新的人可能会陷入困境，无法摘下他们的"玫瑰色眼镜"㊀。回想一下马克·扎克伯格对开放图谱的承诺：这将是"我们在互联网上所做的最具变革性的事情"。开放图谱的确是变革性的。只是不像扎克伯格所希望的那样。

安德鲁和他的团队将这一现象称为创新者偏差：我们对自己创造的任何产品的潜在危害评估都不准确。这不同于证实偏差——倾向于寻找支持现有信念的信息，而忽视相反的信息。因为创新者偏差与我们如何整合现有信息无关，而与我们如何想象未来有关。

研究小组通过一系列实验验证了这一理论。

第一步，他们让受试者对一份假想的发明清单进行评分，看这些发明会带来好处还是坏处的可能性。目标是找出"中立"的发明，即被大部分（利益不相关的）人认为同样可能产生好处或有

㊀ 用来形容一个人对事情的看法过于乐观。——译者注

创新者的认知偏差：我们对自己创造的任何产品的潜在危害评估都不准确。

害的产品。被评为中性发明的例子包括可以提高智商的强心针和已逝亲人的全息影像。

第二步，有 600 个全新的参与者，他们都先做了一个练习。研究者向他们描述了一项中性发明，比如全息影像，然后问他们：你将如何营销和推广全息影像以增加购买？参与者必须深入思考其价值主张，提出名称和口号，并决定如何为潜在消费者定位。这一练习的目的是让他们对这一特定发明产生类似"拥有者"的心态。

在第三步中，研究者把第二步中的 600 名参与者分成两组：对照组和"拥有者"组。拥有者被要求对全息影像的潜在危害和益处进行评分，而对照组的人被给予一种新的中性发明（例如，提高智商的药物），并被要求对其潜在的好处和坏处进行评分。请注意，对照组没有花任何时间研究第二项发明。

安德鲁的团队假设了三种可能的结果，如图 8-1 所示。

（1）病毒式狂热。对照组和拥有者组都会在营销练习的刺激下对所有发明普遍感到乐观。两组都会高估他们所评估的任何产品的潜在效益。

（2）竞争激发的能量。拥有者会认为全息影像的潜在益处大于潜在害处。相比之下，对照组则会因为自己在全息影像上的付出而产生比较心态，从而高估增效药的潜在危害。

（3）创新者偏差。拥有者会认为全息影像有更大的潜在好处，而对照组将增效药评为中性，就像第一步中无偏见的评价者一样。

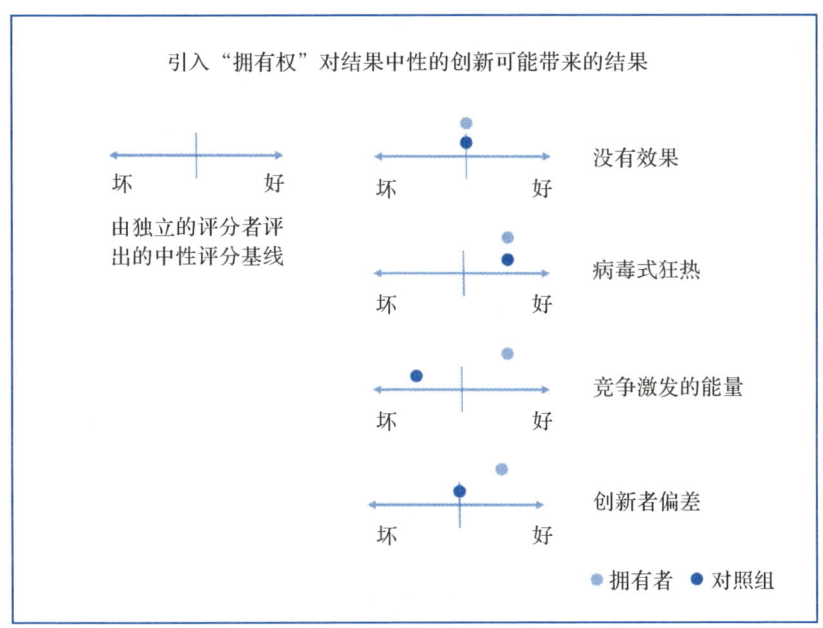

图 8-1

第三种假设的结果是胜出者。先前的练习使拥有者倾向于全息影像,而对照组则对增效药保持中立。安德鲁的研究小组随后在第二组的 500 名参与者中用不同的发明项目做实验,重复了这一研究结果。

一个可能的结论是,企业应该寻求外部机构来评估产品的潜在危害,或者建立独立的内部团队。但如果我们能扭转创新者偏差呢?

研究小组最后阶段的研究重点就是这个问题。他们很快发现,试图让人们接受从更现实的角度看待问题也存在风险。其中一个原因是你可能会打击人们对潜在重要工作的热情。积极、活跃的情绪对于创新至关重要。我们不想扼杀这种热情。

研究小组尝试了几种干预措施，来帮助拥有者在不失去动力的情况下纠正方向。最终获胜的是他们所谓的"最坏情况设想"：他们要求拥有者和对照组对发明进行有意识的灾难化想象。鉴于我们花了很多笔墨来讨论灾难化的负面影响，得知这产生了理想的效果可能会令人惊讶。让对照组先去思考该发明可能带来的最严重的后果，并不会影响后续他们对其他发明的中性评价。然而，对于该发明的拥有者来说，引导他们思考自己"拥有"的发明的最严重后果，则会让他们稍稍回到现实，从而将他们过于乐观的评价纠正为中性。最棒的是，这种调整并没有影响[24]创新者的热情。

基于这些发现，我们现在的工具包里已经有了一种新的、具体的干预措施的雏形，[25]它或许能够帮助创新者和组织更准确地展望他们工作的未来成果。

展望能力是可以教授和显著提高的

由于展望对于在激流世界中蓬勃发展至关重要，因此为客户显著提升展望能力已成为 BetterUp 工作中越来越重要的一部分。2018 年，BetterUp 的心理测量团队验证了一个实用的由三个项目构成的展望量表，用于评估人们对未来的思考的频率和有效性。这项评估为所有客户提供了一个基准线。辅导结束后，会再次进行评估。

现在已经有数十万人在接受辅导前后进行过这项评估。正因为如此，我们现在知道，展望是可以教的。展望能力差的人并不是注定要一直这样，而展望能力强的人还可以继续提高。事实上，在我们追踪的所有"全人模型"维度中，"展望能力"的增长最为显著。平均而言，在接受辅导的三四个月内，被辅导者的展望能力提高了24%，而那些一开始展望能力得分最低的人，在同样的时间内则有了惊人的115%的提高。

结果令人振奋。无论你的初始能力水平如何，你都可以通过建立展望来定位你自己和你的组织，从而取得成功。展望是企业战略、产品开发、商业合作和投资组合的基础。作为一个物种，我们尚未充分发挥这种能力，因为我们的工作从未如此极端地需要这种能力。今天，要想在工作中生存下去，展望是基本的技能。但是，卓越的展望能力将使我们中那些蓬勃发展的人与那些碌碌无为的人区分开来。

几年前，Facebook为"有责任心的创新"设立了一个新职能部门，该部门隶属于设计副总监玛格丽特·斯图尔特（Margaret Stewart）[26]。该职能部门负责加强"整个产品开发生命周期内的工作，以预测并最大限度地减少潜在危害，确保我们以负责任的方式[27]进行开发"。

开放图谱时代对网络变革的狂妄已一去不返。取而代之的是承认自己展望未来的失败。

卓越的
展望能力
将使
我们中那些
蓬勃发展的人
与那些
碌碌无为的人
区分开来。

Facebook 并非个例。其他公司也已开始为产品和工程领导者提供展望的高级培训。随着时间的推移，我们可以预见，所有的研发机构都将具备类似的功能；工程管理和产品管理方面的资格证书将包括展望方面的课程；最终，对良好展望的法律服务也将到位，以确保任何可以避免的危害都能得到避免。

打个比方，考虑首席信息安全官的角色。几十年前，"信息安全"领域还不存在。现在，从二十年来的数据泄露和黑客攻击（包括格雷姆·佩恩在艾可飞的经历）中吸取了教训，每个大公司都拥有一个信息安全团队来监控数据隐私和存储。这些团队与法律和工程领导者密切合作。公司若未能坚持最佳实践，则将承担法律责任。

展望失败产生的教训可能会产生一位首席展望官。在此期间，那些构建、推出和维护新技术产品的公司将最迫切地需要这种新兴的企业能力。该领域的领导者需要在展望、决策、利益相关者管理、数据分析、公共政策和行为科学方面的专业知识。

为了大规模地为我们的员工培养这些未来的能力，许多地方还有很多工作要做。但我们可以到达那里。这样做将使我们——作为个人和组织——重获被激流轻易消融掉的自主。

09

第 9 章

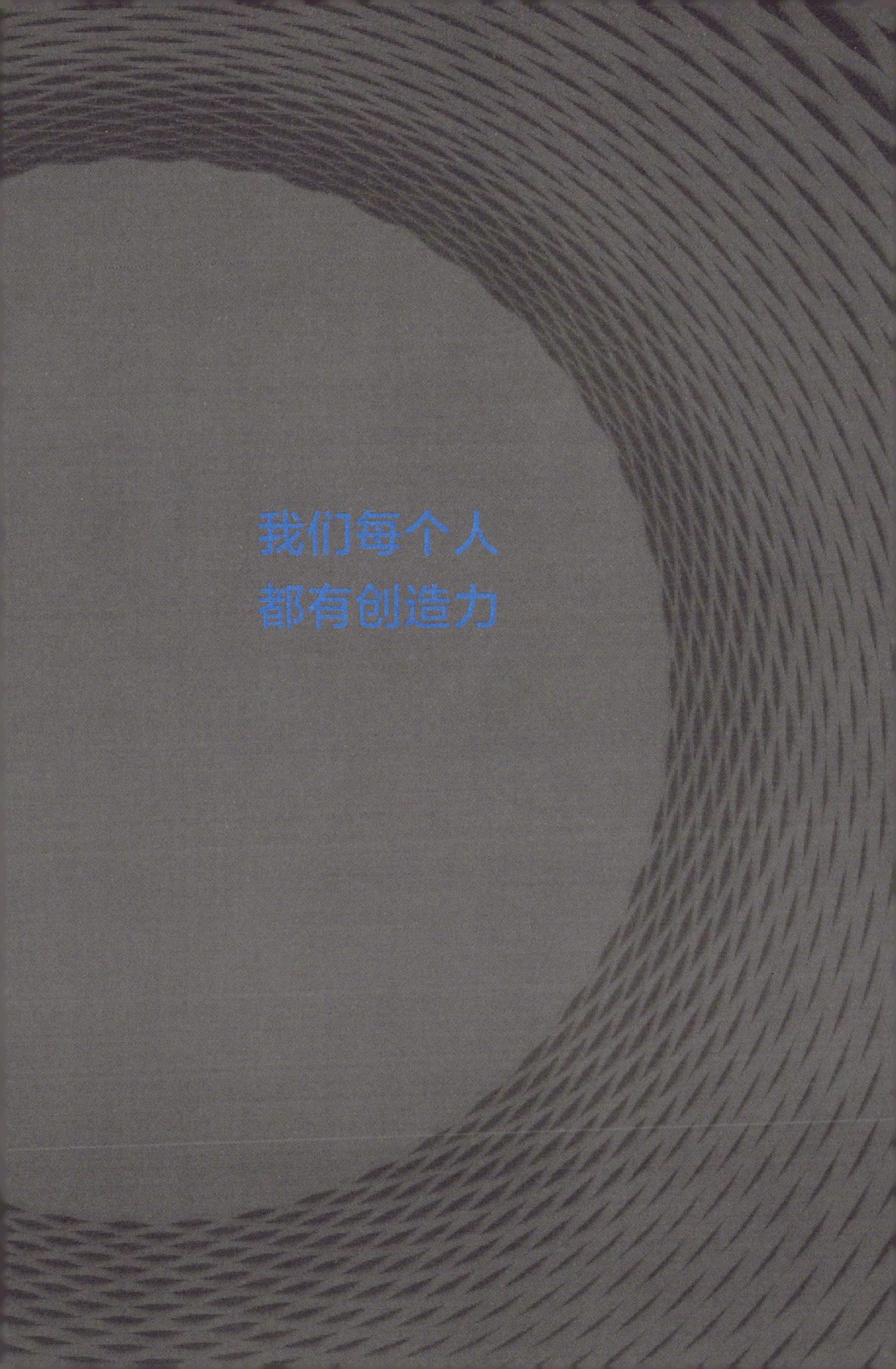

人工智能的到来[1]至少会消除掉那些无法证明我们为什么要在世间存在的理由……我们存在的一个非常强大的理由是，为了创造……我们发明东西。我们为创造而庆祝。我们在科学研究、治疗疾病、写书、拍电影、讲故事、营销等方面都很有创造力。这就是我们应该赞美的创造力，也许这就是我们之所以为人的原因。

——李开复

2006 年 11 月，时年 42 岁的玛莎·科布（Martha "Marty" Cobb，昵称是"马蒂"）发现自己躺在地下室宿舍的上铺上，盯着天花板。它太低了，低得她没法在床上坐起来。

刚刚离婚破产的马蒂几乎没有选择。她在得克萨斯州拉伯克市抚养三个孩子的朋友推荐她去西南航空公司工作。这意味着艰苦的工作和远离家乡的生活。但马蒂所在当地好工作的匮乏，让这个艰难的决定变得清晰起来。

西南航空公司的空乘人员就像沙丁鱼一样挤在巴尔的摩一栋三层楼房里。每层都有双层床和冰箱。资历最浅的乘务员的位置最差。26 个女人合住在一起，房子的主人是一名男飞行员。那个感恩节，当马蒂吃着一个泡沫塑料盒里的冷火鸡时，她想："我都干了些什么？"

这不是马蒂第一次重新开始。大学时代，她曾立志成为豪华度假村的活动策划人。马蒂在夏威夷培养了这个梦想，她在那里上暑期班（"我草裙舞得了'A'，经济学得了'C'"），然后在加州圣巴巴拉市的比尔特莫尔庄园工作。那是一座她之前从未见过的庄园，她想象着自己有一天可能会在那里策划一场正装晚宴。

然而，回到得克萨斯毕业后不久，马蒂就结婚了。接着又生了三个孩子。但拉伯克市没有像比尔特莫尔这样的庄园，甚至连接近的都没有。所以十年来，马蒂一直专注于养育孩子。"我没有天赋，"她说，"除了劈叉，我什么都不会。"

事实上，马蒂既有天赋，又谦逊。创造性地给他人带来欢乐是她的超能力，她的幽默感非常敏锐，擅长即兴表演。她把自己对服务的热情归功于她的父亲。每逢感恩节，他都会把火鸡送给十个和他们最亲密的朋友。圣诞节时，马蒂全家都会早早起床，为那些人烤肉桂面包。她的父亲教导女儿们要多为他人着想，尤其是在困难时期。他说："做点儿什么总比什么都不做强。你这么做不是为了自己，而是为了他们。"

在做家庭主妇的十年中，马蒂尝试过各种兼职工作，但她更倾向于服务性工作，因为在这些工作中她可以加入自己的特色。比如，她教过健美操，让她的学生们笑得忘了自己是在锻炼身体。

变故再次袭来：她的第一段婚姻结束了。马蒂在一家牙齿矫正机构做营销工作，这家机构让她举办大型派对。正畸医生来自路易斯安那州，所以他们为客户策划了一个新奥尔良风格的派对，有炖菜、小龙虾和乐队。马蒂最擅长的就是精心策划新的方式来招待客户。

因此，在第二次离婚让她陷入经济困境后，马蒂知道该如何重新振作起来。"我总是教导我的孩子们，'不断前进，不断向上，如果你犯了错误，你就掸掉身上的灰尘，重新站起来'。"

在西南航空公司开始工作并不容易。培训强度极大。前六个月是试用期,马蒂一直处于"预备"状态。公司可以在任何时候打电话给她,她必须在两小时后出现,准备起飞。作为一名新员工,她周末和节假日都要工作。此外,她的同事被指示密切关注她在飞行中的表现,并报告发现的任何问题。一份糟糕的报告可能会导致她立即被解雇。

然而,尽管她感到焦虑不安,但与乘客们身上的压力相比,这一切都不算什么。人们乘坐飞机有各种各样的原因。有多少人乘机去度蜜月,就有多少人乘机去参加葬礼。她曾与阵亡士兵的遗体同行。也有很多乘客,就是害怕坐飞机。

随着新冠疫情的暴发,螺丝拧得更紧了。突然间,没有人愿意坐飞机了;仅剩的乘客也是出于某种不愉快的原因不得不乘坐飞机。每一次流鼻涕或咳嗽都会让整架飞机"神经绷紧"。行业崩溃的重压,对航空公司的员工来说,和病毒一样可怕。2020年4月,客流量比2019年4月[2]减少了96%。

危机,无处不在。

马蒂感到空气中弥漫着浓浓的不快。她想帮忙。于是,她自然而然地做了一件事:她开起了玩笑。

"把安全带拉低系紧,扣在臀部,对,就像我奶奶穿支撑胸罩那样。"

"只要插入 75 美分硬币，您就能享受氧气流动一分钟。"

"如果您和小孩一起旅行，我们感到很抱歉。如果您和不止一个孩子一起旅行，请挑出一个您认为最有可能在未来挣钱的孩子，先给他戴上氧气面罩。"

吃惊的笑声先是一簇簇地传来，然后整架飞机上的乘客哄堂大笑。她回想说："为别人付出，让别人开怀大笑，忘记那些我无法改变或解决的事情，这让我微笑。""你开始意识到你正在做出改变。你付出的越多，得到的也就越多。"只用几句话，她就能让整架飞机上的乘客情绪高涨起来。

马蒂受到了回应的鼓舞，开始推陈出新。她的一个实验性片段是这样的：

"你们好，对我们乘务员来说，这真的是漫长的一天，我们知道你们也一样，所以我们要继续我们的短期罢工。但在此之前，我们将为您分发点心。在西南航空，我们相信应该更聪明地工作，而不是更努力地工作，所以向你走过来的就是我们所谓的西南快捷服务⊖……"

这时，马蒂就会开始在飞机上到处投掷一袋袋椒盐脆饼和花生。乘客们会从座位上一跃而起，跳到过道上，抢夺零食，互相攀爬。当有足够多的人四脚着地时，马蒂就会回到扬声器上：

"好了，你们现在抬头看。"

⊖ express 有"快捷服务"的意思，也有"脱口而出、不过脑子"的意思，与"聪明地工作"矛盾。——译者注

他们会抬头看。

"因为现在您的饮料来了。"

一天，在马蒂的开场白之后，她去做起飞前的例行检查，在检查机舱时，她发现一个二三十岁的年轻女人正哭得眼泪汪汪。

"您还好吗？"马蒂说，她把手放在那个女人的肩上，"我能帮您吗？"

"我一辈子都害怕坐飞机，"年轻女子抽泣着说，"我想这刚刚被你治好了。"

欢笑能治愈一切。

随着时间的推移，即兴幽默成了马蒂解决各种问题的常用工具。例如，西南航空公司面临的一个长期挑战是长途航班之间的周转时间太紧，这是保持低成本的商业决策的结果。西南航空公司的空乘组就是他们自己的清洁人员。他们必须在异常短暂的时间内收集垃圾并整理干净，以便让下一批乘客登机。

马蒂的解决方案是找乘客帮忙。但怎么做呢？在长途飞行即将结束时，她请求大家注意。

"各位，有传言说西南航空在这架飞机上的某个地方藏了一张400美元的免费乘机券。我要你们翻翻椅背口袋，看看托盘后面，看看座位下面——那儿有一张400美元的优惠券。当你们在下面的时候，捡起你们看到的任何垃圾，然后把它交给过道上的我们。"

它几乎总能奏效。有一次，一位乘客把马蒂的话当真了，把一张埋在地下的印有西南航空公司标志的旧纸条误认为是优惠券。当他得知这只是开玩笑时，便向登机口服务员抱怨马蒂的小计谋。

对西南航空公司来说，这是一个关键时刻：西南航空公司的领导层会因为马蒂的即兴行为而训斥她吗？航空公司已经投入了[3]几十个小时的时间来培训马蒂，让她知道在广播中应该说什么。许多其他大型航空公司都喜欢让空乘人员照本宣科。

但西南航空公司始终与众不同。创始人赫伯·凯莱赫（Herb Kelleher）相信，如果你善待员工，他们也会在工作中呈现出最好的自己，去善待顾客。严格的前期培训为员工划出了警戒线，剔除了那些有可能太过分的员工。一旦服务员完成了培训，航空公司就知道可以信任他们，甚至建议他们在工作中发挥自己的特长。是的，一切都是为了节约成本，包括马蒂拥挤的巴尔的摩宿舍。这是他们保持行业领先地位的部分原因。但是，经常外出游玩、聚会和恶作剧——曾经都是由赫伯本人鼓动的——才更真实地反映了一旦你加入西南航空公司工作的感觉。西南航空公司的股票交易代码为 LUV⊖是有原因的。

马蒂一结束试用期，上任之初就从西南航空公司的其他员工那里得到了启发，想象出有趣、富有创意的服务解决方案。在公司层面，西南航空公司最激进的创新之一就是依靠空乘人员提供机上娱乐。一个又一个的案例研究表明，西南航空公司对"人力资

⊖ LUV：love 的非正式缩写。——译者注

源"(即员工)的处理方式,在高度商品化的行业中是一个巨大的差异化因素。西南航空公司的营业利润率在所有航空公司中名列前茅,这在很大程度上要归功于这种创新的客户服务方法。

管理顾问凯文·弗赖贝格(Kevin Freiberg)写过一本关于西南航空公司成功的书,他说:"赫伯对人性和人的看法如此之高,以至于他不想要自动化的员工。这就是说,'来做你自己,表达你的创造力'。"4

马蒂从来没有因为她的优惠券而受到训斥。相反,她和她的上司们都对乘客的反应报以同情的笑声。如今,马蒂通过为他人树立榜样,帮助西南航空公司延续创意表达的文化,她还成了名人:2014年她发布的一段视频在YouTube上拥有近三亿的点击量。她的作品甚至赢得了美国著名的喜剧演员埃伦·德杰尼勒斯(Ellen DeGeneres)的称赞,并在埃伦的节目中露面。在马蒂的启发下,她的同行们利用她的材料让自己的航班更轻松、更安全,让每一位乘客更愉快。这一切之所以能够实现,是因为马蒂被允许、被鼓励变得有创造力。

创造力:人类独有的天赋

人类的创造力,在其所有意想不到的辉煌中,是我们独有的天赋。人工智能思想领袖、谷歌中国的前总裁李开复甚至认为,创造力可能是人类存在的根本目的。在某些人看来,一旦其他一切都实现自动化,留给我们的唯一工作,顾名思义,就是创造性。

根据创造力研究人员的观点，一个想法要具有创造性，必须具备以下条件。

（1）原创

（2）出乎意料

（3）对受众有用且受欢迎 [5]

第三条标准将创意与纯粹的想象区分开来。儿童想象力丰富，但不一定具有创造性，因为他们往往缺乏受众意识。马丁·塞利格曼五岁的孩子用腊肠铺车道的想法很新颖，也很出人意料，甚至很美味，但这并不是创意。

对这一定义的一个常见挑战是"领先于时代的艺术家"，他们被公众忽视，只在死后才得到赞赏。尽管并不常见，但在艺术领域，创造性的想法在观众准备就绪之前出现是有可能的。

然而，在商业领域，这第三条标准却很适用。我们的原创性想法只有在为我们自己或我们的组织创造价值时，才会对我们的职业有所帮助。

几十年来，企业一直将创造力归属于确定的部门，即字面意义上的"创意"部门。设计师、原型设计者、营销人员和其他少数人应该——必须——具有创造力，而其他人只是工作而已。这种模式是工业革命时期遗留下来的，当时的创造力甚至仅限于少数机器和产品的发明者。对于那个时代的广大工厂工人来说，创造力是一种负担，而不是优势。

一家大型跨国科技公司最近推出了一个新的以创造力为支柱的领

导力体制,让许多员工都感到困惑。创造力不是创意部门的职权范围吗?每个领导者都要有创造力意味着什么?他们的工作会发生变化吗?他们都会被所谓的创意人员取代吗?

将创造力视为一种专业技能的日子已经不多了。这种模式不仅过时了,而且对于那些希望让员工掌握在现代工作场所取得成功所需技能的领导者来说,也是有隐患且极不利于适应的。在激流世界中,这种重要的觅食者的技能在装配线衰落后恢复了突出地位。

创造力是当今必不可少的工作能力,原因有二。第一,随着工作的自动化程度不断提高,留给人类做的工作本质上将更具创造性。麦肯锡全球研究所认为,从现在开始到 2030 年,创造力是受自动化影响最小的一项技能,估计投入创造力的工作时间总体增加了 13%,用于其他类型创新思维的工作时间增加了 16%。世界经济论坛同样预测,由于自动化,创新将成为 21 世纪 20 年代的一项关键工作技能。[6]

想想记者的角色。如今的新闻机构[7]都在使用机器人编写一些短文,比如体育赛事报道。《华盛顿邮报》在报道里约奥运会时就使用了机器人。在企业方面,数十家公司使用人工智能生成的博客[8]来取代人工内容,其中许多博客由语言模型 GPT-3 驱动,令人印象深刻。如果简单叙事都能被取代,那么人类记者还能做什么呢?或许,调查性新闻——进行微妙的观察;根据细微的社会线索,推测完全不同的事件之间的联系——是未来几年不受自动化影响的报道的一个例子。

在当今的工作世界中，创造力至关重要的第二个原因是变化本身的速度。如今，整个行业都在被行动更快的创业者迅速颠覆。看看 Uber 对出租车做了什么，Netflix 对百仕达和电影院做了什么，Amazon 对……所有人做了什么。无论企业是像金融科技支付公司 Stripe 一样寻求颠覆，还是像信用卡公司 Visa 等金融行业的传统企业一样寻求避免颠覆，只有充分发挥员工的创新能力，才能在竞争中立于不败之地。

这首先要从第一线的员工开始——像马蒂这样的人，他们能够捕捉到新出现的需求信号，并尝试新的解决方案。没有把每个员工都定位为创新者的文化将很快落后。

我们现在都是创新者。每个人都有自己的方式，从自己的职能位置出发去创新。创造力不像雨水，它不是我们祈求和希望得到的东西。它就在我们每个人的心间，是我们这个物种的本源，与我们的人性息息相关。虽然创造力的研究并不像其他许多心理学领域那样深入，还有许多东西需要学习，但数十年的研究为我们提供了重要的启示，让我们了解如何培养这种力量，并利用它为我们造福。在本章中，我们将首先了解大脑如何激发创造力的一些基本知识。然后，我们将了解为什么有些人比其他人更有创造力。其中一些原因与创造性思维的类型的差异有关——我们接下来将了解这些类型。接下来，我们将转向了解创造力如何在群体中发挥作用。最后，我们将用一套新的行为工具来帮助个人、团队和组织培养创造力。

创意大脑

要培养我们的创造性"肌肉",首先必须理解它。创造力不像你的二头肌——一个致力于一种功能的局部细胞团。相反,它是许多不同认知能力的"交响乐",由三个不同的大规模大脑网络"指挥"。你可以把大脑网络想象成一个高速公路系统,它将信息从一组大脑中心发送到另一组。

在上一章中,我们认识了默认模式网络。回顾一下,默认模式网络与自发的、自我产生的思维有关,最常见的是对未来的规划或幻想。[9]默认模式网络打破了时间和地点的限制。创造力可以被理解为展望能力的一种亚型——对可能会发生的东西的惊鸿一瞥。因此,默认模式网络成为创新的三大核心网络之一也就不足为奇了。

在对创造性任务的研究中,还有两个大脑网络与默认模式网络同时出现:"突显网络"和"执行控制网络"。突显网络监控我们的内部和外部环境,寻找需要有意识关注的信号。当它发现这些优先信号时,就会将我们的注意力——这种宝贵的神经资源——的"手电筒"对准它们,并相应地开启或关闭其他网络。当你开车时听到远处传来救护车的鸣笛声,你的突显网络就会将你的注意力转移到那里,这样你就知道该靠边停车了。相比之下,执行控制网络则负责监督特定的、外部指令性的任务。举个例子:请说出你小学时最要好的两个朋友的名字。你刚刚就启动了执行控制网络。

创造力不像雨水，
它不是
我们祈求和
希望得到的东西。
它就在我们
每个人的心间，
是我们这个
物种的本源，
与我们的
人性息息相关。

这三个网络是如何一起共同支持创造力的呢？其理论是，我们的创新想法（通常是已有想法的新颖的重组）首先来自默认模式网络，在这里，自发的、前意识的想法可以联结起来。其中很多都是胡言乱语——想想腊肠车道——但也有少数几个会提供足够的价值，引起突显网络的兴趣。然后，突显网络会招募执行控制网络来发展和完善这个想法。执行控制网络也会将有待解决的创造性问题[10]的相关信息传回默认模式网络。

这种可控和自发思维过程之间的交流可能会让你想起鲍迈斯特的两阶段展望模型。执行控制网络对第二阶段的评估规划至关重要，而默认模式网络则推动了第一阶段的白日梦。这个模型甚至可以帮助我们更好地理解丹尼尔·卡尼曼在《思考，快与慢》（*Thinking, Fast and Slow*）一书中[11]描述的两种思维系统。卡尼曼的系统 1 涉及快速、情绪化、自动、无意识的思维：直觉。相比之下，系统 2 更慢、更努力、更深思熟虑。我们可以认为创造性的图景来自所说的系统 1（直觉），然后，一旦被突显网络认真对待，就被放入系统 2（深思熟虑），由执行控制网络提炼成创造性的想法。

直觉、自发的思维与高度控制、专注的努力之间的舞动，切中了创造力学者们长期争论的核心：创造力是有意识的吗？弗洛伊德和哲学家丹尼尔·丹尼特（Daniel Dennett）等人都认为创造力不是有意识的，他们的观点引起了许多艺术家的共鸣，因为对他们来说，创造是神秘或浪漫的。[12] 然而，鉴于我们的突显和执行控制网络的重要作用，科学告诉了我们另一个故事。你可以在成像测试中看到这一点，也可以在实验室中演示这一点。

罗伊·鲍迈斯特就是这么做的。在一项实验中，他邀请爵士乐手在一首他们从未听过的乐曲上即兴独奏。其中 1/3 的音乐家在演奏时必须从 913 倒数，每次减 6——这是一项对认知要求极高的任务，即使不是全部，也会占用我们大部分的有意识的注意力。另外 1/3 的参与者在演奏时从 15 开始向上数数，这是一项近乎自动的任务，需要的注意力较少。最后 1/3 的参与者在没有任何额外任务的情况下即兴演奏。然后，音乐专家对即兴演奏的质量进行盲判。

当音乐家按每次减 6 倒数时，即兴创作的独奏曲的创造性明显低于其他任何一组。数数本身对于创造性的输出来说没有问题，只要它能以 1 为单位进行。这一发现表明，有意识的注意力对创造性产出至关重要。正如鲍迈斯特及其同事所写的那样："无意识产生了碎片。意识将它们组合成[13]一个创造性的产品。"过多地干扰意识，创造力就会受到影响。

因此，卓越的创造力一方面需要默认模式网络产生新颖而令人惊讶的想法；另一方面需要通过突显网络识别市场可行性；最后还需要通过执行控制网络对浮出水面的想法进行开发。执行控制网络还与默认模式网络形成回路，这对于将非有意识的反思集中到最有可能产生有用结果的方向上非常重要。

富有创意的人

到目前为止，我们一直在谈论普遍性：我们每个人都有创造力。我们所有人在创造性行为中都会使用三个关键的大脑网络。但我们的创造力并不相同，有些人的大脑似乎更适合创造性产出。为什么会这样，我们其他人又该如何达到这一目标呢？

对极富创造力的人的研究试图揭示天才创造力的秘诀。凡·高和诺里奇的朱利安㊀有什么共同点呢？心理学家通常将个体差异分为两类：特质和状态。特质描述的是一个人在一段时间内相对稳定的方面，比如个性。状态描述的是更多稍纵即逝的特征。这些分类并不是一成不变的。有些状态比其他状态持续时间更长，而特质则比我们曾经认为的更具可塑性。如今，许多人甚至把个性理解为个体模式可塑性的一端，也就是说，个性可以改变，但可改变的程度要小于[14]状态（比如说，心情）的可改变度。

在特质领域，研究揭示了人格的五个经典维度——大五人格——与缩写词"OCEAN"相对应。

（1）对经验的开放性（O）：对新想法和新机遇的好奇心和欣赏力。

（2）责任心（C）：自律和遵守外部约束。

（3）外倾性（E）：外向者喜欢社会交往，通常精力充沛。反之则属于内向者。

（4）宜人性（A）：与他人和睦相处的性情。不合群的人更重视自身利益而非社交和谐。

（5）神经质（N）：情绪不稳定，通常表现为焦虑、愤怒或抑郁等负面情绪。

㊀ Julian of Norwich（1342—1416），英国修女，重要基督宗教神秘主义者。——译者注

与创造力相关的最显著、最一致的个性特征是对经验的开放性。它甚至被称为"创造性人格的核心"[15]。许多对这种特征的定义都包含了创造力。但是开放性是如何促使大脑产生创造力的呢？

2016 年，一组美国和奥地利心理学家进行了一项非常有趣的研究，利用功能磁共振成像数据来研究对经验的开放性在默认模式网络功能中的作用。他们发现，具有高度开放性的人[16]能够更有效地处理默认模式网络中的信息，以便与其他网络共享。这将有助于培养创造性产出。此外，网络之间的通信方式之一是通过被称为神经递质的化学信使分子。多巴胺是连接默认模式网络和执行控制网络的神经递质[17]之一。多巴胺被称为"奖励分子"，负责正常和药物诱导的愉悦状态，也是创造力和开放性遗传学研究中出现最多的神经递质。具有高度创造力的人和具有高度开放性的人都表现出多巴胺受体数量、多巴胺通路和前额叶皮层多巴胺水平的显著遗传变异[18]。有一种理论认为，开放的人追求新奇，因为他们通过多巴胺在新想法中体验到了太多的快乐[19]。

这些发现概述了一个关于对经验的开放性、创造力以及随之而来的大脑变化的重要故事。但这是否意味着只有那些天生具有这种特质的人才有高度的创造力？

别急着下结论。在所有大五人格特质中，对经验的开放性是受基因影响最大的一个。然而，即使是它，也只有 21% 的遗传率。

也就是说，决定我们对经验的开放程度的大部分因素与遗传学无关。[20] 开放性的各个方面确实可以被训练。

比如说，对经验的开放性是创造力很重要的因素，而开放性的一个方面是认知灵活性[21]，即灵活平衡开放探索和集中注意力的能力。创造力测试通常将认知灵活性作为一项核心技能来衡量：我们能否转换参照系来产生解决问题的新方法？能否根据新的信息来修改想法？能否同时容忍相互冲突的信息？心理上的灵活性使我们能够根据需要让信息进出意识，从而既能允许许多不同的输入，而又能把注意力集中在需要的地方。[22] 第4章探讨了我们在追求韧性的过程中建立认知灵活性的一些方法；在这样做的过程中，我们获得了另一个非常大的好处，那就是提升我们对经验的开放性和我们的创造力。事实证明，我们分析的许多能驱动韧性的因素，在驱动创造力方面也是有效的。以乐观和情绪调节为例来说，活跃、乐观、积极的情绪会激发创造力。[23] 同时，如果一个人善于调节情绪[24]，那么即使是某些类型的负面情绪也可以为创造力服务。情绪调节能使我们产生紧迫感，而不会被潜在的未来负面结果淹没，能让我们将负面能量转化为创造性的燃料。

自我效能感是韧性的另一个驱动因素。除了对经验的开放性，创造性自我效能感——我们对自己的创造性努力的价值的自信——是成功的创造性产出的最重要的预测因素之一。创造力强的人必须能够听取批评、经历失败……但仍然勇往直前。他们必须能够在充满模糊性和不确定性的环境中安然度过，即使创作过程的许多方面可能令人却步。因此，许多教育方法都侧重于指导教师提高学生的创造性自我效能感。[25] 与认知灵活性、乐观主义和情绪调节能力一样，创造性自我效能感也是可以培养的。

创造力和韧性的驱动因素高度重合，这并不完全出乎我们的意料。持续的创造性成功涉及一次又一次的失败，所谓的一夜成名的背后其实是 20 年的积累。因此，反弹并再次尝试的能力会增加我们在创意方面取得成功的概率。

2020 年春夏之交，新冠疫情对我们的应变能力提出了前所未有的考验，BetterUp 实验室决定对这种关系进行实证测试。我们已经从我们自己的研究和他人的研究中了解到，韧性更强的员工将保持更高水平的生产力和幸福感。但他们的创造力如何呢？

结果令人吃惊。在各种创造力测评中，抗挫折能力强的员工得分要高得多。在"新颖性"方面——你能想到的想法有多新颖——抗挫折能力强的人比抗挫折能力差的人高出 20%。韧性高的人的想法也比韧性低的人的有用程度高 11%。此外，韧性不仅仅能影响他们自己，他们所在团队的创造力也提高了 18%。[26] 事实上，韧性与创新之间的联系如此紧密，以至于我们开发了韧性与创新指数。这是一种评估方法，可以让个人和组织衡量韧性与创新之间共同的潜在驱动力。

到目前为止，我们已经看到，认知灵活性、乐观主义、情绪调节能力和创造性自我效能感都是创造力的个体差异的可塑源泉。还有一个重要的个体变量值得一提：动机。具有高度创造力的人经常说自己有创造的动力。这种动力从何而来？

哈佛大学商学院名誉教授特雷莎·阿马比尔（Teresa Amabile）自 20 世纪 70 年代以来一直在研究这个问题。请回顾第 5 章中两种不同动机的区别：内在动机和外在动机。在创造性工作中，内在动机是我们创新的内驱力：因为挑战，因为我们从工作中获得的满足感和意义，因为我们对工作的热情。外在动机来自他人，通常以金钱报酬的形式出现。阿马比尔发现，在培养创造力方面，内在动机要比外在动机强大得多。事实上，在她 1998 年发表于《哈佛商业评论》的著名的文章《如何扼杀创造力》中，阿马比尔提到，错误的外部奖励机制会减少而不是增加[27]创造力。

阿马比尔的研究结果与自我决定理论的创始人理查德·瑞安和爱德华·德西的研究结果不谋而合。他们对"内在动机"的定义可以兼作"创造力"本身的定义："寻求新奇和挑战、扩展和锻炼自己的能力、探索和学习"的自发倾向。他们已经证明，这种倾向是预测幸福感和工作表现的最有力因素[28]之一。

我们在前面已经看到，要紧感、重要性和目的是工作内在动力的一些关键驱动因素。正如韧性一样，干预措施或条件如果能增强我们的要紧感，就会产生良性的次生效应，提高我们的创造动力。马蒂从未因为她的笑话而获得更高的报酬。（好吧，不是在西南航空公司。最终，埃伦·德杰尼勒斯给了她一张支票……但那是另一个故事了。)她即兴创作的动力来自她的愿望,那就是照亮乘客的一天,减轻同事的工作量。她不时想起在过道上号啕大哭的年轻女士,想起她的幽默对那位乘客来说是多么重要。她觉得自己的举措得到了公司的支持和赞扬。这种要紧感会让她成为一名更快乐、更有创新精神的员工,并将这种精神传递给身边的每一个人。

四种不同类型的创新思维

正如创造力因人而异一样,创意也各有不同。要最大限度地发挥创造力,就必须认识到原创有不同的方式。我们已经确定了四种不同类型的原创思维。了解了这些类型,我们就能更好地了解自己的创造才能。

类型一:整合

整合指的是,看起来不同的东西实际上是一样的,并且有一个潜在的过程可以解释它们。整合可以是局部的(比如把一些概念拼接到一起),也可以是全面的(比如一个伟大的统一理论)。

艾萨克·牛顿(1643—1727)是整合的天才。他与他人共同发明了微积分,而微积分本身就具有极大的综合性。牛顿和苹果的故事很可能是真的,但不是我们在学校学到的苹果掉在牛顿头上[29]的故事。1665~1666年,剑桥遭遇瘟疫,22岁的牛顿把自己隔离在家中的农场中,他注意到,离他头顶20英尺的地方有一个两英寸直径的苹果,它与透过窗户看到的冉冉升起的月亮占据了相同的视觉空间。

"会不会,"牛顿想,"把苹果拉到地上的东西,就是把月球固定在轨道上的东西?"

这个惊人的整合思想产生了优雅的平方反比定律:两个物体之间的引力与它们之间距离的平方成反比。对于所有的天体、卫星和苹果来说,平方反比定律是全面整合的一个典型例子。全面整合给混乱带来了秩序——这是科学最崇高的目标之一。

整合是当今工业创新的核心形式。苹果手机就是一个例子,它通过一系列更局部的整合,最终形成了一个功能强大的单一工具。整合的第一阶段在21世纪初得到普及,当时手机将电话、互联网、音乐播放器和照相机集中在一个设备中。第一代iPhone在技术和概念上都取得了整合性的胜利。将照相机和手机等工具数字化的过程需要认识到,它们都能捕捉和传输数据;半导体和液晶显示屏等发明是为特定类型的数据捕捉和传输而发明的,它们可以重新用于以前被认为是完全不同的机器。数以百计的发明家共同分享了这一技术胜利,他们为每种设备带来了数字化。在概念的那一半上,苹果手机最初的整合性胜利就在于,苹果公司认识到消费者与上述每种工具的互动都是类似的捕捉、存储和检索数据的行为;因此,它们完全可以在一台设备上实现。40年前,

---

⊖ 1英尺=12英寸≈0.304米。

你挂在墙上的手机与你放在游戏机上的音箱或你刚从杂货店买回来的相机胶卷毫无关系。现在，由于有了手机，我们直观地认识到所有这些工具都在传输数据，并且我们很高兴能把这些工具汇集到一处。

苹果手机整合的第二阶段是苹果公司于 2008 年推出的应用商店。在那时，史蒂夫·乔布斯需要其他人的帮助才能看到集成的整体：最初，乔布斯希望将应用商店的产品限制为苹果自己开发的应用程序，而不是第三方开发的应用程序。但完全实现了这个愿景的应用商店让人们意识到，从旅游网站、媒体播放器、内容公司到编码平台，无穷无尽的网络应用程序都需要类似的服务才能与手机顺畅配合；它们还需要与消费者进行类似的互动，因此将它们集中在一个地方是合理的。乔布斯出于商业考虑，希望将这个新空间仅限于苹果产品，但其他利益相关者说服了他，让应用商店充分发挥了潜力。

类型二：拆分

与整合相反的一种创造性思维——拆分，在科学和工业中也很常见。拆分指认识到看起来一样的东西实际上是不同的，或者通常作为一个整体处理的项目可以更有效地划分为不同的组成部分。

医学史上充满了拆分的例子。天花就是其中之一。这种具有传染性的毁容病最初表现为背痛、突然高烧、头痛，然后是皮肤上的皮疹和口腔病变。天花是致命的，通常在一两周内就会致人死亡。天花的细菌理论㊀指出，天花是由大天花病毒引起的。但人们发现，一些有这种症状的人并没有死亡。为什么？更仔细的检查显示，这些人感染了一种不同的、更良性的病毒，即小天花病毒。因此，一种疾病变成了两种，一种是致命的，一种不是。这种区别的实际意义在于，如果你从天花中幸存下来，你再次感染这种疾病的可能性就会小得多。意思是：小天花病毒感染虽然无关紧要，但对大天花病毒有防御作用。病毒之间的相似性会增强免疫力，而差异会导致不同的疾病过程。

有史以来最伟大的工业创新之一源于拆分：流水线。在工业革命之前，一个工匠可能从头到尾监督整个生产过程。分工使生产更快、更稳定、更可扩展。瑞典发明家克里斯托弗·普尔海姆（Christopher Polhem）在生产钟表齿轮时首次提出了"互换性"这一革命性的制造概念。互换性意味着各个部分具有独立于整体的完整性。起初，许多人并不相信部件可以在不同工具之间互换。例如，枪支被认为是由精通木工、金属加工等技术的个体工匠单独制造的整体产品。1785年，法国人奥诺雷·勃朗（Honore Blanc）首次展示了他可以通过在一大堆可互换的部件中选择，组装出一把可以使用的枪支，这让观众大为震惊。法国政府下了订单。托马斯·杰斐逊㊁将这一消息告诉了伊莱·惠特尼㊂，希望他能为美国带来同样的成果。这比想象的要难，惠特尼失败了很多年才最终成功。[30] 战争从此一发不可收拾。

㊀ 由路易·巴斯德（Louis Pasteur）提出，该理论认为微生物会致病。——译者注
㊁ 美国第三任总统，《独立宣言》起草人。——译者注
㊂ 美国发明家、机械工程师和企业家。——译者注

量子力学将物质分解为最小的组成部分,并划分出单个粒子的多种存在状态。将量子理论应用于工业已在电子学、密码学和量子计算方面取得了进展。后者有望在某些问题上超越经典计算。在经典计算中,一个比特只能同时占据一个位置,而量子计算的量子比特可以同时占据多个位置,从而成倍地提高计算能力。谷歌在 2019 年展示了其量子处理器 Sycamore 的"量子优势",它只用了 200 秒就完成了经典计算机需要 10 000 年才能完成[31]的任务。

类型三:主体 – 背景反转

"主体 – 背景反转"一词来自对视觉的研究,指的是我们将注意力从前景转移到背景的能力,从而看到不同的整体画面。如图 9-1 所示,该图片展示了我们的大脑如何在两者之间来回切换。

图 9-1

主体 – 背景反转正是令福尔摩斯成名的那种天才创意。在故事《银斑驹》（The Adventure of Silver Blaze）中，福尔摩斯正在与苏格兰场①的一名侦探讨论一名夜间闯入者的案件。

侦探问道："你有什么想引起我注意的吗？"

福尔摩斯回答说："对于狗在夜间发生的奇怪事件。"

"那条狗晚上什么也没做。"侦探表示反对。

"这正是奇怪之处。"[32]

有时，缺失的东西才是最重要的——一个隐藏在众目睽睽之下的巨大价值源泉。

主体 – 背景反转是马蒂的标志性的创作形式。她把大家都不愿意做的事情——认真听广播、移动到飞机后部、清理垃圾——推到前景，使其成为快乐而不是痛苦的源泉。在隐藏优惠券的例子上，她使用了俏皮的"潜规则"，吸引乘客不仅看到而且清理垃圾，而原本每个人都希望这些垃圾根本不存在。在她的诙谐的广播中，她将产品经理所谓的"痛点"——烦琐的安全信息——转化为给客户带来价值的源泉。

默认模式网络的发现本身就源于神经影像学中的主体 – 背景反转。正如我们在上一章中看到的，研究人员正在研究专注任务激活的神经网络。但更有趣的发现是大脑在"休息"时的表现。

我们提到过另一个例子：积极心理学领域是临床心理学和精神病

---

① Scotland Yard，伦敦警察厅的代称。——译者注

学的主体－背景反转。几十年来，这些学科都一直在强调去治疗疾病。这种对人类经历的消极面的关注并没有增加我们的福祉。但积极心理学的见解是，幸福和理智，而不仅仅是没有病态，才是真正的成就。仅仅消除疾病是不够的。能够增强积极情绪、投入、良好的关系，以及意义和成就的那些技能通常与仅仅对抗抑郁、焦虑和愤怒的技能不同。积极心理学把培养这些技能放在了首位。

我们总能在工业领域看到主体－背景反转。亚马逊网络服务最初是亚马逊的一个团队根据公司内部高效扩展自身基础设施的需求而开发的。主持这项工作的软件工程师克里斯·平克汉姆（Chris Pinkham）和本杰明·布莱克（Benjamin Black）设想了一种解决方案，但他们很快就意识到，其他公司也会需要这种解决方案：它本身就是一种极具吸引力的产品。如今，这项为满足后台基础设施需求而创造的技术已经成为前景广阔的业务，它在 2020 年给亚马逊带来的收入达到 450 亿美元。[33] 同样，在美国无处不在的信息平台 Slack，是其创始人斯图尔特·巴特菲尔德（Stewart Butterfield）用来帮助自己的公司 Tiny Speck 开发视频游戏的一款内部产品。这个视频游戏本身以失败告终，但 Slack 却在 2019 年带着它的通信应用程序上市了。2021 年，软件公司 Salesforce 斥资 280 亿美元[34] 收购了 Slack。

类型四：远端思维

最后，远端想象是一种想象与此时此地截然不同的事物的技能。许多创造性天才都被描述为能够想象出与我们今天所见截然不同的事物的人。[35] 伟大的尼古拉·特斯拉（Nikola Tesla）曾这样描述他的发明过程：

> 当我有了一个想法后，我就会立即开始在我的想象中构建它。我改变结构，进行改善，并在脑海中操作设备。对我来说，是在头脑中运行涡轮机，还是在车间里测试它，完全无关紧要……当我在发明中体现了我能想到的所有可能的改进，并且没有发现任何错误时，我就把我大脑中的最终产品具体化。[36]

特斯拉的"远端大脑"的产物[37]包括收音机、霓虹灯、交流电和水力发电。在某些情况下，创新者的想象力过于超前，以至于市场还没有做好准备。换句话说，它富有想象力，但还不具备创造力，因为它还没有找到自己的受众。计算机科学家兼密码学家戴维·查姆（David Chaum）[38]在1983年的一篇论文中发明了匿名数字现金，当时个人电脑刚刚流行起来，而我们今天所熟知的互联网还远未出现。1994年，查姆的公司DigiCash首次发出了此类电子支付。但当时还不存在支持数字货币广泛应用所需的经济和技术生态系统，因此该公司于1998年倒闭。与许多新技术的"先行者"一样，查姆为比特币等后继者铺平了道路，但只从其商业成功中获益了一小部分。

领先于时代的远端创新者的诀窍是填平差距。他们可以通过以下两种方式之一做到这一点。第一种是通过促销、合作和重点发布等方式加快市场成熟。PayPal⊖就是一个例子。如今，人们使用

⊖ 一个在线支付服务平台。——译者注

PayPal 和其他数字钱包支付几乎任何东西的价款。但 PayPal 在 1999 年推出时，其预期的全部用途的采用率很低。该公司没有过早地满怀希望地推进一个雄心勃勃的愿景，而是将战略重点放在了 eBay 这个数字支付已成为常态的平台上，以发展自己的用户群。双方的合作非常完美，以至于 eBay 最终于 2002 年收购了 PayPal。[39] 到 2014 年，两家公司再次分道扬镳。两家公司的利益不再一致，因为 PayPal 的广泛使用已经超出了其最初的使用范围。[40] 如今，PayPal 已在 200 个国家使用。2021 年，该公司的年收入达到 250 亿美元。[41]

远端创新者领先市场的第二种战略是我们所说的逆向创新——开发可立即上市的中间技术，使利益相关者沿着成熟度曲线为原始发明做好准备。（这不同于反向创新，后者指的是先为发展中的经济体制造产品，然后再为西方消费者进行改造。）在这里，自动驾驶汽车就是一个很好的例子。自动驾驶汽车尚未普及有很多原因，包括技术、基础设施和监管方面的障碍。阻碍技术普及的一个主要障碍是消费者的不信任：购买者尚未准备好[42]交出方向盘。逆向创新涉及介于驾驶与无人驾驶之间的阶梯式产品，如自动辅助驾驶和自动泊车。人们真的会使用这些渐进式产品。特斯拉公司为驾驶员提供了传统的自动辅助驾驶功能和他们称为"完全自动驾驶功能"的版本，后者赋予了汽车更多的控制权。真正的无人驾驶[43]，即特斯拉公司所说的"完全自主"，目前还无法实现，但该公司将自动驾驶和"完全自动驾驶能力"定位为其前身。消费者可以从他们感到舒适的地方开始,然后不断进步。马斯克和公司正在训练我们最终接受完整的愿景。

整合、拆分、主体-背景反转和远端思维:在这些创造性风格中,你认为自己属于哪一种?也许不止一种。每种风格都有独特的优势,也有潜在的盲点。为了最大限度地发挥前者,减少后者,我们需要找到技能与我们互补的其他人。实际上,这必须在工作中、在团队中实现。现在,让我们来看看在团队中成功创新的动态。

创意团队

传统观点认为,创造力只存在于单个天才的头脑中:达·芬奇、乔治娅·欧姬芙等。另一种观点由约书亚·沃尔夫·申克(Joshua Wolf Shenk)在其著作《双人的力量》(*Powers of Two*)中推广,强调富有创造性的一对[44]或二人组合:玛丽和皮埃尔·居里、乔治·巴兰钦和苏珊·法瑞尔、沃伦·巴菲特和查尔斯·芒格。二元创作产生于建议、探索、批评和完善的来回往复中。

还有一种创意单位是团队。虽然这条路没有独行天才那么浪漫,但如今几乎所有的商业创新都是这样发生的。个人电脑、人工智能和智能手机都是通过集体创造出现的。[45] 由于涉及多个大脑,团队层面的创新远比个人创新更难建模和理解。不过,经过多年的研究,我们发现了成功创意团队的一系列共同特征。

首先，优秀创意团队的第一个特征是异质性。正如我们刚才看到的，有多种方法可以发挥创造力，当技能和知识互补时，[46] 我们的团队就能发挥最大的作用。此外，一个拥有丰富经验的团队[47]可以拓宽创意的范围，扩大生物学家斯图尔特·考夫曼（Stuart Kauffman）所说的"邻近可能性"。考夫曼指出，自然界的复杂性是利用原有的资源，经过频繁的重组，逐步发展起来的。在个人层面，我们已经看到大脑网络如何发挥作用，让邻近可能性从默认模式网络中浮现出来。在工作中，创意团队是人类集体实现邻近可能性的实例。一个充满重组机会的环境——一个拥有更广泛的参考资料和经验的多元化团队——更有可能产生创新。

如果团队成员不能或不愿分享他们的想法，那么世界上所有的想法都无济于事。因此，良好的沟通和信息共享是成功的创意团队一贯表现出[48]的第二个特征，这一点也不足为奇。沟通在创意的中期阶段尤为重要：将最初的想法充实为可用的产品。沟通还能更有效地评估创意。[49]

坦诚交流的最大障碍之一是心理安全感低。相反，高心理安全感是高度创新团队的第三个关键特征。[50] 心理安全是一种信念，即你相信自己不会因为犯错或冒险而受到羞辱或惩罚。创新充满风险。如果觉得自己可能会因为一个糟糕的想法而受到羞辱或惩罚，那么团队成员自愿提出的概念自然会减少。心理学家埃米·埃德蒙森（Amy Edmonson）等人的实验表明，心理安全感越高，团队学习[51]、创新和整体表现就越好。

我们在第 6 章和第 7 章关于归属感的讨论中已经探讨了创造心理安全的一些必要条件。在创造性合作的环境中，营造安全基调的大部分责任将落在团队领导身上，因为团队中的每个人都会密切关注领导对新想法的反应。领导者可能需要接受培训，学习如何在不影响团队安全感的前提下，给予建设性的反馈意见，以完善这些想法。

举个例子，想象一下，有一个开发新软件产品团队的领导——一位产品经理——他的首席设计师提出了一个更有启发性、更突破常规的视觉方向的建议……但这个建议在规定的时间内是不可能执行的。这种情况每天都在世界各地的公司上演。产品经理的反应往往很沮丧："我们能用它干什么呢？我们只有三周的时间来交货了……"

虽然产品经理的反应可以理解，但它可能会引发防御、恐惧和创意停滞。设计师下次再提出大胆的想法时会三思而后行。他的不安情绪也会传染给团队中的其他人，导致创意停滞的负反馈循环——谁会想要大声发言却被一巴掌给打下去呢？

有一个更好的方法是，产品经理提出问题，试图理解设计师所提出的方法的本质，然后让他专注于其最佳功能，以便在可用的时间内优先考虑这些功能。领导者提供这种类型的——好奇的、积极的、建设性的——反馈既能提高团队的创造力，又不会损害其心理安全。这种风格是可以传授的。这可以从我们在第 7 章中探讨的快速建立融洽的关系策略开始。

除了异质性、良好的沟通和心理安全之外，成功的创意团队的最后一个特征就是有充分的计划。正因为团队如此复杂，错失良机的可能性如此之大，因此，建立明确的角色、责任和里程碑，让每个人都能理解，这一点至关重要。在这方面，团队领导者再次发挥了关键作用。领导者需要决定谁负责问题的哪一部分；哪些团队成员将一起工作，使用哪些资源；对于每一项挑战，哪些创造性过程是最重要的——整合、拆分、主体–背景反转或远端思维——以及成功的标准是什么。项目的各个阶段都应该清晰地规划好，从分歧开始，然后融合，每个团队成员在每个阶段都应发挥适当的作用。

在俄克拉何马大学心理学家迈克尔·芒福德（Michael Mumford）的领导下，芒福德研究小组将创意规划过程分为以下四个阶段。

（1）确定项目所需的必要技能和资源。
（2）识别可能存在的障碍，并制订补救计划。
（3）建立后备计划框架，指导团队进行调整。
（4）对成功下定义[52]。

这种规划本质上是第二阶段的展望。你可以将其视为 GROW（目标–现实–选择–意志）的团队创新版。在创造性工作中，我们通常把重点放在第一阶段的展望上[53]——产生一系列新奇可能性的、发散性的直觉。但正如芒福德及其同事在他们的研究中所证明的那样，在小组环境中，有这么多人参与的情况下，第二阶段展望较慢的、更慎重的工作同样重要——如果不是更重要的话。

你或许已经注意到，到目前为止，在回顾高度创新的个人和团队的特征时，我们已经触及了 PRISM 的其他四个组成部分。

- 韧性（R）：认知灵活性、创造性自我效能感、乐观主义和情绪调节能力，这些都是韧性的驱动因素，同样也是创造力的驱动因素。
- 要紧感和意义（M）：这些激发了我们创新的内在动力。
- 快速建立融洽的关系以获得社会支持（S）：我们用来在不同个体之间建立信任和沟通的技能，使我们的团队能够在最佳状态下进行创新。
- 展望能力（P）：创造力是展望能力的一个子集，它同时利用了第一阶段的发散性、默认模式网络丰富的想象力和第二阶段更加深思熟虑的规划。

我们在这里发现了创造力与本书前几章所涉及的所有能力之间的基本关系，这绝非偶然。当我们在这些技能上下功夫时，我们就会一举两得，既增强了我们在激流中蓬勃发展的能力，又间接地提高了我们的创造能力——这给我们带来了新的竞争优势。

还有一些技巧可以更直接地提高个人、团队和组织层面的创新能力。现在我们就来谈谈这些技巧。

创造力"保健"

磨炼我们的创造力,需要深入意识思维的边缘,窥探边界。100 年前,出生于摩尔多瓦的生理学家纳撒尼尔·克莱特曼(Nathaniel Kleitman)出于不同的目的进行了一次类似的旅行。作为一名来到纽约的年轻移民,克莱特曼追随着他对日常意识的好奇心,来到了它的对立面:睡眠。确实,如果他能更好地理解睡眠中的思想,他就能更深入地洞察我们清醒的时刻。

克莱特曼的研究成果催生了全新的睡眠研究领域。他帮助发现了快速眼动睡眠,并证明了睡眠中的大脑会经历休息和活动的循环。他最有影响力的观点之一是"睡眠保健"——能够保证高质量睡眠的习惯和做法的集合。例如,我们现在知道,即使在周末,固定的起床时间也有助于我们的大脑保持稳定的睡眠节奏。我们知道,小睡会干扰夜间睡眠模式。对许多人来说,睡前避免使用电子设备(手机发出的蓝光会干扰褪黑素的释放,而褪黑素有助于我们感觉疲劳)可能会改变我们的生活。

睡眠保健为我们提供了一个如何利用有意识行为影响我们无意识思维的范例。人们无法简单地命令自己入睡或保持睡眠状态。因此,睡眠保健侧重于我们可以控制的因素。

这与创造力有着惊人的相似之处。就像睡眠一样,创造力是高度复杂的,需要大脑发挥并非完全有意识的功能。(我们所说的无意识,[54] 指的是我们意识不到、无法自主控制,但会影响行为的心理过程。)创造性的大脑在集中注意力与做白日梦、有导向地解决问题与发散性头脑风暴之间取得平衡。我们不能命令自己发挥创造力，就像我们不能命令自己睡觉一样。不过，我们可以找出促进创造力的行为和条件，以及抑制创造力的行为和条件。简而言之，我们可以改善个人、团队和组织在创造力方面的"健康状况"。

提升个人创造力的三种策略

对于想要直接提升创造力的人，我们提供以下三种策略。

追求新奇感

正如科学作家大卫·爱泼斯坦（David Epstein）在《成长的边界》（*Range*）一书中令人信服地证明的那样，我们最有才华的创新者并非专家。相反，他们从广泛的经验中汲取营养，这有助于他们看到不同寻常的联系。创造力和智力研究者罗伯特·斯滕伯格（Robert Sternberg）也曾撰文指出，过于狭窄的专业视角会导致隧道视野，[55] 从而影响创造力的发散。回想一下，默认模式网络的一个主要功能就是将不同时间和空间的概念以令人惊讶的方式并置，而那些对经验最开放的人自然会寻求新鲜感。因此，我们必须尽可能多地储备不同的原材料。用斯图尔特·考夫曼的话说，我们要尽可能丰富我们的默认模式网络的邻近可能性。

寻找新奇并不一定需要大规模的生活改变。你不需要去跳伞、攀登珠穆朗玛峰或加入美国太空探索技术公司（SpaceX）。相反，我们的目标是打破旧模式，为新模式铺平道路。新的刺激可以是阅读自己学科前沿的书籍，也可以是结交拥有与自己追求相关的知识和经验的新朋友。即使是下班后选择另一条路线回家这样最基本的事情，也能让我们从根深蒂固的习惯中清醒过来。

以下是一些在日常生活中拥抱新奇事物的简单方法。

- 扩大社交范围。在聚会上，坐在一个你不认识的人旁边。在孩子的游乐场上向另一位家长介绍自己。在电梯里与人交谈。与居住在世界不同角落的老朋友重新取得联系。几年前的一次晚宴上，加布里埃拉坐在她最不熟悉的人旁边。这个非凡的人原来是一个插画家和木偶制作者，而且，他们俩的祖父居然是堂兄弟！

- 选择不同的路线。用一种新的方式开车回家。拼车而不是独自通勤。无论你走到哪里，都换一条新的街道。想方设法让一成不变的日常工作变新。

- 广泛浏览。去一家真实的、线下的书店——它们仍然存在——或者图书馆，浏览你从未涉足的部分。挑战自己，在这些领域中找到一本与你正在解决的问题相关的书。类似的方法在教育领域也行之有效：学生的任务是在不同领域的数据之间建立联系，从而产生更有创造性的作品。[56] 浏览百科网站。对于创新所需要的那种偶然发现来说，如果使用得当，网络可以成为助力，而不是敌人。[57] 沿着链接进入探索的无底洞。要有耐心。在网络搜索中使用不寻常的语言，这些语言会改变或拓宽搜索工具的视角。

- 战略性地深入。阅读一本小说，里面的人物所处的问题空间与你的问题空间很接近，但时代、文化或地理背景不同。如果你正在开发一款约会应用程序，不妨花些时间阅读勃朗特姐妹的作品。如果你正在开发一款面向大学生的产品，不妨试试村上春树的《挪威的森林》。（如果你刚刚起步，正在积累知识，当然可以从与你的主题更接近的小说或非小说开始。想要创新变得足以给特定的领域构成威胁，我们确实需要对该领域有足够的了解。）

利用好"孵化期"

创造力的有意识和无意识工作之间存在着微妙的平衡。例如，集中精力进行研究或头脑风暴时，需要有不那么集中精力的"孵化期"，即更多自发的、创造性的心智游移时间。研究表明，需要完成的创造性工作越复杂，就越能从这些"孵化期"中获益。大量研究还发现，专注的工作之后，心智游移是最有成效的：先从深思熟虑的去解决问题开始，接着辅以放松时间。[58] 在专注的时间里，我们的执行控制网络正在有意识地为我们的默认模式网络播种想法。回想一下，执行控制网络会循环回到默认模式网络，这就是为什么这个循环如此重要。

同样重要的是要注意，孵化和休息是不一样的。当我们躺在床上无所事事时，创意"灵感"通常不会出现。相反，当我们从事要求不高的工作时，创意似乎最容易产生。加州大学圣巴巴拉分校教授乔纳森·斯库勒（Jonathan Schooler）的实验室花了十多年时间研究心智游移。在 2012 年的一项重要研究中，他们测试了不同类型的"孵化期"，看看哪种效果最好。在给参与者几分钟时间尝试创造性的解决问题的活动后，研究人员暂停并把他们分为四组：承担一项新的高要求任务，从事一项要求不高的任务，去休息，以及继续原任务。之后，每个人又都回到原先的创造性的解决问题的活动。在所有四种条件下，[59] 那些任务要求不高的人在孵化期后表现最好。关键的结论是，孵化并不是什么都不做，而是要做得足够少。

大多数常见的工作场所的任务——写电子邮件、参加会议——对"孵化期"来说，要求过高。当我们的执行控制网络全神贯注时，顾名思义，默认模式网络就是关闭的。相比之下，散步、阅读、沐浴、锻炼和自由写作等活动的要求都不高，足以为默认模式网络的激活和获得成果创造空间。

有一项活动不起作用：正念。这有点儿令人惊讶。正念在某种程度上与心智游移恰恰相反。正念将我们有意识的注意力完全集中在当下的感觉和感受上，而心智游移则是一种更加直观、自由、关注未来、未经审查的自发想法的产生过程。正念是实现情绪调节的绝佳工具，可以改变焦虑的应对方式。然而，来自斯库勒实验室的越来越多的证据表明，正念会吸收过多的有意识的注意力，从而削弱创造性心智游移。[60] 正念未能通过我们的"足够少"测试。

拥抱模糊性

创意项目的早期阶段的一个决定性特征是模糊性，这让许多人很不舒服。我们在第 8 章中看到，这类人通常在第一阶段的展望——发散的、拓展的、直觉的——中需要最多的帮助，以免他们过早地放弃重要的选择。极具创造力的人能够容忍，甚至享受这种模糊性。罗伯特·斯滕伯格曾在学校中针对模糊性容忍度[61]采取了极有创意的干预措施。

提高模糊性容忍度的一个简单方法就是在选择解决方案之前，在结构上延长探索时间。仅仅通过延长我们处在模糊状态中的时间，我们就能扩大我们的能力范围，让自己有更大的机会想出好主意。我们延长的正是第一阶段的展望时间。

里安是北加州一家社交媒体公司的产品经理。他在高度结构化的环境中蓬勃发展，并对产品经理的角色情有独钟，因为产品经理的工作就是将杂乱无章的问题转化为清晰的规范。有些产品经理喜欢产品开发的早期探索阶段，在这一阶段，团队通过协作，集思广益，共同解决问题。但里安却更喜欢实施阶段，在这一阶段，团队的想法已经提炼为非常明确的产品要求，并着手构建。

不幸的是，里安在公司的发展遇到了天花板，他在上一轮晋升中被淘汰了。里安的经理解释说，虽然里安在领导小团队快速、可靠地开发确定的产品改进功能方面表现出色，但他在处理更复杂的事情时却很吃力。她建议里安与一名教练合作，以支持他的成长。

里安在第一次入门会谈中，向教练哈娜介绍了他的目标和背景。会谈后，哈娜给他布置了一项任务。她要求里安回顾他曾带领团队完成一项复杂任务的经历，那项任务是让使用他们的社交媒体应用程序的用户把程序推荐给更多的朋友。这个项目中，哪些地方做得好？哪些地方做得差？更重要的是，从项目探索一直到项目完成，里安在每个阶段都经历了怎样的情绪？在第二次会谈时，哈娜问里安："你从这项任务中学到了什么？"

"我真的很讨厌这个项目。"里安笑着说，"从头到尾都像是一场噩梦。"

"知道这一点很好！"哈娜说，"听起来，如果你愿意的话，你可以一直坚持做不太复杂的产品，继续担任你现在的职务。你想要这样吗？"

"那当然会更容易，但我不想那么做。我想领导一个更大的组织。我必须在这方面做得更好。"

"好的，明白了。"哈娜说道。她现在已经确定了里安继续前进所需的内在动力。"那么请告诉我，在你的任务中，你在哪个阶段出现了哪些具体的情绪？"

在整个项目中，里安的主要情绪是焦虑。他担心他们无法解决问题。当他看不清楚解决方案时，他就会感到恐慌。一旦团队进入实施阶段，他又担心他们正在建造的东西无法实现预期目标。

"它失败了，"里安说，"它根本没有增加推荐量。我们当时应该花更多时间去找出正确的解决方案。"

"好吧。"哈娜点头，"那你当时为什么不那么做？"

"我们需要向前推进，开始做产品。我们浪费了太多时间找想法。"

"所以一方面，你说你应该花上更多的时间去找出正确的解决方案，"哈娜回应道，"另一方面，你又说你们浪费了太多时间去想方案。那这个探索的过程究竟该留多长时间才好呢？"

"嗯，通常很快，一两个星期。而且我通常会事先知道我们需要做什么。我或多或少都会带着团队开始一起做。"

"那如果你不知道需要做什么的时候呢？"

"是的……"里安思索着，"我想我并不知道，从真的一点儿也不知道需要建造什么开始，到找出方案，究竟需要多长时间。在这种情况下，我肯定不知道该怎么做。现在也是。"

"你应该知道吗？"

里安想了想："不，没人知道。"

"好吧。那团队怎么完成任务呢？"

一步一步地，里安开始明白，探索是最让他挣扎的地方，因为不确定性让他焦虑不安。他有强烈的冲动想让他的团队在混乱中就匆忙开始做东西。带着这种新的自我发现，里安可以开始执行一些有助于提高他对模糊性的容忍度的任务。哈娜会让里安从复杂度较低的产品开始，延长他们的探索阶段。即使里安能够独自找到解决方案，他也必须学会停留在第一阶段的展望——生成、发散、不可预测的——认真对待团队提出的非常规想法，即使这些想法与他先入为主的结论不一致。他还必须挑战自己，提出自己的替代方案，提高自己对各种想法的内在开放性。一旦他适应了对简单产品的探索过程，他就可以开始开发更复杂的产品。

最初，目标是减少模糊性带来的不愉快。随着时间的推移，如果掌握得更好，里安甚至可以享受它。

提升团队和组织创造力的四种策略

由于里安是一名管理者，他提高对模糊性的容忍度的努力不仅对他个人有帮助，对他的团队集体也有帮助。管理者是提高团队创造力的最关键的支点。[62] 到目前为止，我们已经看到了具有高度创造性的团队的四个特征。

（1）技能组合、创造性思维类型和背景的异质性
（2）有效沟通
（3）高心理安全感
（4）团队领导者的精心计划

在此基础上，我们增加了以下两个管理者可以用来更直接地提高团队创造力的策略。

培养团队成员的创造性自我效能感

管理学教授葆拉·蒂尔尼（Paula Tierney）和史蒂文·法默（Steven Farmer）发现，"限制创造性人才的成就的最主要的因素，[63] 是他们认为的自己的能力范围的界限"。我们已经看到了创造性自我效能感如何影响我们的创造性产出。我们越相信自

己，我们的创新就越耀眼。

管理者、教师、父母都处在特权地位，他们可以对一个人的创造性自我效能感施加极大的影响。通过公开或私下认可团队成员的创新成就，管理者就能够最直接地提高员工的创造性自我效能感。留意小事，比如一些小的迭代。确保你的员工知道你很欣赏这些改进。

反之，当事情出错时，要小心谨慎地进行反馈，以免无意中削弱员工的创造性自我效能感。把失误看成学习的机会。虽然有时创新想法导致负面结果，仍然要给予肯定，[64] 同时指出下次如何以不同的方式去做。管理者不能打击 [65] 团队的创新热情。当团队成员对自己的创新身份有安全感时，他们就能更好地承担重要发现所需的创新风险。

扩大可能的范围

对各种行为的团体规范形成得很快，比我们意识到的要快得多。当一群人习惯于一起工作时，有时会停滞不前，无法在创新的早期阶段产生足够多的不同想法。对于有凝聚力的创意团队来说，最大的挑战之一就是打破旧有模式。

亚马逊网络服务公司人才与发展副总监、组织动力学博士迈克尔·阿雷纳（Michael Arena）是研究公司如何产生新创意的著名学者。他所说的"发现连接者"是四大关键因素之一：能连接公司内部多个网络的个人，可以让他们的团队接触到更广泛的想法。⁶⁶ 他们扩大了团队的邻近可能性。通过这种方式，他们能激发他人的不同想法。因此，管理者应积极主动地在创意团队中引入发现连接型人才。

杰松·比亚纳·门德斯（Jeizzon Viana Mendes）是 BetterUp 的设计负责人，他经常在他加入的各种产品开发团队中担任这一角色。他是 BetterUp 设计团队和多媒体工作室团队的成员，还经常与 BetterUp 的科学团队 BetterUp 实验室合作。在创意团队中，杰松以清晰、自信和热情的态度沟通各种想法，这让其他人愿意倾听，而不是认为这些想法太遥远而将其排除在外。

除了在多个团队之间牵线搭桥外，杰松还是一个远端思考者。他广泛而自由地发散思维，在传统的产品头脑风暴中引入元宇宙、虫洞和古代文物。像杰松这样的团队成员——他们不一定是团队的领导者——会扩大团队邻近可能性的范围。相比之下，把工作范围限定得太紧的团队，在开始之前就已经注定失败了。

拓宽创意团队的可能性范围，意味着要找到或招聘这些发现者和远端思考者，并在有价值的团队中战略性地配备他们。

工作中的许多创造力都是在团队层面产生和消亡的。但是，周围的组织可以营造一种氛围，促进或抑制创造性的发挥。公司层面的创意"健康"⁶⁷通过企业文化——一系列指导员工行为的共识——得到最有力的传播。例如，西南航空公司的企业文化中就有这样的假设，即员工应发挥幽默感和创造力来解决问题。以下是两种组织层面的策略，有助于提高整个公司的创新能力。

鼓励冒险

伟大的创新进步总是有风险的。确保团队层面的心理安全是增强员工冒险精神的一种方法。另一种方法是在公司层面鼓励冒险。

一些公司树立冒险榜样的方法之一就是设立失败奖。在加布里埃拉工作过的一家数字医疗公司 Castlight Health，曾经有一个奖项专门奖励那些惊人的失败——那些有风险、精心策划却以失败告终的举措。公司的许多人都会聚集在一起，聆听这个奖项的宣布。获奖者的勇气和才华会得到一位高层领导的赞扬，然后他会被请到会议室前台，与大家分享几句话。通常情况下，获奖者会对参与工作者表示感谢，并讲述事后发现的关于出错的趣闻逸事。聚集在一起的人群会欢呼雀跃，拍一拍获奖者的后背，然后回到各自的团队，继续艰苦的创新工作。

在 BetterUp，季度"真知灼见奖"也有类似的作用。任何员工都可以向创始人提交这些业务改进想法，供其考虑。点子的范围很广，从改进产品的方法到招聘顶尖人才的新方式。员工可以为公司的任何部门提出这些想法。创始人将在全员会议上宣布获胜者，并给予现场奖金，无论该想法是否会被采纳。这样做是为了表彰勇于创新的员工。

将每个人都视为创意者

在企业中,如果某个领域被特定为是"创造性"的,其他团队的创造性会受此影响而大打折扣,这一点不足为奇。与此同时,世界上类似西南航空这样的公司鼓励全体员工为组织的成功做出创造性贡献。这些公司将在动荡不安、日益全球化的竞争中占据优势。他们的员工将利用自己的业余时间,满怀信心地从企业的边缘引导创新。他们将寻求更多更大的挑战,因为每一次成功都会带来更多令人兴奋的问题。

每个工人都有我们需要的硬件来发挥创造力。我们需要这样。未来的工作将非常复杂。每一位员工只要有足够的信心、乐观和韧性去接受挑战,就能在破解一个特别难的谜题、推出一个特别具有突破性的产品或解决一个特别棘手的客户投诉点时获得快乐。

一方面,创造性工作具有个人性和内省性。我们自己的无意识过程,就像指纹一样个人化,我们需要从中获益。我们的创意源于我们的个人经历和独特想象力,通过我们的价值观进行交汇和诠释,并以我们的使命感为动力。

然而,在工作中,创新通常不会单独发生。我们需要接触到同事们的各种临近可能性,以及他们和我们互补的整合、拆分、主体–背景反转与远端思维。我们需要管理者的鼓励和周围组织氛围的支持。这种跨越个人、团队和组织层面的复杂生态系统，最终决定了创造性工作的成败。

这种变化已经在领先的公司开始了，比如西南航空公司或奥多比（Adobe），在那里，创造力是核心的领导技能。[68]

此外，还有一种不同类型的组织变革，大多数公司还没有意识到需要发生。想要充分发挥员工潜力的公司需要在其组织设计和流程中反映这一愿望。关于这个话题，我们用最后一章来阐述。

第 10 章

为未来的职场
做好准备

也许有一天，我们的孩子在进入职场时就已经掌握了本书所描述的技能：韧性、认知灵活性、情绪调节能力、创造性、自我效能感、高级社交技能。实际上，这些技能在孩子较小的时候就能最有效地获得。

我们如何思考，我们为何做出选择，我们如何改变，我们需要什么样的认知能力才能过上健康、有意义的生活——它们是我们生存和成功的关键。

1880年，亨氏公司工厂的腌制女工阿格尼丝·麦克卢尔·邓恩（Agnes McClure Dunn）升职了。

年仅30岁的阿格尼丝已经经历了好几段人生。她的第一段人生是在爱尔兰度过的，她就出生在那里。移民到美国后，她十几岁就参加了工作，在内战时期的一家军需厂的生产线上劳作。但战争结束后，工厂关闭了。辗转之下，阿格尼丝找到了一份更为传统的裁缝工作，这份工作她一干就是十年，直到亨氏公司开张并承诺给工人以更大的发展可能性和稳定性。

计划变了又变：加入亨氏公司后不久，阿格尼丝就离开了，去结婚和操持家务。至少她是这么想的。但丈夫突然间去世，留下她独自一人抚养生病的父亲和年幼的儿子。[1] 阿格尼丝又回到了腌制行业。

她的故事既平凡又不平凡。在她身边，在亨氏公司卡拉拉玻璃桌旁的椅子上，还坐着数百名妇女，她们用木勺舀起泡菜，麻利地把干净的罐子装满。她们是移民、战争遗孀、在新的工业生活中摸爬滚打的乡下姑娘。她们中的每一位都在社会、政治和个人动荡的浪潮中颠簸起伏。每个人都走过了一条坎坷的道路。

亨氏公司的创始人亨利·海因茨对于这些挑战并不是一无所知。与大多数19世纪的工业家一样,他发现自己的企业受到工厂工作的人员流失所造成的高离职率的困扰。然而,与大多数人不同的是,海因茨相信自己能够提供帮助。

于是,1880年,亨利·海因茨将阿格尼丝晋升为"家庭工厂女工"的总领班。他就这样在工厂中设立了第一个专门负责改善工人福利的全职岗位。阿格尼丝被称为"妈妈",她在更衣室附近的摇椅上主持工作。尽管她的地位很高,但她和她主管的女工们一样,穿着工厂的围裙,戴着工厂的帽子。她负责所有亨氏公司女员工的招聘、面试、录用和咨询工作。工人生病时,阿格尼丝会把医疗账单转给相应的主管。她会登门拜访女工们。有一个月,她参加了不下20场工人的婚礼。

"海因茨先生想让我照顾的这些姑娘们都是阿格尼丝的翻版!"阿格尼丝曾经说过,"她们和我一样,走在崎岖不平的老路上。我理解这些人,和我一样平凡,她们也理解我。"[2]

1924年,阿格尼丝因肺炎去世,她为亨氏公司工作了51年。在她葬礼的当天下午,亨氏公司在美国、加拿大和英国的60家工厂全部停工,以表达对她的敬意。[3]

今天,阿格尼丝妈妈的遗产在各大公司的人力资源部门得以延续。现在,数以百计甚至数以千计的人担任着阿格尼丝曾经独自承担过的各种角色。现代企业普遍认为，对员工的健康和幸福的投资很关键，通过它，可以让员工取得更大的成功。亨利·海因茨的做法如今已成为常规，而非例外。

我们现在比以往任何时候都更需要帮助。美国有一半的工人精疲力竭，每年有数十万人因工作压力而不必要地死亡。这种压力也在破坏我们的人际关系，而人际关系对我们的幸福至关重要。我们在激流世界中苦苦挣扎，而不是蓬勃发展。人力资源部门是公司中最明确的负责支持员工的部门。正如我们现在已经详细了解到的，要想在当今的工作中取得成功，我们就必须拥有明日心智所具备的PRISM能力。在这方面，人力资源部门将是我们在企业中最大的盟友。

然而，正如有关压力和职业倦怠的统计数据所显示的那样，企业在这方面普遍存在不足。失败的原因有很多。其中一个原因深深地扎根于人力资源部门的结构之中，以至于很少有人能注意到它。这一结构性的问题源于阿格尼丝的时代，与员工蓬勃发展关系最为密切的两项人力资源职能——一项是福利，另一项是学习和发展——是从两个截然不同的历史传统演变而来的，时至今日，这两项职能在某种程度上仍然是孤立的。

在本章中，我们将首先概述这个问题的轮廓，因为大多数人都对它并不熟悉。我们将说明为什么我们认为这种互相孤立的双重结构会使企业难以实现全面蓬勃发展，以及为什么单独使用两者中的任何一个都是不够的。然后，我们将探讨阻碍企业蓬勃发展的其他组织性障碍，最后提出解决方案。

社会福利传统：救助苦难者

在第 1 章中，我们了解到工业工厂恶劣的工作条件是如何在 19 世纪末 20 世纪初导致酗酒现象急剧增多的。我们还认识了芝加哥商人罗伯特·劳（Robert Law），1863 年，他将一名酗酒的员工带到家中，帮助他戒酒。与阿格尼丝一样，罗伯特也将员工视为自己所看护的人，希望保护他们免受身体和心理伤害。如今，由这种家长式传统发展而来的人力资源职能部门被命名为员工福利部。福利部（如果他们还负责薪酬标准的话，那就是薪酬福利部）的副总监通常向公司的首席人力资源官（CHRO）汇报工作，而首席人力资源官又向首席执行官汇报工作。

从历史上看，福利团队负责的与员工情绪健康最相关的服务有两类：员工心理援助计划（EAP）和医疗保险。大家应该还记得，在第 1 章中，随着公司戒酒计划（如罗伯特的戒酒计划）的普及，各企业将其纳入了 EAP 这一说法委婉的保护伞下。随着时间的推移，这项计划逐渐涵盖了对药物滥用之外的更多心理疾病的支持。现代 EAP 提供抑郁、焦虑、育儿和人际关系挑战以及工作场所暴力方面的咨询。97% 的大公司为员工提供 EAP，通常包括免费咨询和心理保健转介。

尽管 EAP 广泛存在，但其利用率却低得可怜。成见是使用 EAP 的主要障碍，因为员工担心通过雇主而获得心理健康服务会遭受评判甚至惩罚。如今，仅有 4% 的员工使用 EAP 服务，远远低于本可从中受益的人数。[4] EAP 最初被设计为在暗处使用的私人的保密服务，现在仍然带有强烈的"矫正"烙印。

除了 EAP，福利团队还通过医保为员工提供心理健康福利。严重的精神障碍可由 EAP 转介给保险计划内的治疗师或精神科医生。雇主医疗保险起源于第二次世界大战后，当时联邦政府为企业提供税收减免，以帮助它们在政府管制工资的情况下吸引员工。临床医疗占公司所有心理健康支出的绝大部分。保险涵盖心理咨询、精神病治疗、住院精神病治疗和精神科药物。许多 EAP 甚至隶属于医疗保险，由同一家母公司管理。

所有这一切都意味着，员工已经开始将 EAP 和心理保健福利视为针对那些已经处于很糟糕状况中的人的计划。能够获得这些服务，员工们很感激——这是阿格尼丝梦寐以求的服务——但他们往往会把雇主提供的任何标有"心理健康"字样的服务理解为对精神疾病的委婉说法。因此，尽管福利团队付出了巨大的创造性努力，并进行了日益多样化的投资，但它们仍然很难改变员工的观念，即它们的职能是管理补救，而不是促进发展。

学习与发展：提升能力

学习与发展部门的历史与福利部门一样，始于工业革命。在此之前，工人们要么在工作中学习，要么在一对一的学徒制中学习。但随着工业化的发展，工厂需要跟上前所未有的生产节奏，因此开始为更大的群体提供培训，教室往往就设在工厂的车间外。

快速、高效地接纳大量人员的需求与当时流行的"科学管理"原则不谋而合。"科学管理"的主要倡导者是机械工程师弗雷德里克·泰勒。泰勒认为，机器已经大大提高了生产效率，下一个合乎逻辑的步骤是提高操作机器的人的效率。通过实证研究，可以开发出最佳实践，以减少工作浪费，最大限度地提高生产率。泰勒的观点逐渐演变成现代人力资源的学习与发展团队所拥有的一些职能。学习与发展团队负责员工的培训、技能提升、学习和专业成长，以提高绩效和生产力。学习与发展副总监（有时也称为人才副总监或人才与发展副总监）通常向首席人力资源官报告，与福利副总监同级。

泰勒的方法是机械性的，考虑到他的专业背景，这一点不足为奇，但令人遗憾。他优先考虑工业工程、业务流程管理和物流方面的研究成果，而不是心理科学方面的研究成果。泰勒把人当作一种机器，忽视了工作中深层次的人性。尽管存在缺陷，但他的体系几十年来一直具有影响力，并产生了持久的效果。

今天，许多现代企业培训仍在忽视人类是如何学习和改变的。以下是企业教学设计中的几个常见问题。

（1）使用长时间、一次性的课程，而不是长时间、多次重复的短期课程。泰勒的同时代人、心理学家赫尔曼·艾宾浩斯（Hermann Ebbinghaus）在当时就已经证明，如果不重复，我们在一次性的培训后几乎会遗忘掉所学的一切——到一个月后的遗忘率就已经高达90%。大多数商业培训都是冗长的研讨会。这对于可以一次性上传大量数据的机器来说也许是可行的，但对人类却行不通。

（2）采取一刀切的方法。没有两个学习者是相同的，他们的优势、积极性和知识储备都不一样。大规模的培训，把每个学习者都当作一个相同的齿轮来对待，会让一些人感到乏味，让另一些人望而却步，也无法激励大多数尚未做好准备的人。

哈佛大学商学院教授迈克尔·比尔（Michael Beer）创造了"培训大抢劫"一词，用来形容企业在无效培训上浪费的巨额开支。多达 90% 的企业学习计划都存在这样或那样的设计缺陷，从而最大限度地降低了培训效果。[5] 二十国集团（G20）国家的企业[6]每年在这些项目上的花费约为 4000 亿美元。

3600 亿美元就这样化为乌有。

帮助员工成长的挑战

从表面上看，前面这两种方式——一种最初是家长式的，一种注重生产力——几乎没有共同点。在许多现代人力资源部门，这两项职能仍然是部分或完全孤立的，一个关注员工健康，另一个则关注绩效。

然而，这种一分为二的做法的历史原因早已不再适用于我们今天的工作。在激流中，我们的情绪健康和职业发展需求紧密相连。在我们与巨大的不确定性做斗争的过程中，压力管理所需的技能与实现职业可持续发展的技能是相同的。例如，没有情绪调节，现代专业人士就不可能在领导岗位上取得成功，就像不解决职业动荡问题，他们就不可能战胜焦虑一样。然而，许多当今最紧迫的员工问题，如职业倦怠、感到孤独和缺少归属感等，却恰恰处于这两种不同职能的边缘。

福利与人才部门中具有前瞻性的高管，包括我们有幸合作并在研究中向之学习的许多人，都在努力通过频繁的沟通与合作来弥合这一差距。他们向首席人力资源官汇报工作，而首席人力资源官也同样了解这种动态，并在高层树立合作的典范。

然而，在许多企业中，福利部门和学习与发展部门各自为政，仍然是企业实现全面蓬勃发展的重大挑战。2017 年，加布里埃拉在美国最大的几家公司中对这一差距进行了研究。她的目标是了解每个部门如何看待自己的工作与其他部门的工作的重合之处。

答案很难找到，因为这些职能对口部门往往对彼此的团队知之甚少。例如，一位长期在一家大型零售商的福利部门任职的主管认为，员工抗压能力属于她的团队的职责范围，只是她最近看到了一封电子邮件，内容是关于学习与发展部门开设的抗压能力课程。她不知道学习与发展部门到底有谁，除了最高主管外，她叫不出学习与发展部门里任何人的名字。这种情况并不罕见。即使提及姓名和头衔，同行们也往往认不出对方。

有时，这种划分甚至会产生领地主义。在不同部门各自为政的组织内部，当两个职能部门都认为自己是同一工作的合法拥有者[7]时，往往会出现领地主义。压力管理计划是韧性培训的一种方式，它提供了一个有用的案例：如今，所有的 EAP 都包含某种形式的压力咨询[8]。此外，有些福利团队还投资独立的压力管理或抗压能力培训解决方案。这是有道理的，因为有心理健康问题的人很难应对压力，而且韧性往往较低。我们还知道，培养抗压能力有利于提高工作效率和留住人才，而管理者和领导者对其团队福祉的影响巨大。基于这些原因，领导层接受这方面的额外培训——一种和学习与发展相结合的管理培训——同样是有道理的。

就在新冠疫情发生前不久，在一家《财富》100强公司，学习与发展团队向他们的首席人力资源官提交了一份针对领导者的抗压能力培训提案。当福利部门知道后，他们提醒首席人力资源官，福利部门已经有了一个提高韧性的项目来降低员工的压力。增加另一个项目可能会让大家感到困惑。首席人力资源官并没有让所有人都参与讨论，而是直接放弃了这一想法，结果导致领导者们没有参加更强大的项目。现在看来，那时是培养领导能力以帮助团队渡过疫情难关的最佳时机。

我们观察到，新冠疫情困境中的一线曙光是人力资源部门内的合作得到了加强。疫情引发了员工及其家人心理需求的浪潮，世界各地的人力资源团队争相提供帮助，常常牺牲周末时间为员工服务。我们第一次发现，自己与福利部门副总监，以及学习与发展部门的副总监同时进行了视频通话。在新冠疫情的战壕中，他们的团队坚守着防止情绪混乱的防线，在彼此身上找到了急需的盟友。这种混乱属于学习与发展部门的职责范围，因为它影响着每位员工的绩效；但它也属于福利部门的职责范围，因为它包含深度的心理风险。

在这种情况下，合作面临着新的挑战。福利团队和人才团队有不同的成功衡量标准，这些标准与他们的组织职责相对应。福利团队被期望严格管理医疗支出，并经常为此雇用精算师。从他们的角度来看，如果一个与员工蓬勃发展相关的项目使得需要去看治疗师或精神科医生的人数减少了（换言之：避免出现 –10），那么它就是有效的。相比之下，学习与发展部门根本就无法看到医疗账单记录，更不用说追踪它们了。对学习与发展部门而言，最重要的指标包括生产力、创新性和员工保留率（换言之：提升到 +10）。

理想的情况是，这种分歧会产生一种创造性的张力，从而导致更全面的设计。我们可以想象，福利部门副总监和学习与发展部门副总监可以集思广益，共同设计和提出解决方案，以同时实现两个团队的目标。促进企业蓬勃发展的项目，事实上可以同时改善医疗支出和绩效指标，但前提是它从设计之初就要把达到这一点设为目标。

遗憾的是，根据我们的经验，在实践中，两个团队往往会选择其中一个职能部门作为主导以求更快速简单地解决分歧。无论哪一方最终为给定项目提供资金，都会自然而然地主导项目的设计和成功指标。然而，当我们把一种结果看得比另一种结果——"生存"比"繁荣发展"——更重要时，计划的关注点就会相应地变窄，组织的收益也会相应地缩小。

打造积极主动、蓬勃发展的团队和组织

EAP 和大规模工厂培训都是对已然紧迫的需求做出的应对反应。这种被动应对的姿态是历史的遗产。然而，正如我们在第 3 章中所看到的，最有效的健康干预方式是一级预防：从一开始就防止个人患病。一级预防的效果最好，成本最低——只要我们有勇气根据未来可能出现的结果，现在就采取行动。换句话说，致力于员工发展的职能部门必须像员工个人一样，接受展望。随着市场周期的不断变化，我们需要我们的企业领导者在人力资本方面始终保持超前意识，了解未来的变化将如何影响他们的员工队伍，识别能够缓解动荡的技能，并对员工进行培训。

在身体健康领域，福利团队在前瞻性思维方面处于领先地位。他们致力于确保医疗保险涵盖所有政府推荐的预防保健服务，例如免疫接种。他们向专家和首席医疗官寻求预防和促进健康方面最新趋势的指导。福利团队提倡提供健身房会员资格等服务来帮助员工避免心脏病，或者提供戒烟指导来预防肺癌。这样做，既延长了员工的寿命，又降低了个人和企业的医疗成本，真正实现了三赢。

与此相比，在心理蓬勃发展领域的一级预防方法通常较为单薄，也更难获得。为什么会这样呢？

答案是多方面的。我们之前已经看到了其中的第一个障碍。管理疾病成本（福利）和管理成长指标（学习与发展）之间的结构性分割，对采取积极主动的态度所需的全面视角构成了挑战。在身

体健康方面，并没有一个和学习与发展部门相对应的单独的人力资源部门，其唯一的工作重点就是帮助员工从没有生病到身体非常健康（从 0 到 10）。在心理蓬勃发展领域，将补救和成长划分开来可能会使两者都受损，并使人们很难定位将两者结合在一起的核心技能。

实施一级预防的第二个障碍源于对人类心理学的根深蒂固的信念。仍然有少数有影响力的企业领导人并不把员工的心理健康视为自己的责任。也许他们是在缺乏员工支持文化的公司中成长起来的。即使在某种程度上他们认识到蓬勃发展的员工表现更好，他们也可能看不到改变现状的理由。言下之意是："我没有体验过这样的文化，但我过得也不错。"一些人指出，EAP 使用率低——这可能是成见的产物，在某些情况下，服务质量低——是员工不需要帮助的证据。

证明心理健康预防计划的投资回报是一项巨大的挑战，这是第三个障碍。任何人力资源计划都需要预算，而抗压能力辅导或创新培训等大额项目最终都会落到首席财务官或其副手的桌上。首席财务官们讲求效率。"购买这项云服务，为您公司节省的服务器成本比付费多"或者"与这项客户收入管理服务签订合同，为您的销售人员节省 25% 的日常工作时间"。

蓬勃发展涉及的不是效率，而是有效性。高效率的解决方案是更快地取得同样的成果，并将浪费降到最低，而有效的解决方案能让我们获得最佳结果。快速建立融洽的关系和展望等技能可以防止不良结果的出现，同时提高业绩和员工留任率。要证明这些因果关系链，需要建立统计回归模型，熟悉常用的心理测量方法，并对精神疾病的流行病学有一定的了解。这与标准的商业案例完全不同。它很复杂，因此很容易被认为效果微小，不值得投资。

蓬勃发展也需要时间。只关注短期利益的企业文化不会热衷于为员工蓬勃发展买单。短期主义是员工在工作场所蓬勃发展的敌人，因此也是绩效、生产力和可持续成功的敌人。另外，员工蓬勃发展所带来的长期生产率收益将数倍于投资回报。

当然，一个最大的讽刺是，那些既无效率又无效果的项目，却不知何故还是通过了立项，企业已经为此花费了大量资金。还记得那化为乌有的3600亿美元吗？这些钱是怎么通过首席财务官审核的？

这种程度的投资表明，大多数企业认为他们应该要有所行动。这是好消息。但是，参与批准重大投资的主要人员，包括采购、财务、法务，甚至许多人力资源部门的人员，通常并不具备专业技能，无法确定哪些产品能起到推动作用。要分清哪些是有据可依的，哪些只是纸上谈兵，并不容易。对于非专业人员来说，自然会倾向于选择最便宜、功能最齐全的产品。在没有能力权衡一种产品与另一种产品的性能和福祉影响的情况下，花哨的功能往往代替了价值。

所有这些都与积极主动让员工蓬勃发展的方法的第四个也是最后一个障碍有关，即对将现有的行为科学研究转化为实践的担忧。这一论点认为，我们真的知道足够多而能够确认哪些心理技能对成功——不仅仅是今天，而且是未来的成功——最重要吗？这些技能可以同时降低患心理疾病的风险吗？科学是否足够精确以指导投资？

我们相信，正如本书前九章所述，这些问题的答案是确切无疑的。我们拥有 30 年的数据，记录了改善心理健康与降低各种身心疾病风险之间的关系，并详细介绍了有效的干预措施。在应用科学方面，我们的行业正在开发第三代或第四代基于证据的新型的干预措施、平台、工具和服务，以支持员工的成长和幸福。一路走来，我们学到了很多。我们的研究表明，员工需要具备五种关键的心理技能，才能在日益动荡、全球化和自动化的行业中取得成功。企业可能无法立刻应对所有这些挑战。但是，我们已经掌握了开始工作所需的所有证据。

所有这些障碍——商业案例的复杂性、补救和成长之间的分歧、将行为科学转化为实践的不适——都使公司很难对员工福祉采取一级预防措施，这是可以理解的。但这些障碍是可以克服的。

那么，替代方案是什么样子的呢？

首先，我们可以向那些将目光投向员工蓬勃发展的领先企业学习。这些企业通过最高领导层的合作，努力弥合福利部门和学习与发展部门之间的差距。希尔顿集团就是一个例子。希尔顿集团的学习与发展部门和福利部门的高管们结成伙伴关系，从员工蓬勃发展的共同预期成果出发，全面考虑员工最需要的支持。结果如何？公司一直被评为全球最佳工作场所之一，经常击败利润率更高的企业获得这些荣誉。希尔顿集团的成功表明，并不是要在员工体验上花更多的钱——不需要在工作现场提供高尔夫球场或干洗等福利——而是要花得更聪明。用希尔顿集团首席运营官劳拉·富恩特斯（Laura Fuentes）的话说："对我来说，归根结底，不是要创造一种工作体验或员工体验，而是要创造一种人文体验，让人们感觉到他们被看见、被欢迎、被倾听、被照顾，他们可以照顾自己的家人和爱人，他们属于比自己更伟大的东西。"[9] 一个大胆的愿景需要跨领域的合作。

Visa前首席风险官、BetterUp顾问、斯坦福大学商学院讲师迈克尔·罗斯（Michael Ross）强调，需要将这种全面的方法深入到人力资源的网状结构中，从工具到流程再到衡量标准，以建立欣欣向荣的企业。他说："如果不这样做，就只是纸上谈兵。例如，积极主动型组织的一个核心理念是，如果员工不能蓬勃发展，他们就无法发挥自己的职业潜能，企业也无法获得最大回报。因此，任何以员工绩效和潜能为目标的战略规划，不仅应包括学习与发展部门以及人才部门，还应包括福利部门。"罗斯说："从心理健康支持到绩效辅导，通过更全面地了解员工的福利需求，现代人力资源职能部门可以共同帮助员工最大限度地提高绩效和潜能，并创造一种让员工真正蓬勃发展的企业文化。"

在其他企业中，利用现有的结构和流程可能还不够，在这种情况下，可能需要采取更加激进的方法。这种方法将在结构上把那些负责员工成长的部门，包括福利部门和学习与发展部门在内的大部分部门，都统一为一个单位，我们称之为员工成长团队

(ETT)。员工成长团队将负责每位员工的身心健康、个人成长和职业发展。从投资者、客户到高层领导,各种利益相关者都将依靠员工成长团队来保持公司最宝贵的资产——员工——的优势,为迎接即将到来的不可预见的挑战做好准备。该团队的主要成功指标将包括PERMA、组织中的要紧感、韧性、创新性和展望能力等衡量标准。其主要投资将由精通行为科学的决策者审查和批准,重点放在一级预防上。任何计划的持续投资都将取决于员工成长团队最重要指标的可衡量的改善情况:员工留任率、绩效和医疗成本。这种重大的结构转型还需要人们认真思考,为了保持该团队的工作重心,需要将目前属于福利部门和学习与发展部门的哪些职能划分出来。

对人力资源进行如此大幅度的重新安排——无论是通过结构调整,还是通过学习与发展部门和福利部门之间密切而频繁的合作——不仅需要首席人力资源官的支持,还需要首席执行官甚至董事会的支持。这些领导者需要对员工队伍的准备情况有一个共同的愿景,将员工的蓬勃发展和灵活性作为公司应对未来日益增长的不确定性的最坚实的堡垒。

也许有一天,我们的孩子在进入职场时就已经掌握了本书所描述的技能。这里所讨论的许多能力——韧性、认知灵活性、情绪调节能力、创造性自我效能感、高级社交技能——实际上在孩子较小的时候就能最有效地获得。我们如何思考,我们为何做出选择，我们如何改变，我们需要什么样的认知能力才能过上健康、有意义的生活：对于我们这一代人来说，这些都不是可有可无的话题。它们是我们生存和成功的关键。在工业革命的最后阶段，我们的先辈进行了重大的教育改革，[10] 帮助学生为新形式的工作做好准备。

如今，全球各地充满热情、具有前瞻性思维的教育工作者、管理者和立法者都在努力将蓬勃发展的主题引入各个层面的课堂，同时还要处理好他们自己的情绪劳动以及在激流中感到不适带来的负担。他们需要我们的支持——作为家长，作为社区成员，我们要帮助下一代以饱满的精神状态迎接挑战，蓄势待发。

结　语

最近，经常有首席执行官和首席运营官向我们咨询，新冠疫情如何重塑了我们的思维。疫情如何改变了工作？如果我们想要在新时代中取得成功，这些变化又意味着什么？我们需要什么样的心理能力才能驾驭后疫情时代？

要想回答这些迫切的问题，就需要进行主体 – 背景反转。疫情代表了激流世界的一种极端版本，但它在类型上与已经发生的革命并无不同。新冠疫情对我们经济的广泛影响之所以成为可能，完全是因为经济早就存在的性质：全球性、偶然性、不确定性。

作为对比，请看 1918 ～ 1920 年间的西班牙流感，当时全球有 4000 万人丧生，占世界总人口的 2%。（死亡人数相当于今天的 1.6 亿，是对新冠疫情发生后前两年的死亡人数的最高的估计数字的十倍以上。）尽管西班牙流感造成的死亡人数之多令人难以想象，但它对经济的影响却相对较小，相关的 GDP 下降了 6%～8%。[1] 它造成的经济挑战主要是地方性的，因为真正的全球经济尚未形成。西班牙流感的影响受同时代工作世界[2]的制约。

我们的世界与之前不同，新冠疫情的影响也已初见端倪，加速了已经发生的动荡。我们以前认为世界变化很快，但新冠疫情向我们展示了，变化的速度比我们认为的还要快很多。据麦肯锡全球研究所估计，疫情将使职业转型的速度加快25%。（为了得出这个数字，他们模拟了疫情引发的三个主要趋势[3]所导致的800种职业的更替变化：人工智能的加速应用、电子商务和快递业的增长，以及工作地点和旅行的变化。）我们已经在高速跳踢踏舞，而现在音乐的播放速度快了25%。

我们正以25%的增速走向失业、工作变动和角色转变。现有技能的保质期本来就短暂，而现在过期的速度将加快25%，尤其是对那些工资较低的工人而言。我们已经看到了这些变化给人类带来的高昂代价。在失业后的一年里，死亡率增加了50%～100%。[4] 自杀、抑郁、药物滥用和焦虑[5]的发生率都会随着失业而急剧上升。

所有这一切，在整个人口中，加快了25%。

仅在过去几年中，全球就有数以亿计的工人被这种不断加剧的不确定性所困扰。悲伤、恐惧、昏昏欲睡、注意力不集中、忧心忡忡——听起来耳熟吗？自疫情开始以来，焦虑和抑郁症状的出现增加了400%，尤其是在年轻人、有色人种、工作在一线的关键员工⊖和母亲⁶当中。药物滥用的发生率和自杀倾向也急剧上升。其中部分原因是第一波失业和工作转型——事实上，在疫情期间失去工作的人群中，焦虑症和抑郁症的发病率明显更高。但是，即使对于那些工作和职位尚未改变的人来说，周围的社会隔离、不确定性和不断变化的环境也会增加他们的情绪波动。

我们不必，也绝不能成为牺牲品。

我们拥有特殊的历史优势，为我们的前行提供了一条新的道路。与工业革命时期的工人不同，他们在经历巨大的劳动变革的同时，在药物滥用和焦虑中苦苦挣扎；与智人不同，他们向农业的过渡预示着我们的日常工作与我们进化适应的劳动类型之间的第一次重大的不匹配；今天，我们拥有丰富且不断增长的证据来帮助我们自助。

也许我们现代大脑存在数万年来最人性化、最具变革性的产物是了解如何在心理上适应我们自己创造的不人性化的条件。技术创新让生活变得更快，让生命变得更长久。它创造了大量财富，但它并没有让我们蓬勃发展。行为科学在混乱中提供了一条生命线，它们为我们打开了一扇通往更快乐、更充实的生活的大门。

我们知道在未来几十年的工作中需要什么样的技能才能蓬勃发展。首先，我们需要非凡的心理韧性，让我们能够从这些对我们福祉的极端挑战中恢复过来，安然无恙。这种能力的核心是认知

⊖ essential worker，在企业关门期间仍然工作以满足运营要求的工作者。比如医护、保洁、超市收银人员等。——译者注

灵活性，能够识别和适应个人与组织的新机遇。我们需要与我们存在的根本原因——一种强烈而稳定的要紧感——建立深刻的联系，为我们在工作和家庭中的艰苦适应提供动力。我们将需要彼此——作为同事、领导者和朋友——帮助我们在日益复杂、相互依存的现代工作环境中取得成功。我们还需要我们的人际关系来保护我们不受社会隔离的伤害。

不再有古老的、紧密团结的狩猎-采集者社区作为我们的依靠了。然而，我们可以掌握必要的技能，让自己即使在这种异常动荡的环境中也能迅速与他人建立联系。此外，激流世界虽然存在种种心理挑战，但为我们提供了发展两种人类独特超能力的机会：展望能力和创造力。工业革命时期，重复性、齿轮式的工作使工人失去人性。与此形成鲜明对比的是，我们当前的转型要求我们重新找回最能体现人性、最具创造力的能力，以实现蓬勃发展。展望能力是我们这个时代的元技能。我们的前瞻技能越精湛、越准确、越全面，我们在不断变化的时代中的自决能力就越强。只要擅长展望的个人、团队和组织能够预见未来，然后做出创造性的回应，那么他们就将在激流世界中获胜。创造力不再是艺术家或工匠精英的专利。今天，所有的工作者都必须成为创造者，观察新趋势，寻找创新对策。在各个层面培养创造力的组织将获得超额回报，否则就会落后。

作为个人，我们每个人都可以培养 PRISM 能力：展望能力，韧性和灵活性，创新性和创造力，通过快速建立融洽的关系的方式建立社会联结，以及要紧感。通过自我指导、与教练和培训师合作，或者与同伴和朋友一起练习，本书的每一位读者都可以获得这些能力。每一个向明日心智前进的人都会让我们写这本书的努力变得更值得。

从这一新的有利视角出发，我们还可以通过组织变革，更显著地加快员工蓬勃发展的步伐。全球每年在员工培训上花费[7]约4000亿美元，主要用于磨炼那些很快就会过期的技能。美国雇主则每年为每位患有精神疾病的员工额外支出15 000美元。[8]重新配置我们的组织，不再将员工的专业需求和心理需求割裂开来，而是积极主动、全面地关注本书所概述的人类的这些持久的能力，将从根本上降低这些成本，并以可持续绩效和创新的形式产生超额回报。

人本主义心理学的先驱马斯洛，在他生命的最后十年，将注意力转向了工作场所。在1965年出版的著作《马斯洛论管理》（*Maslow on Management*）中，他对这一转向做出了如下解释：

> 我早就放弃了通过心理治疗来改善世界或整个人类的可能性。这是不切实际的。事实上，这在本质上是不可能的……之后，为了实现我的乌托邦式的目标，我把目光转向了教育，将其作为通向整个人类的途径……直到最近我才恍然大悟，原来与教育同样重要，甚至更重要的是个人的工作生活，因为每个人都在工作。如果心理学、个人心

理治疗、社会心理学等方面的经验能够应用到人类的经济生活中,那么我希望这也能给人一个启发的方向,从而能影响全人类的一些基本原则。[9]

60年后,在心理学、精神病学、组织行为学、行为经济学、神经科学等数十万项研究的支持下,我们掌握了实现马斯洛愿景所需的科学知识。在激流中蓬勃发展不仅是可能的,而且对于员工个人和组织来说都是触手可及的。我们只需抓住现有的工具,努力发展我们的明日心智。

变化一天比一天更快。你将如何应对?

附录　全人模型评估

BetterUp 是一个虚拟平台，通过为用户提供专业辅导、符合用户需求的内容资源以及其他学习和发展体验，促进个人成长和发展。全人模型评估是 BetterUp 专有的测评方法，用于全方位衡量职场人士的个人和职业发展。BetterUp 开发的全人模型评估能够全面综合地衡量对个人幸福和工作成功至关重要的思维模式、行为和成果。它满足了两个主要需求：①提供了一个具有强大心理测量特性的幸福感和领导力的综合测量方法；②提供了一个可操作的、以发展为重点的报告。全人模型评估是为个人和职业发展而开发的。它不是为了用于选拔决策而开发出来的。

本附录接下来的部分详细介绍了评估的开发和验证过程。完整的技术报告可通过 BetterUp 网站得到。

在对组织、发展和积极心理学领域的学术文献进行了深入回顾的基础上,全人模型的开发始于 2018 年。在对已发表的研究,特别是以目标设定、幸福感和领导力为重点的文献进行全面回顾后,我们确定了个人和职业成长的近端和远端指标,并对其进行了分类。作为文献综述的一部分,BetterUp 实验室的心理测量团队确定了全人模型的常见和广泛使用的测量方法,这反过来又为起草涵盖广泛类别的初始项目库提供了指导。BetterUp 的心理学家、科学顾问和企业领导的反馈意见帮助进一步完善了初始项目库。全人模型评估的整体结构在各行各业具有代表性的专业人员样本中进行了验证,既包括普通员工,也包括管理者。

为了开发测量全人模型各组成部分的项目和量表,BetterUp 实验室的成员遵循了美国教育研究协会于 2014 年颁布的《标准》(*Standards*)中列出的最佳实践。设计全人模型的第一步是迭代地确定需要在模型中包含、删除或修改的结构。BetterUp 为此进行了文献综述,并与主要利益相关者和行业专家进行了讨论。总体而言,根据初始验证团队丰富的专业知识、从 2016 年至 2018 年收集的现有数据的实证分析,以及对利益相关者访谈的评估,BetterUp 选择了具体的模型。由九名工业或组织心理学家组成的团队(其中包括 BetterUp 实验室成员、承包商和大学老师)开发了一个假设模型。BetterUp 开发全人模型的目的是在辅导过程中设立初始值、提供反馈和追踪发展。鼓舞人心是核心的领导行为,蓬勃发展的状态则代表个人幸福,而最初设想中的全人模型结构包括这两项的高阶因子。思维模式和成果,与作为变革目标的核心行为直接或间接相关。与蓬勃发展和鼓舞人心有关的因素被假设为由三到四个较宽的维度组成，每个维度又由两到三个较窄的子维度组成。在最终确定了"蓬勃发展"和"鼓舞人心"成分的假设结构后，BetterUp 心理学家为所有结构编写了操作定义。

根据假设的全人模型评估结构，我们编写了项目来衡量相关的"思维模式""蓬勃发展的行为""鼓舞人心的行为"，以及"成果"。我们还特别注意根据受访者是普通员工还是管理者来创建衡量领导行为的替代表格。所有项目分别由两名不同的团队成员进行汇编、审核和修订。根据审核后进行的讨论来解决问题并按需要删除项目。最后创建了 345 个项目，并对具有代表性的验证样本进行了测试。此外，在验证样本中还同时使用了以前验证过的现有心理测量量表，以评估全人模型的判别效度和收敛效度。

为了确认全人模型的结构，我们招募了 1030 名符合要求的工作者参与。所有有资格参与验证研究的参与者之前都完成过 BetterUp 的其他研究，这让我们可以获得额外的评估分数。总体而言，我们的样本中有 57% 为男性，平均年龄为 39 岁，平均工作年限为 6 年，每周工作 42 小时。其中包括领导者 485 人，普通员工 545 人，以便对两种不同的领导行为评估表进行适当评估，根据参与者当前的职位，指导他们选择合适的领导力评估版本。

最初进行的项目分析是为了从全部 345 个项目中找出并删除表

现不佳的项目。这通过评估由相关项目组成的量表的平均值、标准差、偏度、峰度、项目间相关性、项目总相关性和内部一致性来确定。如果项目的平均值过高、标准差过低、偏度和峰度值过高或项目间/总项目相关性过低（包括相对相关性和绝对相关性），则该项目被视为表现不佳。总之，我们测试了每个量表中的项目是否有足够高的相关性，以确保每个项目集的总分是合适的。

通过这些分析，我们减少了全人模型各领域——"思维模式""蓬勃发展的行为""鼓舞人心的行为"和"成果"的项目数量。"思维模式"和"成果"量表的结构是经过充分验证和广泛研究的（如自我效能感、内外控倾向、压力、职业倦怠）。因此，我们没有使用因子分析来检验"思维模式"和"成果"量表的因子结构，而是用项目分析来减少这两个量表中每个子量表的项目。分层因子分析则用于减少"蓬勃发展"和"鼓舞人心"的项目集。所有量表均显示出较高的内部一致性。

通过分层因子分析，确定了"蓬勃发展"和"鼓舞人心"领域的结构模型，并修正了测量模型。结构模型由几个加载到更宽维度上的子维度组成，然后加载到更高阶的"蓬勃发展"或"鼓舞人心"权威因子上。为了评估全人模型的因素结构，在数据处理软件MPlus8.0中使用最大似然估计程序拟合了一系列验证性因子分析（CFA）。最初的1030名参与者样本被分成两半，以创建两个样本来交叉验证我们的模型。这样做是为了在有必要修改模型时，避免对一组参与者进行过度拟合。根据常用的结构方程模型（SEM）

临界值（见 Hu & Bentler, 1999）——$\chi^2(480)=864.25$，$p>0.05$，CFI（比较拟合指数）=0.95，RMSEA（近似误差均方根）=0.04，SRMR（标准化残差均方根）=0.06——"蓬勃发展"领域的最终结构显示了极好的拟合效果。在保留样本中也表现出几乎相同的拟合度：$\chi^2(480)=873.45$，$p>0.05$，CFI=0.95，RMSEA=0.04，SRMR=0.05。

对于"鼓舞人心"领域，创建了验证样本和测试样本。最初的验证样本和测试样本各包含现有普通员工总数的一半（$N=272$）以及领导者的一半（$N=242$）。领导者样本是模型迭代时的主要验证样本，而普通员工验证样本则用于在需要修改模型时提供额外信息。由于普通员工和领导者"鼓舞人心"的项目不同，且措辞略有调整，因此我们进一步划分了"鼓舞人心"样本。我们总共有四个独立的"鼓舞人心"样本。对领导者而言，"鼓舞人心"最终结构的拟合度是合格的：$\chi^2(242^{\ominus})=441.841$，$p>0.05$，CFI=0.92，RMSEA=0.06，SRMR=0.06。领导者测试样本的模型拟合度合格：$\chi^2(242)=454.95$，$p>0.05$，CFI=0.90，RMSEA=0.06，SRMR=0.06。普通员工验证样本的情况也是如此：$\chi^2(242)=432.746$，$p>0.05$，CFI=0.93，RMSEA=0.05，SRMR=0.06。普通员工测试样本的模型拟合也合格：$\chi^2(242)=426.70$，$p>0.05$，CFI=0.89，RMSEA=0.07，SRMR=0.07。在拟合所有四个样本时，都发现了海伍德现象（即 $\lambda>1.0$，一个维度上存在负残差方差）。处理海伍德现象的方法是限制该维度

⊖ 此处 4 个卡方检验自由度数值似有误。——编辑注

的残差为正，然后在所有四个样本中重新运行模型。这种处理方法没有影响拟合统计量。

现有的量表先前已在幸福感和领导力文献中得到验证，我们使用这些量表来评估判别效度和收敛效度。全人模型评估显示了与这些量表之间的预期相关模式。我们进行了多项多变量方差分析（MANOVA），以检测不同管理者身份、性别和种族在全人模型各组成部分上的差异。尽管不同人口统计群体之间存在少量统计学意义上的显著差异，但这些差异的程度很小，所占的方差也很小。此外，我们对未接受过辅导的验证样本进行了一个月和三个月的重复测试分析，发现全人模型 2.0 版给出的测试结果在这段时间内保持稳定。

有关全人模型及其验证过程的更多信息，可通过 BetterUp 网站向 BetterUp 实验室团队索取。

致 谢

我们要感谢许多朋友、家人和同事为本书做出的重要贡献。感谢 BetterUp 的创始人 Alexi Robichaux 和 Eduardo Medina,是他们的远见卓识创建了这家公司,让我们走到了一起。感谢我们在 BetterUp 的同事,尤其是 BetterUp 实验室大家庭的成员,感谢他们为我们提供了丰富的想法和见解。

感谢 Alexi Robichaux, Naomi Arbit, Andrew Reece, Roy Baumeister, Rebecca Goldstein, Sonja Lyubomirsky, John Seely Brown, Christine Carter, Philip Streit, Barry Schwartz, Kurt Grey, Diana Tamir, Ayelet Ruscio, Betty Sue Flowers, Yisroel Brumer, David Yaden, Jackie Gaffney, Austin Eubanks, Elena Auer, Sebastian Marin, Nkosi Jones, Michael Ross, Karen Lai, Shevaun Lee, Tom Van Gilder, Evan Sinar, Derek Hutchinson, Alexis

Jeannotte、Allison Yost、Erin Eatough、Shonna Waters、Adam Rosenzweig、Sarah Sugarman 对此项工作的贡献。

感谢 Chris Parris-Lamb 和 Stephanie Hitchcock 对项目的信任,并不辞辛苦地将手稿从一个阶段推向下一个阶段。

感谢 Jesse Kellerman 和 Mandy Seligman 的坚定支持。最后,加布里埃拉要特别感谢 Oscar、Masha、Teddy、Henry、Abram。我们希望在你们到来之前,能让这个工作世界变得更好。

注　释

引言

1. 2021年11月11日格雷姆·佩恩与本书作者之一加布里埃拉·罗森·凯勒曼的谈话中提到。
2. "Regional Gross Domestic Product: Year Ended March 2019," New Zealand Government, accessed February 28, 2022, https://www.stats.govt.nz/information-releases/regional-gross-domestic-product-year-ended-march-2019; "Exploring Our Economy Series, Volume 1: Exploring the Christchurch Industries," ChristchurchNZ; "Situation and Outlook for Primary Industries June 2021," New Zealand Ministry for Primary Industries, https://www.mpi.govt.nz/dmsdocument/45451-Situation-and-Outlook-for-Primary-Industries-SOPI-June-2021.
3. Graeme Payne, *The New Era of Cybersecurity Breaches* (USA: CyberSecurity4Executives, 2019), 1–2.
4. Payne, *The New Era of Cybersecurity Breaches*, 5.
5. Payne, *The New Era of Cybersecurity Breaches*, 6, 167–68; Tonya Riley, "The Cybersecurity 202: Global Losses from Cybercrime

Skyrocketed to Nearly $1 Trillion in 2020, New Report Finds," *Washington Post*, December 7, 2020.

6. Payne, *The New Era of Cybersecurity Breaches*, 35.
7. Neil Ford, "Credit Reporting Company Equifax Suffers Old-Fashioned Data Breach," IT Governance.
8. John McCrank and Jim Finkle, "Equifax Breach Could Be Most Costly in Corporate History," Reuters, March 2, 2018.
9. Payne, *The New Era of Cybersecurity Breaches*, 129.
10. Payne, *The New Era of Cybersecurity Breaches*, 113, 175.
11. Kristy Threlkeld, "Employee Burnout Report," Indeed.com, March 11, 2021; "Employee burnout is ubiquitous, alarming—and still underreported," McKinsey & Company, April 16, 2021.
12. "Workplace Stress Continues to Mount," Korn Ferry.
13. J. Goh, J. Pfeffer, and S.A. Zenios, "The Relationship between Workplace Stressors and Mortality and Health Costs in the United States," *Management Science* 62, no. 2 (March 2015): 608–28.
14. 有关当今工作场所压力造成的损失的令人信服的概述，见 Jeffrey Pfeffer, *Dying for a Paycheck* (New York: Harper Business, 2018)。
15. James Manyika, Susan Lund, Michael Chui, Jacques Bughin, Jonathan Woetzel, Parul Batra, Ryan Ko, and Saurabh Sanghvi, "Jobs Lost, Jobs Gained: What the Future of Work Will Mean for Jobs, Skills, and Wages," McKinsey Global Institute, November 28, 2017.
16. Daniel Sullivan and Till von Wachter, "Job Displacement and Mortality: An Analysis Using Administrative Data," *Quarterly Journal of Economics* 124, no. 3 (August 2009): 1265–1306.
17. "Economic News Release," Bureau of Labor and Statistics.
18. Estimate by Global Workplace Analytics, "Work at Home After Covid-19".

第 1 章

1. Felipe Fernandez Arnesto, "Before the Farmers: Culture and Climate, from the Emergence of *Homo sapiens* to about Ten Thousand Years Ago," in *The Cambridge World History, Volume 1: Introducing World History (to 10,000 BCE)*, ed. David Christian (Cambridge: Cambridge University Press, 2017), 316; Patrick Manning, "Migration in Human History," in *The Cambridge World History, Volume 1: Introducing World History (to 10,000 BCE)*, ed. David Christian (Cambridge: Cambridge University Press, 2017), 281.
2. John F. Hoffecker, "Migration and Innovation in Paleolithic Europe," in *The Cambridge World History, Volume 1:Introducing World History (to 10,000 BCE)*, ed. David Christian (Cambridge: Cambridge University Press, 2017), 400.
3. 100,000–35,000 years ago seems to be the most accurate range. Simon Neubauer, Jean-Jacques Hublin, and Philipp Gunz, "The Evolution of Modern Human Brain Shape," *Science Advances* 4, no. 1 (January 24, 2018). Historian Yuval Noah Harari pegged this at seventy thousand years, relying on evidence beyond brain size in Harari, *Sapiens: A Brief History of Humankind* (New York: Harper, 2015).
4. Neubauer et al., "The Evolution of Modern Human Brain Shape."
5. John F. Hoffecker and Ian T. Hoffecker, "Technological Complexity and the Global Dispersal of Modern Humans," *Evolutionary Anthropology* 26, no. 6 (2017): 285–99. Neanderthals were known primarily to transfer fire, rather than create it de novo. A.C. Sorensen, E. Claud, and M.A. Soressi, "Neandertal Fire-Making Technology Inferred from Microwear Analysis," *Scientific Reports* 8, no. 1 (July 2018): 10065; and Neubauer et al., "The Evolution of Modern Human Brain Shape."

6. 除了神经系统，我们确实还需要新的硬件来实现这种语言。大约五万年前，智人的咽部与口腔之间的角度变为直角，而其他类人猿则没有。这种发声方式是以窒息死亡的风险为代价的。Chris Ehret, "Early Humans: Tools, Language, and Culture," in *The Cambridge World History, Volume 1: Introducing World History (to 10,000 BCE)*, ed. David Christian (Cambridge: Cambridge University Press, 2017), 344.

7. Harari, *Sapiens*, 59.

8. John F. Hoffecker and Ian T. Hoffecker, "The Structural and Functional Complexity of Hunter-Gatherer Technology," *Journal of Archaeological Method and Theory* 25, no. 1 (March 2018).

9. Marshall Sahlins, "Hunter-Gatherers: Insights from a Golden Affluent Age," *Pacific Ecologist* (Winter 2009).

10. John T. Hoffecker, "Migration and Innovation in Paleolithic Europe," in *The Cambridge World History, Volume 1: Introducing World History (to 10,000 BCE)*, ed. David Christian (Cambridge: Cambridge University Press, 2017), 406-10.

11. Samuel Bowles and Jung-Kyoo Choi, "Coevolution of Farming and Private Property During the Early Holocene," *Proceedings of the National Academy of Sciences of the United States of America*, 110, no. 22 (July 2012): 8830-35.

12. See Matthew Ridley's *How Innovation Works and Why It Flourishes in Freedom* (New York: Harper, 2021) for his discussion of agriculture, but also for his documentation of innovation, not from single genius but from multiple contributors.

13. Alan H. Simmons, "Early Agriculture in Southwest Asia," in *The Cambridge World History, Volume 2: A World with Agriculture 12,000 BCE to 500 CE*, ed. Graeme Barker and Candice Goucher (Cambridge: Cambridge University Press, 2017), 217.

14. Tom Dillehay, "Nanchoc Valley, Peru," in *The Cambridge World History, Volume 2: A World with Agriculture 12,000 BCE to 500*

CE, ed. Graeme Barker and Candice Goucher (Cambridge: Cambridge University Press, 2017), 552.
15. Simon Neubauer, Jean-Jacques Hublin, and Philipp Gunz, "The Evolution of Modern Human Brain Shape," *Science Advances* 4, no. 1 (January 24, 2018).
16. Roy F. Baumeister, Wilhelm Hofmann, Amy Summerville, Philip T. Reiss, Kathleen D. Vohs, "Everyday Thoughts in Time: Experience Sampling Studies of Mental Time Travel," *Personality and Social Psychology Bulletin* 46, no. 12 (March 25, 2020): 1631–48.
17. Katherine J. Latham, "Human Health and the Neolithic Revolution: An Overview of Impacts of the Agricultural Transition on Oral Health, Epidemiology, and the Human Body," *Nebraska Anthropologist* (2013): 187.
18. Dan W. Grupe and Jack B. Nitschke, "Uncertainty and Anticipation in Anxiety: An Integrated Neurobiological and Psychological Perspective," *Nature Reviews Neuroscience* 14, no. 7 (June 2013): 488–501; see also Alison A. Macintosh, Ron Pinhasi, and Jay T. Stock, "Early Life Conditions and Physiological Stress Following the Transition to Farming in Central/Southeast Europe: Skeletal Growth Impairment and 6,000 Years of Gradual Recovery," *PLOS ONE* 11, no. 2 (February 2016): e0148468; and Spencer Wells, *Pandora's Seed: The Unforeseen Cost of Civilization* (New York: Random House, 2010).
19. Kate Hodal, "One in 200 People Is a Slave. Why?" *The Guardian*, February 25, 2019.
20. Harari, *Sapiens*, 142.
21. Marjorie Bloy, "Michael Thomas Sadler (1780–1835)," A Web of English History.
22. 这里是马修·克拉布特里的证词节选。"The Sadler Report on Child

Labor".

23. Paul Josephson, "The History of World Technology, 1750-Present," in *The Cambridge World History, Volume 7: Production, Destruction, and Connection, 1750-Present: Structure, Spaces, and Boundary Making*, ed. J. R. McNeill and Kenneth Pomeranz (Cambridge: Cambridge University Press, 2015), 136-63.

24. James Manyika, Susan Lund, Michael Chui, Jacques Bughin, Jonathan Woetzel, Parul Batra, Ryan Ko, and Saurabh Sanghvi, "Jobs Lost, Jobs Gained: What the Future of Work Will Mean for Jobs, Skills, and Wages," McKinsey Global Institute, November 28, 2017.

25. Bernard Semmel, "*The Friendly Societies in England, 1815-1875*. By P. H. J. H. Gosden (Manchester: Manchester University Press, 1961). Published in the United States (New York: Barnes and Noble, 1961), pp. 262. $6.50," in *Journal of Economic History* 22, no. 2 (1962): 271-72.

26. "Fenwick Weavers' Society Foundation Charter, 1761," National Library of Scotland.

27. "Child Labour: Global Estimates 2020, Trends and the Road Forward," International Labour Organization, UNICEF, 2020.

28. Edward Shorter, *A History of Psychiatry* (Hoboken, NJ: Wiley, 1998), 129-30.

29. Ruth E. Taylor, "Death of Neurasthenia and Its Psychological Reincarnation: A Study of Neurasthenia at the National Hospital for the Relief and Cure of the Paralysed and Epileptic, Queen Square, London, 1870-1932," *British Journal of Psychiatry* 179, no. 6 (December 2001): figure 1. Neurasthenia was even more common among wealthier individuals. Recently Jonathan Malesic has suggested that burnout is the closest modern equivalent to

neurasthenia. Jonathan Malesic, *The End of Burnout* (Berkeley, CA: University of California Press, 2022).
30. Sidney I. Schwab, "Neurasthenia among Garment Workers," *American Economic Review* 1, no. 2 (April 1911): 265–70.
31. Martin Obschonka, Michael Stuetzer, Peter J. Rentfrow, Leigh Shaw-Taylor, Max Satchell, Rainer K. Silbereisen, Jeff Potter, and Samuel D. Gosling, "In the Shadow of Coal: How Large-Scale Industries Contributed to Present-Day Regional Differences in Personality and Well-Being," *Journal of Personality and Social Psychology* 115, no. 5 (November 2018): 903–27.
32. Martin Obschonka et al., "In the Shadow of Coal."
33. 限制饮酒的要求并不是什么新鲜事，最早在《汉谟拉比法典》中就有记载。See David J. Hanson, "Historical Evolution of Alcohol Consumption in Society," *Alcohol: Science, Policy and Public Health*, May 2013. See also Peter Anderson and Ben Baumberg, *Alcohol in Europe: A Public Health Perspective*, A Report for the European Commission, June 2006, https://ec.europa.eu/health/archive/ph_determinants/life_style/alcohol/documents/alcohol_europe_en.pdf.
34. Friedrich Engels, "Work Is the Curse of the Drinking Classes," in *The Conditions of the Working Class in England*.
35. William White and David Sharar, "The Evolution of Employee Assistance: A Brief History and Trend Analysis," *EAP Digest* 3, no. 4 (2003): 16–24.
36. Niels Ju Nielsen, "Industrial Paternalism in the 19th Century. Old or New?" *Ethnologia Europaea* 30, no. 1 (January 2000): 59–74.

第 2 章

1. Jamie L. LaReau, "Here's Where GM Layoffs Stand After Stunning

Blow to Factory Workers," *Detroit Free Press*, May 6, 2019; Jamie L. LaReau, "General Motors to Close Detroit, Ohio, Canada Plants," *Detroit Free Press*, November 26, 2018.

2. Jamie L. LaReau, "Massive Garage in Livonia Saving People Thousands on Car Repairs," *Detroit Free Press*, April 20, 2019.
3. John Gallagher, "GM's Hamtramck Plant Closing Reopens Old Controversy in Detroit," *Detroit Free Press*, November 26, 2018.
4. "Mary T. Barra," General Motors.
5. Sara Murray, "GM's Promotion of Barra to CEO a Breakthrough for Women," *Wall Street Journal*, December 10, 2013.
6. LaReau, "General Motors to Close."
7. Gallagher, "GM's Hamtramck Plant Closing Reopens Old Controversy in Detroit."
8. LaReau, "Here's Where GM Layoffs Stand After Stunning Blow to Factory Workers."
9. John Seely Brown, "The Future of Work: Navigating the Whitewater," *Pacific Standard*.
10. 作家大卫·爱泼斯坦的《成长的边界》一书从一种特别巧妙的视角,揭示了通才思维对于创新和成功的重要性。David Epstein, *Range* (New York: Riverhead Books, 2019).
11. Karen Harris, Austin Kimson, and Andrew Schwedel, "Labor 2030: The Collision of Demographics, Automation, and Inequality," Bain and Company, February 2018.
12. "The Future of Jobs Report 2020," World Economic Forum, October 2020.
13. Manyika et al., "Jobs Lost, Jobs Gained: What the Future of Work Will Mean for Jobs, Skills, and Wages," McKinsey Global Institute, November 28, 2017.
14. Ray Kurzweil, "The Law of Accelerating Returns"; and Ray Kurzweil, *The Singularity Is Near: When Humans Transcend Biology*

(New York: Viking, 2005).

15. Kurzweil, "The Law of Accelerating Returns." See also Kurzweil, *The Singularity Is Near*.
16. Yuval Noah Harari, on the panel "Putting Jobs Out of Work," World Economic Forum Annual Meeting 2018.
17. Peter Valdes Dapena, "By 2040, More Than Half of New Cars Will Be Electric," CNN, May 15, 2019.
18. Manyika et al., "Jobs Lost, Jobs Gained: What the Future of Work Will Mean for Jobs, Skills, and Wages."
19. "Who First Originated the Term VUCA (Volatility, Uncertainty, Complexity and Ambiguity)?" U.S. Army Heritage and Education Center.
20. See "vuca" in Google Trends.
21. Horst W. J. Rittel and Melvin M. Webber, "Dilemmas in a General Theory of Planning," *Policy Sciences* 4, no. 2 (June 1973): 155–69.
22. Jon Kolko, *Wicked Problems: Problems Worth Solving* excerpted in *Stanford Social Innovation Review*, March 6, 2012.
23. John C. Camillus, "Strategy as a Wicked Problem," *Harvard Business Review*, May 2008.
24. Jamie L. LaReau, "GM-UAW Deal Calls for 9,000 Jobs, $9,000 Ratification Bonus, e-Truck at Detroit-Hamtramck," *Detroit Free Press*, October 16, 2019.
25. Robin Murdoch, "General Motors Announces $2.2B Investment in Hamtramck Plant," Fox 2 Detroit News, January 27, 2020, Andrew J. Hawkins, "GM Rebrands Its Detroit-Hamtramck Plant as 'Factory Zero' for Electric and Autonomous Vehicles," *The Verge*, October 16, 2020.
26. Kalea Hall, "GM's Detroit-Hamtramck Assembly Poised to Begin Electric Transformation," *Detroit News*, February 19, 2020.

27. LaReau, "Here's Where GM Layoffs Stand."
28. Google's English Dictionary, powered by Oxford Languages, accessed February 28, 2022.
29. Pfeffer, *Dying for a Paycheck*.
30. Daniel Sullivan and Till von Wachter, "Job Displacement and Mortality: An Analysis Using Administrative Data," *The Quarterly Journal of Economics* 124, no. 3 (August 2009): 1265–1306; S.V. Kasl and S. Cobb, "Blood Pressure Changes in Men Undergoing Job Loss: A Preliminary Report," *Psychosomatic Medicine* 32, no. 1 (January 1970): 19–38; Robert Wood Johnson Foundation, "How Does Employment—or Unemployment—Affect Health?" Health Policy Snapshot series, March 12, 2013; Wolfram Kawohl and Carlos Nordt, "COVID-19, Unemployment, and Suicide," *The Lancet Psychiatry* 7, no. 5 (May 2020): 389–90; Karsten I. Paul and Klaus Moser, "Unemployment Impairs Mental Health: Meta-Analyses," *Journal of Vocational Behavior* 74, no. 3 (June 2009): 264–82; Allison Milner, A. Page, and Anthony D. LaMontagne, "Cause and Effect in Studies on Unemployment, Mental Health and Suicide: A Meta-Analytic and Conceptual Review," *Psychological Medicine* 44, no. 5 (July 2013): 1–9.
31. Sandi Mann and Lynn Holdsworth, "The Psychological Impact of Teleworking: Stress, Emotions and Health," *New Technology, Work and Employment* 18, no. 3 (October 2003): 196–211.
32. Vivek Murthy, "Work and the Loneliness Epidemic," *Harvard Business Review*, September 26, 2017.

第 3 章

1. Abraham H. Maslow, *Motivation and Personality* (New York: Harper & Row, 1954), 354.

2. Gerald Ramaho, "Salute Our Troops: Ret. Army Colonel Survived 9/11, Serves Post-traumatic Stress Victims," *3 News*, May 17, 2019; "Jill W. Chambers," Syracuse University; Skip Vaughn, "Chambers Helping Alleviate Post-traumatic Stress," *Redstone Arsenal: Federal Center of Excellence*, January 19, 2022; "Jill Chambers," *Women of the Military* (podcast), June 27, 2022.

3. 很难估算历史上对PTSD的治疗和研究的总花费。一份2014年的报告估计，美国政府每年仅用于治疗的费用就高达30亿美元。IOM (Institute of Medicine), *Treatment for Posttraumatic Stress Disorder in Military and Veteran Populations: Final Assessment* (Washington, DC: The National Academies Press, June 2014).

4. 最近有人指出，"创伤后成长"这一概念可能会让那些经历过创伤的人感到有压力，不得不从积极的角度看待可怕的事件。这是一个重要的考虑因素，尤其是对临床医生而言。David Robson, "The Complicated Truth of Post-traumatic Growth," *Worklife BBC*, March 13, 2022.

5. 值得注意的是，当东西方差不多同时演变出这些智慧传统时，恰逢暴政和奴隶制的兴起。当我们遭受最严重的苦难时，幸福的本质就会变得清晰明了。

6. 尽管精神分析常常被描述为一门伪科学，但它的一些创始人却希望能让它更实证化。在解释精神分析之父弗洛伊德和荣格为何分道扬镳的众多理论中，有一种观点认为荣格在研究中采用了更加实证化的方法。P. E. Stepansky, "The Empiricist as Rebel: Jung, Freud, and the Burdens of Discipleship," *Journal of the History of the Behavioral Sciences* 12, no. 3 (July 1976): 216–39.

7. Harvey Carr and John B. Watson, "Orientation in the White Rat," *Journal of Comparative Neurology & Psychology* 18, no. 1 (January 1908): 27–44; John Broadus Watson, "Kinaesthetic and Organic Sensations: Their Role in the Reactions of the White Rat to the Maze," *The Psychological Review: Monograph Supplements* 8, no. 2 (1907): i–101.

8. Shorter, *A History of Psychiatry*, chapter 6.
9. M. E. P. Seligman and M. Csikszentmihalyi, "Positive Psychology: An Introduction," *American Psychologist* 55, no. 1 (January 2000): 5–14.
10. Shorter, *A History of Psychiatry*, 319.
11. Thomas J. Moore and Donald R. Mattison, "Adult Utilization of Psychiatric Drugs and Differences by Sex, Age, and Race," *JAMA Internal Medicine* 177, no. 2 (February 2017): 274–75; Sarah G. Miller, "1 in 6 Americans Takes a Psychiatric Drug," *Scientific American*, December 13, 2016; David E. Bloom et al., *The Global Economic Burden of Noncommunicable Diseases* (Geneva: World Economic Forum, September 2011).
12. Harvard Department of Psychology.
13. Donald E. Polkinghorne, "Research Methodology in Humanistic Psychology," *The Humanistic Psychologist* 20, no. 2–3 (1992): 218–42.
14. Carl R. Rogers, "The Place of the Person in the New World of the Behavioral Sciences," *Personnel and Guidance Journal* 39, no. 6 (February 1961).
15. "FY 2019 Budget—Congressional Justification," National Institute of Mental Health.
16. Moore and Mattison, "Adult Utilization of Psychiatric Drugs and Differences by Sex, Age, and Race," 274–75; Bloom et al., *Global Economic Burden of Noncommunicable Diseases*.
17. Steven E. Hyman, "Psychiatric Drug Development: Diagnosing a Crisis," *Cerebrum* 2013 (March-April 2013): 5.
18. Steven E. Hyman, "Revolution Stalled," *Science Translational Medicine* 4, no. 155 (October 10, 2012): 155cm11.
19. Thomas Insel, "Transforming Diagnosis," NIMH Director's Blog Post, National Institute of Mental Health, April 29, 2013. More

recently Insel published his own, fuller account of his learnings in Thomas Insel, *Healing: Our Path From Mental Illness to Mental Health* (New York: Penguin, 2022).

20. Seligman and Csikszentmihalyi, "Positive Psychology: An Introduction," 5-14.
21. Alan Carr, Katie Cullen, Cora Keeney, Ciaran Canning, Olwyn Mooney, Ellen Chinseallaigh, and Annie O'Dowd, "Effectiveness of Positive Psychology Interventions: A Systematic Review and Meta-Analysis, *Journal of Positive Psychology* 16, no. 6 (2021): 749-69.
22. Martin E. P. Seligman, Andrew R. Allen, Loryana L. Vie, Tiffany E. Ho, Lawrence M. Scheier, Rhonda Cornum, and Paul B. Lester, "PTSD: Catastrophizing in Combat as Risk and Protection," *Clinical Psychological Science* 7, no. 3 (January 28, 2019): 516-29 ; Peter D. Harms, Mitchel N. Herian, Dina V. Krasikova, Adam J. Vanhove, and Paul B. Lester, "The Comprehensive Soldier and Family Fitness Evaluation. Report #4: Evaluation of Resilience Training and Mental and Behavioral Health Outcomes," University of Nebraska, Lincoln, 2013; Paul B. Lester, Peter D. Harms, Mitchel N. Herian, Dina V. Krasikova, and Sarah J. Beal, "The Comprehensive Soldier Fitness Program Evaluation. Report #3: Longitudinal Analysis of the Impact of Master Resilience Training on Self-Reported Resilience and Physical Health," University of Nebraska, Lincoln, 2011; Paul B. Lester, Emily P. Stewart, Loryana L. Vie, Douglas G. Bonett, Martin E. P. Seligman, and Ed Diener, "Happy Soldiers Are the Highest Performers," *Journal of Happiness Studies* 23, no. 2 (August 25, 2021).
23. Milton Friedman, "A Friedman Doctrine—The Social Responsibility of Business Is to Increase Its Profits," *New York Times*, September 13, 1970.

24. "Greed Is Good. Except When It's Bad," *New York Times DealBook*, September 13, 2020.

第 4 章

1. Major General Robert H. Scales, "Clausewitz and World War IV," *Armed Forces Journal*, July 1, 2006.
2. Scales, "Clausewitz and World War IV."
3. Alexis Jeannotte, Erin Eatough, and Gabriella Kellerman, "Resilience in an Age of Uncertainty," BetterUp 2020.
4. For a review of the literature and analysis of resilience constructs, see the appendix of Luca Giustiniano, Stewart R. Clegg, Miguel Pina e Cunha, and Arménio Rego, ed.; *Elgar Introduction to Theories of Organizational Resilience* (Cheltenham, UK: Edward Elgar Publishing, 2018).
5. Nassim Nicholas Taleb, *Antifragile* (New York: Random House, 2012).
6. Daniel Goleman, *Emotional Intelligence* (New York: Bantam, 1996).
7. 本书中的这一数据和其他类似数据来自 BetterUp，比较了 BetterUp 全人模型评估受试者在接受教练之前和之后的得分。有关全人模型的更多信息，请参阅本书附录。感谢德里克·哈钦森（Derek Hutchinson）和塞巴斯蒂安·马林（Sebastian Marin）对附录的贡献。
8. Seligman, *Flourish*, 129.
9. Seligman, *Flourish*, chapter 9.
10. Paul B. Lester, Ed Diener, and Martin Seligman, "Top Performers Have a Superpower: Happiness," *MIT Sloan Management Review*, February 16, 2022.
11. Paula M. Loveday, Geoff P. Lovell, and Christian M. Jones, "The Best Possible Selves Intervention: A Review of the Literature to Evaluate Efficacy and Guide Future Research," *Journal of*

Happiness Studies 19 (February 2018): 607−28.

12. LaReau, "Here's Where GM Layoffs Stand After Stunning Blow to Factory Workers"; LaReau, "General Motors to Close Detroit, Ohio, Canada Plants."

13. 本书中的这一数据和其他类似数据来自 BetterUp，比较了 BetterUp 全人模型评估受试者在接受教练之前和之后的得分。有关全人模型的更多信息，请参阅本书附录。

14. Catastrophizers are low on optimism: Seligman et al., "PTSD: Catastrophizing in Combat as Risk and Protection," 516−29.

15. perceived inadequacy: Kristin D. Neff, "The Development and Validation of a Scale to Measure Self-Compassion," *Self and Identity* 2, no. 3 (2003): 223−50.

16. experienced throughout history:Optimism, self-compassion, and selfefficacy also hang together. As one example, Neff and colleagues demonstrated that a three-week self-compassion training boosts not only self-compassion but also optimism and self-efficacy. Elke Smeets, Kristin Neff, Hugo Alberts, and Madelon Peters, "Meeting Suffering with Kindness: Effects of a Brief Self-Compassion Intervention for Female College Students," *Journal of Clinical Psychology* 70, no. 9 (September 2014): 794−807.

17. struggling with PTSD: Teresa M. Au, Shannon Sauer-Zavala, Matthew W. King, Nicola Petrocchi, David H. Barlow, and Brett T. Litz, "Compassion-Based Therapy for Trauma-Related Shame and Posttraumatic Stress: Initial Evaluation Using a Multiple Baseline Design," *Behavior Therapy* 48, no. 2(March 2017): 207−21; Elaine Beaumont, Mark Durkin, Sue McAndrew, and Colin R. Martin, "Using Compassion Focused Therapy as an Adjunct to Trauma-Focused CBT for Fire Service Personnel Suffering with Trauma-Related Symptoms," *The Cognitive Behaviour Therapist*

9 (January 2016): 34.
18. Albert Bandura, "An Agentic Perspective on Positive Psychology," in Shane J. Lopez, ed., *Positive Psychology: Exploring the Best in People, Volume 1, Discovering Human Strengths* (Westport, CT: Praeger, 2008), 167-96.
19. 莎雅的故事是几个人的故事的综合。
20. Alexis M. Jeannotte, Derek M. Hutchinson, Gabriella Rosen Kellerman, "The Time to Change for Mental Health and Well-Being via Virtual Professional Coaching: Longitudinal Observational Study," *Journal of Medical Internet Research* 23, no. 7 (May 2021): e27774.
21. Jeannotte et al., "Resilience in an Age of Uncertainty."
22. Jeannotte et al., "Resilience in an Age of Uncertainty."
23. Jeannotte et al., "Resilience in an Age of Uncertainty."

第 5 章

1. Friedrich Nietzsche, "Epigrams and Arrows" in *Twilight of the Idols* (Indianapolis: Hackett, 1997), 6.
2. Abraham Maslow, *Maslow on Management* (Hoboken, NJ: Wiley, 1998), 58.
3. Neil Postman and Charles Weingartner, "Meaning Making" *in Teaching as a Subversive Activity* (New York: Delacorte Press, 1969), 82-97.
4. Reid Hoffman, foreword to Fred Kofman, *The Meaning Revolution* (Sydney, Australia: Currency, 2018), xv.
5. "Purpose," Coca-Cola, accessed March 15, 2022, www.coca-colacompany.com/company/purpose-and-vision.
6. Will Richards, "Neil Young Encourages Spotify Employees to Quit over Joe Rogan Scandal," *Rolling Stone UK*, February 8, 2022.

7. Frank Martela and Michael F. Steger, "The Three Meanings of Meaning in Life: Distinguishing Coherence, Purpose, and Significance," *Journal of Positive Psychology* 11, no. 5 (2016): 531-45.
8. Amy Wrzesniewski, Clark McCauley, Paul Rozin, Barry Schwartz, "Jobs, Careers, and Callings: People's Relations to Their Work," *Journal of Research in Personality* 31, no. 1 (March 1997): 21-33.
9. Andrew Reece, Gabriella Kellerman, and Alexi Robichaux, "Meaning and Purpose at Work," BetterUp 2018.
10. "Mortgage Burden Exceeds Historic Levels in 10 of the Largest US Markets," Zillow Press Release, September 6, 2018.
11. Aubrey Daniels, "Discretionary Effort," Aubrey Daniels International.
12. Scott Barry Kaufman, *Transcend* (New York: TarcherPerigee, 2020), 160.
13. R. M. Ryan and E. L. Deci, "Self-Determination Theory and the Facilitation of Intrinsic Motivation, Social Development, and Well-Being," *The American Psychologist* 55, no. 1 (2000): 68-78.
14. David Graeber, *Bullshit Jobs* (New York: Simon & Schuster, 2018). See also N.B., "Bullshit Jobs and the Yoke of Managerial Feudalism," *The Economist*, June 29, 2018.
15. Ethan S. Bernstein, "The Transparency Paradox: A Role for Privacy in Organizational Learning and Operational Control," *Administrative Science Quarterly* 57, no. 2 (June 2012): 181-216.
16. Marjolein Lips-Wiersma and Sarah Wright, "Measuring the Meaning of Meaningful Work: Development and Validation of the Comprehensive Meaningful Work Scale (CMWS)," *Group & Organization Management* 37, no. 5 (2012): 655-85.
17. Anton Sytine, "The Role of Savoring Positive Experiences When Faced with Challenge and Hindrance Demands: A Longitudinal Study," Clemson University, dissertation presented May 2019.
18. Rebecca Goldstein, "The Mattering Instinct," *Edge*, March 16, 2016.

19. 有关目标与幸福感文献的精彩回顾，以及对马斯洛如何预言其中许多发现的深刻见解，见 the "Purpose" chapter in Kaufman's *Transcend*。
20. "PERMA Theory of Well-Being and PERMA Workshops," Positive Psychology Center at the University of Pennsylvania.
21. Kai-Fu Lee, *AI Superpowers* (Harper Business, 2018), 21.
22. Yuval Noah Harari, spoken during "Putting Jobs Out of Work," World Economic Forum Annual Meeting 2018.
23. "Economic News Release," Bureau of Labor and Statistics, accessed February 28, 2022.
24. 验证一个新量表需要大量的理论和定量工作。我们对该工具的期望是：①它能测量我们希望它测量的内容；②它与我们感兴趣的关键结果（如工作满意度和留在组织中的意愿）相关联。
25. The scale is available for personal growth and research purposes, not for commercial use. Andrew Reece, David Yaden, Gabriella Kellerman, Alexi Robichaux, Rebecca Goldstein, Barry Schwartz, Martin Seligman, and Roy Baumeister, "Mattering Is an Indicator of Organizational Health and Employee Success," *Journal of Positive Psychology* 16, no. 2 (2021): 228-48.
26. Victor E. Frankl, *Man's Search for Meaning* (Boston: Beacon Press, 1992), 33.

第 6 章

1. offered more substantial forms of help: John M. Darley and C. Daniel Batson, "From Jerusalem to Jericho: A Study of Situational and Dispositional Variables in Helping Behavior," *Journal of Personality and Social Psychology* 27, no. 1 (1973): 100-08.
2. never enough time to get it done: Cassie Mogilner, Zoë Chance, and Michael I. Norton, "Giving Time Gives You Time," *Psychological Science* 23, no. 10 (October 1, 2012): 1233-38.

3. eat lunch at their desks: "Just One in Five Employees Take Actual Lunch Break," Talent Solutions Right Management, October 16, 2012. This has no doubt changed due to the pandemic, but we have not located data updating these numbers.
4. show their patients compassion: Helen Reiss, John M. Kelley, Robert W. Bailey, Emily J. Dunn, and Margot Phillips, "Empathy Training for Resident Physicians," *Journal of General Internal Medicine* 27, no. 10 (October 2012): 1280–86.
5. Or multitasking: David E. Meyer, Jeffrey E. Evans, Erick Lauber, and Joshua Rubinstein, "Activation of Brain Mechanisms for Executive Mental Processes in Cognitive Task Switching," *Journal of Cognitive Neuroscience* 9 (1997).
6. texting or talking on the phone: National Highway Traffic Safety Administration, "Traffic Safety Facts Research Notes 2016: Distracted Driving," (Department of Transportation, Washington, DC: NHTSA, 2015).
7. Nick Humphrey was first to hypothesize: N. K. Humphrey, "The Social Function of Intellect" in *Growing Points in Ethology*, eds. P. P. G. Bateson and R. A. Hinde (Cambridge, UK: Cambridge University Press, 1976), 303–17.
8. our amygdala, and more: Robert M. Sapolsky, *Behave* (New York: Penguin, 2017), 51, 243.
9. 30% of Americans worked remotely: "State of Remote Work 2019," Owl Labs.
10. some days per week: Erik Brynjolfsson, John Horton, Christos A. Makridis, Alex Mas, Adam Ozimek, Daniel Rock, and Hong-Yi TuYe, "How Many Americans Work Remotely," Stanford Digital Economy Lab, March 22, 2022, digitaleconomy.stanford.edu/publications/how-many-americans-work-remotely/.
11. four years before starting over: "Employee Tenure in 2020,"

Bureau of Labor Statistics, September 22, 2020.

12. if we have meaningful social support: Julianne Holt-Lunstad, Timothy B. Smith, and J. Bradley Layton, "Social Relationships and Mortality Risk: A Meta-Analytic Review," *PLOS Medicine* 7, no. 7 (July 27, 2010). This study and a number of others covered in this chapter are discussed in the wonderful book *Compassionomics*, by Stephen Trzeciak and Anthony Mazzarelli (Pensacola, FL: Struder Group, 2019), which reviews the literature on compassion in the practice of healthcare.

13. risk of early death: Julianne Holt-Lunstad, Timothy B. Smith, Mark Bake, Tyler Harris, and David Stephenson, "Loneliness and Social Isolation as Risk Factors for Mortality: A Meta-Analytic Review," *Perspectives on Psychological Science* 10, no. 2 (March 2015).

14. "同情"（sympathy）和"共情"（empathy）最初的定义是对调的，"同情"最初的含义是对他人痛苦的更遥远、更理智的体验。但随着时间的推移，"共情"的含义逐渐与原来的"同情"相同——将他人的痛苦视为自己的痛苦。为了避免混淆，我们采用了后来的这种更常见的用法。See Susan Lanzoni, "A Short History of Empathy," *The Atlantic*, October 15, 2015.

15. feeling of love: Barbara L. Frederickson, *Love* 2.0 (New York: Plume, 2013).

16. and more sustained attention: Sylvain Laborde, Emma Mosley, and Julian F. Thayer, "Heart Rate Variability and Cardiac Vagal Tone in Psychophysiological Research—Recommendations for Experiment Planning, Data Analysis, and Data Reporting," *Frontiers of Psychology* 8 (February 2017): 213.

17. 催产素还与群体外的动态有关系，在本章稍后概述的"我们/他们"障碍里会涉及。See Robert Sapolsky, *Behave*.

18. 切恰克（Trzeciak）和马扎雷利（Mazzarelli）的《关怀心经济学》（*Compassionomics*）一书的第3章和第4章很好地总结了有关关怀带

来的心理和生理益处的全部文献。

19. Sapolsky, *Behave*, 523.
20. 感谢肖恩·埃科尔给我们介绍了这项研究。Simone Schnall, Kent D. Harber, Jeanine K. Stefanucci, and Dennis R. Proffitt, "Social Support and the Perception of Geographical Slant," *Journal of Experimental Social Psychology* 44, no. 5 (September 1, 2008).
21. are more likely to quit: Shawn Achor, Gabriella Rosen Kellerman, Andrew Reece, and Alexi Robichaux, "The Loneliest Workers, According to Research," *Harvard Business Review*, March 19, 2018.
22. who don't have a best friend: Tom Rath and Jim Harter, "Your Friends and Your Social Well-Being," *Gallup Business Journal*, August 2010; Barbara A. Winstead, Valerian J. Derlega, Melinda J. Montgomery, and Constance Pilkington, "The Quality of Friendships at Work and Job Satisfaction," *Journal of Social and Personal Relationships* 12, no. 2 (May 1, 1995).
23. teams with weaker relationships: See, for example, Brock Bastian, Jolanda Jetten, Hannibal A. Thai, and Niklas K. Steffens, "Shared Adversity Increases Team Creativity Through Fostering Supportive Interaction," *Frontiers in Psychology* (November 23, 2018).
24. sophistication of Tasmanian tools deteriorates: Jared Diamond, *Guns, Germs, and Steel: The Fate of Human Societies* (New York: W. W. Norton, 1997).
25. 你可能已经注意到，我们的实验室经常使用大约2000名工人的样本量。这个数字对我们很有效，因为它能产生强大的统计力。有些研究需要较少的参与者，有些则需要更多。你可能还注意到，我们倾向于关注全职员工，而不是兼职员工。现在全球绝大多数工人都是全职员工。(OECD, "Part-time Employment Rate [Indicator]," 2022. This is also the segment we have studied most extensively in our research.

26. for their teams as for themselves: Evan Carr, Andrew Reece, Gabriella Rosen Kellerman, Alexi Robichaux, "The Value of Belonging at Work," *Harvard Business Review*, December 16, 2019.
27. "healing process": Kenneth B. Schwartz, "A Patient's Story," *Boston Globe Magazine*, July 16, 1995.
28. major medical errors: For a robust discussion of the patient health benefits of physician compassion, see Trzeciak and Mazzarelli's *Compassionomics*, chapter 6, "Compassion Is Vital for Health Care Quality."
29. not because we don't care about outcomes: Becky Bright, "Doctors' Interpersonal Skills Are Valued More Than Training," *Wall Street Journal*, September 28, 2004.
30. "an extreme form of customer satisfaction": Donald C. Barnes and Alexandra Krallman, "Customer Delight: A Review and Agenda for Research," *Journal of Marketing Theory and Practice* 27, no. 2 (2019): 174-95.
31. 2022年3月1日在以下网页上查到的价格: https://www.disneyinstitute.com/disneys-approach-quality-service/course-details/, accessed March 1, 2022.
32. 经常发生但不是每次都这样。See for example Jan Eklof, Olga Podkorytova, and Aleksandra Malova, "Linking Customer Satisfaction with Financial Performance: An Empirical Study of Scandinavian Banks," *Total Quality Management & Business Excellence* 31 (2020): 15-16, 1684-1702; and Timothy Keiningham, Sunil Gupta, Lerzan Aksoy, and Alexander Buoye, "The High Price of Customer Satisfaction," *MIT Sloan Management Review* 55, no. 3 (Spring 2014).
33. even substance abuse: Da-Yee Jeung, Changsoo Kim, and Sei-Jin Chang, "Emotional Labor and Burnout: A Review of the Literature," *Yonsei Medical Journal* 59, no. 2 (March 2018): 187-93.

34. even in the face of vitriol: Gary Stix, "Emotional Labor Is a Store Clerk Confronting a Maskless Customer".
35. increases risk for burnout: Da-Yee Jeung et al., "Emotional Labor and Burnout," 187–93.
36. service industry burnout is of national importance: Rumki Majumdar and Daniel Bachman, "Changing the Lens: GDP from the Industry Viewpoint," Deloitte Insights, July 2019.
37. they lack the time to treat: Helen Reiss, "Empathy Training for Resident Physicians," 1280–86.
38. during the pandemic itself: "State of Remote Work 2019"; Brodie Boland, Aaron De Smet, Rob Palter, and Aditya Sanghvi, "Reimagining the Office and Work Life after Covid-19," McKinsey and Company, June 8, 2020; Brynjolfsson et al., "How Many Americans Work Remotely".
39. 40% of development teams collocated: Scott Wambler, "Software Development at Scale," Ambysoft.
40. Liu Yi Lin, Jaime E. Sidani, Ariel Shensa, Ana Radovic, Elizabeth Miller, Jason B. Colditz, Beth L. Hoffman, Leila M. Giles, and Brian A. Primack, "Association between Social Media Use and Depression among U.S. Young Adults," *Depress Anxiety* 33, no. 4 (April 2016): 323–31, https://doi.org/10.1002/da.22466. 但要注意的是，这种负面影响的程度还没有定论，有些研究发现两者呈中等程度相关。克里斯托弗·弗格森（Christopher Ferguson）的研究在揭穿某些夸大社交媒体负面心理影响的研究结果方面最具影响力。See, for example, Christopher J. Ferguson, "Does the Internet Make the World Worse? Depression, Aggression, and Polarization in the Social Media Age," *Bulletin of Science, Technology & Society* 41, no. 4 (December 2021): 116–35.
41. Brian A. Primack, Ariel Shensa, Jaime E. Sidani, Erin O. Whaite, Liu Yi Lin, Daniel Rosen, Jason B. Colditz, Ana Radovic, and

Elizabeth Miller, "Social Media Use and Perceived Social Isolation among Young Adults in the U.S.," *American Journal of Preventative Medicine* 53, no. 1 (July 1, 2017): 1–8.

42. Andrew K. Przybylski and Netta Weinstein, "Can You Connect with Me Now? How the Presence of Mobile Communication Influences Face-to-Face Conversation Quality," *Journal of Social and Personal Relationships* 30, no. 3 (July 19, 2012).

43. Hunt Allcott, Luca Braghieri, Sarah Eichmeyer, and Matthew Gentzkow, "The Welfare Effects of Social Media," *American Economic Review* 110, no. 3 (March 2020); Melissa G. Hunt, Rachel Marx, Courtney Lipson, and Jordyn Young, "No More FOMO: Limiting Social Media Decreases Loneliness and Depression," *Journal of Social and Clinical Psychology* 37, no. 10 (November 2018): 751–68.

44. Sapolsky, *Behave*, 133, 395, 533.

45. Sapolsky, *Behave*, 533.

第 7 章

1. Cassie Mogilner, Zoë Chance, and Michael I. Norton, "Giving Time Gives You Time," *Psychological Science* 23, no. 10 (October 1, 2012): 1233–38.

2. Linda A. Fogarty, Barbara A. Curbow, John R. Wingard, Karen McDonnell, and Mark R. Somerfield, "Can 40 seconds of Compassion Reduce Patient Anxiety?" *Journal of Clinical Oncology* 17, no. 1 (January 1999) as quoted in Trzeciak and Mazzarelli's *Compassionomics*, 250–53.

3. Trzeciak and Mazzarelli, *Compassionomics*, 250–64.

4. Rachel Weiss, Eric Vittinghoff, Margaret C. Fang, Jenica E. W. Cimino, Kristen Adams Chasteen, Robert M. Arnold, Andrew D.

Auerbach, and Wendy G. Anderson, "Associations of Physician Empathy with Patient Anxiety and Ratings of Communications in Hospital Admission Encounters," *Journal of Hospital Medicine* 12, no. 10 (October 2017): 805-10.

5. Joe Rampton, "Wasted Employee Time Adds Up: Here's How to Fix It," *Entrepreneur*, July 13, 2018.
6. Tabor E. Flickinger, Somnath Saha, Debra Roter, P. Todd Korthius, Victoria Sharp, Jonathan Cohn, Susan Eggly, Richard D. Moore, and Mary Catherine Beach, "Clinician Empathy Is Associated with Differences in Patient-Clinician Communication Behaviors and Higher Medication Self-Efficacy in HIV Care," *Patient Education and Counseling* 99, no. 2 (February 2016) as cited in Trzeciak and Mazzarelli's *Compassionomics*, 131.
7. Andrew Reece, Evan Carr, Roy Baumeister, and Gabriella Rosen Kellerman, "Outcasts and Saboteurs: Intervention Strategies to Reduce the Negative Effects of Social Exclusion on Team Outcomes," *PLOS ONE* 16, no. 5 (May 2021): e0249851.
8. Sapolsky, *Behave*, 420.
9. Sapolsky, *Behave*, 409.
10. Samuel L. Gaertner, John F. Dovidio, Phyllis A. Anastasio, Betty A. Bachman, and Mary C. Rust, "The Common Ingroup Identity Model," *European Review of Social Psychology*, 4 (1993): 1-26.
11. Samuel L. Gaertner and John F. Dovidio, "A Common Ingroup Identity: A Categorization-based Approach for Reducing Intergroup Bias," in Todd D. Nelson, ed., *Handbook of Prejudice, Stereotyping, and Discrimination* (London: Psychology Press, 2009), 489-505.
12. 哈佛谈判项目（Harvard Negotiation Project）的产品在这类方法中尤其有影响力，尽管它们没有使用重新分类一词。See, for example, *Beyond Reason: Using Emotions as You Negotiate*, by Roger

Fisher and Daniel Shapiro (New York: Penguin, 2006).
13. Michael Purdy, "What Is Listening?" in *Listening in Everyday Life: A Personal and Professional Approach*, eds. Michael Purdy and Deborah Borisoff (Lanham, MD: University Press of America, 1997): 1–20.
14. Katherine Unger Baillie, "Two Types of Empathy Elicit Different Health Effects, Penn Psychologist Shows," *Penn Today*, May 24, 2017.

第 8 章

1. Caroline McCarthy, "Facebook F8: One Graph to Rule Them All," *CNET*, April 21, 2010.
2. Christina Warren, "Facebook Open Graph: What It Means for Privacy," *Mashable*, April 21, 2010.
3. Maurice H. Yearwood, Amy Cuddy, Nishtha Lamba, Wu Youyou, Ilmo van der Lowe, Paul K. Piff, Charles Gronin, Pete Fleming, Emiliana Simon-Thomas, Dacher Keltner, and Aleksandr Spectre, "On Wealth and Diversity of Friendships: High Social Class People around the World Have Fewer International Friends," *Personality and Individual Differences* 87 (December 2015): 224–29. Kogan published this piece under a pseudonym, Aleksandr Spectre.
4. Maurice H. Yearwood et al., "On Wealth and Diversity of Friendships: High Social Class People around the World Have Fewer International Friends," 224–29.
5. Issie Lapowsky, "The Man Who Saw the Dangers of Cambridge Analytica Years Ago," *Wired*, June 19, 2018.
6. "Statement from the University of Cambridge about Dr. Aleksandr Kogan," University of Cambridge, March 23, 2018.
7. Cecilia Kang and Sheera Frenkel, "Facebook Says Cambridge Analytica Harvested Data of Up to 87 Million Users," *New York*

Times, April 4, 2018.
8. Tom Cheshire, "Behind the Scenes at Donald Trump's Digital War Room," *Sky News*, October 22, 2016.
9. "FTC Imposes $5 Billion Penalty and Sweeping New Privacy Restrictions on Facebook," Federal Trade Commission, July 24, 2019.
10. we define prospection as: See Introduction by Peter Railton to Martin E. P. Seligman, Peter Railton, Roy F. Baumeister, and Chandra Sripada, *Homo Prospectus* (New York: Oxford University Press, 2016); Dan Gilbert and Tim Wilson, "Prospection: Experiencing the Future," *Science* 317, no. 5843 (September 7, 2007): 1351–54; Randy L. Buckner and Daniel C. Carroll, "Self-Projection and the Brain," *Trends in Cognitive Sciences* 11, no. 2 (February 2007): 49–57.
11. envision and plan for the future: Seligman et al., *Homo Prospectus*.
12. Prospective ability also correlates: Andrew Reece et al., "The Future-Minded Leader," BetterUp Annual Report, 2022. See also Austin Eubanks, Andrew Reece, Alex Liebscher, Ayelet Meron Ruscio, Roy Baumeister, and Martin Seligman, "Pragmatic Prospection Is Linked with Positive Life and Workplace Outcomes," PsyArXiv Preprints, May 17, 2022.
13. teams whose leaders score higher in prospection: Andrew Reece et al., "The Future-Minded Leader".
14. 33% less likely to quit: For more on the personal and professional benefits of prospection, see Austin Eubanks et al., "Pragmatic Prospection Is Linked with Positive Life and Workplace Outcomes," PsyArXiv Preprints, May 17, 2022.
15. "April 2014 Multistate 911 Outage: Cause and Impact," FCC, *Public Safety Docket No 14-72*, October 2014.
16. Randy L. Buckner, Jessica R. Andrews-Hanna, and Daniel L.

Schacter, "The Brain's Default Network: Anatomy, Function, and Relevance to Disease," *Annals of the New York Academy of Sciences* 1124 (March 2008): 1–38.

17. Marcus E. Raichle and Abraham Z. Snyder, "A Default Mode of Brain Function: A Brief History of an Evolving Idea," *NeuroImage* 37, no. 4 (October 2007): 1083–90; discussion 1097–99.
18. Jessica R. Andrews-Hanna, Jay S. Reidler, Christine Huang, and Randy L. Buckner, "Evidence for the Default Network's Role in Spontaneous Cognition," *Journal of Neurophysiology* 104, no. 1 (May 2010): 322–35; Kalina Christoff, Alan M. Gordon, Jonathan Smallwood, Rachelle Smith, and Jonathan W. Schooler, "Experience Sampling during fMRI Reveals Default Network and Executive System Contributions to Mind Wandering," *Proceedings of the National Academy of Sciences of the United States of America* 106, no. 21 (May 26, 2009): 8719–24; Malia F. Mason, Michael I. Norton, John D. Van Horn, Daniel M. Wegner, Scott Grafton, and C. Neil Macrae, "Wandering Minds: The Default Network and Stimulus-Independent Thought," *Science* 315, no. 5810 (January 19, 207): 393–5.
19. Chandra Sripada, chapter 4 in Seligman et al., *Homo Prospectus*.
20. Xiao-Fei Yang, Julia Bossmann, Birte Schiffhauer, Matthew Jordan, and Mary Helen Immordino-Yang, "Intrinsic Default Mode Network Connectivity Predicts Spontaneous Verbal Descriptions of Autobiographical Memories during Social Processing," *Frontiers in Psychology* 3 (2012): 592; Kun Wang, Chunsui Yu, Lijuan Xu, Wen Qin, Kuncheng Li, Lin Xu, and Tianzi Jaing, "Offline Memory Reprocessing: Involvement of the Brain's Default Network in Spontaneous Thought Processes," *PLOS ONE* 4 (March 2009): e4867.
21. Roy F. Baumeister, Kathleen D. Vohs, and Gabriele Oettingen,

"Pragmatic Prospection: How and Why People Think about the Future," *Review of General Psychology* 20, no. 1 (March 2016): 3–16.

22. Ann Marie Roepke, Lizbeth Benson, Eli Tsukayama, and David Bryce Yaden, "Prospective Writing: Randomized Controlled Trial of an Intervention for Facilitating Growth after Adversity," *Journal of Positive Psychology* 13, no. 6 (2018): 627–42.

23. J. Peter Scoblic, "Learning from the Future: How to Make Robust Strategy in Times of Deep Uncertainty," *Harvard Business Review*, July-August 2020, 38–47.

24. Austin Eubanks, Andrew Reece, Alex Liebscher, and Roy Baumeister, "Enforcing Pragmatic Future-Mindedness Cures the Innovator's Bias," PsyArXiv Preprints, May 16, 2022.

25. A single series of studies does not establish a new cognitive bias, but it does start to outline a potential stumbling block for all of us as prospectors, as well as a novel way around it.

26. Margaret Stewart, "Breadth and Depth: Why I'm Optimistic about Facebook's Responsible Innovation Efforts," Facebook, June 17, 2021.

27. Ina Fried, "Scoop: Facebook Hire Aims to Infuse Ethics into Product Design," *Axios*, Feb 27, 2020.

第 9 章

1. "A Conversation with Kai-Fu Lee," *Edge*, March 26, 2018.
2. "Covid-19 Pandemic: Observations on the Ongoing Recovery of the Aviation Industry," US Government Accountability Office, October 21, 2021.
3. Zach Schonbrun, "For Some Flight Attendants, Shtick Comes with the Safety Spiel," *New York Times*, May 23, 2016.
4. Hannah Sampson, "Southwest's Plan to Conquer the Airline

Industry, One Joke at a Time," *Washington Post*, October 16, 2019.

5. D. K. Simonton, "Defining Creativity: Don't We Also Need to Define What Is Not Creative?" *Journal of Creative Behavior* 52, no. 1 (March 2018): 80-90.

6. "The Future of Jobs Report 2020"; Manyika et al., "Jobs Lost, Jobs Gained: What the Future of Work Will Mean for Jobs, Skills, and Wages."

7. Luke Dormehl, "Bye Humans! The *Washington Post* Is Using a Robot to Report on the Rio Olympics," *Digital Trends*, August 8, 2016.

8. The proliferation of these firms has been remarkably rapid in the last few years, in part thanks to the talents of GPT-3. Writesonic, INK, Jasper, Copymatic, Frase, Rytr, Copy.ai, AI Writer, and Hyperwrite are examples, as of this writing.

9. Oshin Vartanian, "Neuroscience of Creativity" in *The Cambridge Handbook of Creativity*, James Kaufman and Robert Sternberg, eds. (Cambridge: Cambridge University Press, 2019), 156.

10. Vartanian, "Neuroscience of Creativity," 157.

11. Daniel Kahneman, *Thinking, Fast and Slow* (New York: Farrar, Straus and Giroux, 2013).

12. 有关有意识与无意识创造力的文献综述，见 Roy Baumeister, Brandon J. Schmeichel, and C. Nathan DeWall, "Creativity and Consciousness: Evidence from Psychology Experiments" in *The Philosophy of Creativity: New Essays*, Elliot Samuel Paul and Scott Barry Kaufman, eds. (New York: Oxford University Press, 2014), 185-98。

13. Roy Baumeister et al., "Creativity and Consciousness: Evidence from Psychology Experiments" in *The Philosophy of Creativity: New Essays*, 185-98.

14. 我们的同事索尼娅·柳博米尔斯基博士的实验室所做的研究表明，内向和外向性格是可以改变的。For example, Seth Margolis and Sonja Lyubomirsky, "Experimental Manipulation of Extraverted and Introverted Behavior and Its Effects on Well-Being," *Journal of Experimental Psychology: General* 149, no. 4 (2020): 719-31.

15. Victoria C. Oleynick et al., "Openness/Intellect: The Core of the Creative Personality" in Gregory J. Feist, Ronnie Reiter-Palmon, and James C. Kaufman, eds., *The Cambridge Handbook of Creativity and Personality Research* (Cambridge: Cambridge University Press, 2017), 9-27.

16. Roger E. Beaty, Scott Barry Kaufman, Mathias Benedek, Rex E. Jung, Yoed N. Kenett, Emanuel Jauk, Aljoscha C. Neubauer, and Paul J. Silvia, "Personality and Complex Brain Networks: The Role of Openness to Experience in Default Network Efficiency," *Human Brain Mapping* 37, no. 2 (February 2016): 773-79.

17. Linh C. Dang, James P. O'Neill and William J. Jagust, "Dopamine Supports Coupling of Attention-Related Networks," *Journal of Neuroscience* 32, no. 28 (July 11, 2012): 9582-87.

18. 多巴胺受体 DRD4 已被证明与创造性的流畅性和独创性有关。多巴胺受体 DRD2 的基因变异也与创造性的潜能有关。在被称为丘脑的大脑部位，DRD2 的密度越高，就越能预测创造性的流畅性。最后，一种与多巴胺运输有关的基因 DAT 也与创意的独创性有关。See Baptiste Barbot and Henry Eff, "The Genetic Basis of Creativity" in *The Cambridge Handbook of Creativity*, James Kaufman and Robert Sternberg, eds. (Cambridge: Cambridge University Press, 2019), 135-39; Colin G. DeYoung, Dante Cicchetti, Fred A. Rogosch, Jeremy R. Gray, Maria Eastman, and Elena L. Grigorenko, "Sources of Cognitive Exploration: Genetic Variation in the Prefrontal Dopamine System Predicts Openness/Intellect," *Journal of Research in Personality* 45, no. 4 (August 2011): 364-71.

19. Tanja Sophie Schweizer, "The Psychology of Novelty-Seeking,

Creativity, and Innovation: Neurocognitive Aspects within a Work-Psychological Perspective," *Creativity and Innovation Management* 15, no. 2 (June 2006): 164-72.

20. R. A. Power and M. Pluess, "Heritability Estimates of the Big Five Personality Traits Based on Common Genetic Variants," *Translational Psychiatry* 5, no. 7 (July 14, 2015): e604; see also Baptiste Barbot and Henry Eff, "The Genetic Basis of Creativity," in *The Cambridge Handbook of Creativity*, 132-47.

21. Josh Allen, "Conceptualizing Learning Agility and Investigating its Nomological Network," *FIU Electronic Theses and Dissertations* (2016), 2575.

22. Mathias Benedek and Emanuel Jauk, "Creative and Cognitive Control" in *The Cambridge Handbook of Creativity*, James Kaufman and Robert Sternberg, eds. (Cambridge: Cambridge University Press, 2019), 200-23.

23. Matthijs Baas, "In the Mood for Creativity" in *The Cambridge Handbook of Creativity*, James Kaufman and Robert Sternberg, eds. (Cambridge: Cambridge University Press, 2019), 265.

24. Zorana Ivcevic and Jessica Hoffman, "Emotions and Creativity" in *The Cambridge Handbook of Creativity*, James Kaufman and Robert Sternberg, eds. (Cambridge: Cambridge University Press, 2019), 283.

25. Robert J. Sternberg, "Enhancing People's Creativity" in *The Cambridge Handbook of Creativity*, James Kaufman and Robert Sternberg, eds. (Cambridge: Cambridge University Press, 2019), 132-47.

26. Alexis Jeannotte, Erin Eatough, and Gabriella Kellerman, "Resilience in an Age of Uncertainty," BetterUp 2020.

27. Theresa Amabile, "How to Kill Creativity," *Harvard Business Review*, September 1998.

28. R. M. Ryan and E. L. Deci, "Self-Determination Theory and the Facilitation of Intrinsic Motivation, Social Development, and Well-Being," *The American Psychologist* 55, no. 1 (January 1, 2000): 68–78.
29. James Gleick, *Isaac Newton* (New York: Pantheon, 2003).
30. Christopher Roser, "*Faster, Better, Cheaper*" *in the History of Manufacturing* (New York: Productivity Press, 2016); "The Factory," Eli Whitney Museum and Workshop, www.eliwhitney.org/museum/about-eli-whitney/factory.
31. Frank Arute et al., "Quantum Supremacy Using a Programmable Superconducting Processor," *Nature* 574 (October 23, 2019): 505–10.
32. Arthur Conan Doyle, *Silver Blaze* (Memoirs of Sherlock Holmes Book 1), 1892.
33. Todd Bishop, "Amazon Web Services Posts Record $13.5B in *Profits* for 2020 in Andy Jassy's AWS Swan Song," *Geek Wire*, February 2, 2021. See also Brandon Butler, "The Myth about How Amazon's Web Service Started Just Won't Die," *Network World*, March 2, 2015.
34. "Salesforce Signs Definitive Agreement to Acquire Slack," Salesforce Press Release, December 1.
35. Megan L. Meyer, Hal E. Hershfield, Adam G. Waytz, Judith N. Mildner, and Diana I. Tamir, "Creative Expertise Is Associated with Transcending the Here and Now," *Journal of Personality and Social Psychology* 116, no. 4 (April 2019): 483–94.
36. Nicolai Tesla, "My Inventions I: My Early Life," 1919.
37. Tesla Science Center.
38. David Chaum, "Blind Signatures for Untraceable Payments," *Advances in Cryptology Proceedings of Crypto* 82 (1983): 199–203.
39. "Timeline of Paypal," Wikipedia; "PayPal," Wikipedia.

40. Brian O'Connell, "History of PayPal: Timeline and Facts," *The Street*, August 26, 2019.
41. $25 billion: "PayPal Holdings Revenue 2013–2022," MacroTrends.net, accessed May 2, 2022.
42. 学术和商业研究都讨论过消费者的不信任这一主题。Matthew Hutson, "People Don't Trust Driverless Cars. Researchers Are Trying to Change That," *Science*, December 14, 2017.
43. See, for example, "Autopilot and Full Self-Driving Capability," Tesla.com. "Full autonomy" is not yet commercially available to Tesla drivers, but this page explains how and when it will become so and offers "autopilot" as a less autonomous alternative to "fully self-driving."
44. Joshua Wolf Shenk, *Powers of Two: Finding the Essence of Innovation in Creative Pairs* (Boston: Houghton Mifflin Harcourt, 2014).
45. Walter Isaacson, *The Innovators: How a Group of Hackers, Geniuses and Geeks Created the Digital Revolution* (New York: Simon & Schuster, 2015). See also Steven Johnson's *Where Good Ideas Come From*, chapter 3 (New York: Riverhead Books, 2010) on the importance of intellectual connectivity.
46. Simon Rodan and Charles Galunic, "More than Network Structure: How Knowledge Heterogeneity Influences Managerial Performance and Innovation," *Strategic Management Journal* 25, no. 6 (June 2004): 541–62.
47. Stuart A. Kauffman, "Approaches to the Origin of Life on Earth," *Life* 1, no. 1 (December 2011): 34–48. We also recommend Steven Johnson's *Where Good Ideas Come From* for a brilliant exposition of the history of innovation as the recombination of neighboring ideas.
48. Roni Reiter-Palmon, Kevin S. Mitchell, and Ryan Royston, "Improving Creativity in Organizational Settings" in *The Cambridge Handbook of Creativity*, James Kaufman and Robert Sternberg, eds. (Cambridge: Cambridge University Press, 2019), 519.

49. Reiter-Palmon, Mitchell, and Royston, "Improving Creativity," 519.
50. Reiter-Palmon, Mitchell, and Royston, "Improving Creativity," 519.
51. Amy Edmondson, "Psychological Safety and Learning Behavior in Work Teams," *Administrative Science Quarterly* 44, no. 2 (June 1999): 350-83; Amy C. Edmondson and Zhike Lei, "Psychological Safety: The History, Renaissance, and Future of an Interpersonal Construct," *Annual Review of Organizational Psychology and Organizational Behavior* 1, no. 1 (March 2014): 23-43.
52. Michael D. Mumford, Robert W. Martin, Samantha Elliott, and Tristan McIntosh, "Leading for Creativity" in *The Cambridge Handbook of Creativity*, James Kaufman and Robert Sternberg, eds. (Cambridge: Cambridge University Press, 2019), 552.
53. Rebecca L. McMillan, Scott Barry Kaufman, and Jerome L. Singer, "Ode to Positive Constructive Daydreaming," *Frontiers in Psychology* 4 (September 2013): 626.
54. 在这里，我们有意避开了关于"无意识"（unconscious）一词的深层争议，而只是用它来指不是有意识的状态（nonconscious）。如需更全面地、以证据为基础地阐述有意识（conscious）和无意识（unconscious）之间的区别，以及我们今天对它们的理解和困惑，我们推荐 Jonathan Schooler, Michael Mrazek, Benjamin Baird, and Piotr Winkielman, "Minding the Mind: The Value of Distinguishing among Unconscious, Conscious, and Metaconscious Processes," *APA Handbook of Personality and Social Psychology* 1 (2015), 179-202。
55. Robert J. Sternberg, "Enhancing People's Creativity" in *The Cambridge Handbook of Creativity*, James Kaufman and Robert Sternberg, eds. (Cambridge: Cambridge University Press, 2019), 132-47.
56. R. J. Sternberg and W. M. Williams, "Teaching for Creativity: Two Dozen Tips" in R. D. Small and A. P. Thomas, eds., *Plain Talk about Education* (Covington, LA: Center for Development and Learning, 2001), 153-65; Ginamarie Scott, Lyle E. Leritz and Michael D.

Mumford, "The Effectiveness of Creativity Training: A Quantitative Review," *Creativity Research Journal* 16, no. 4 (2004): 361–88.
57. See Johnson, *Where Good Ideas Come From*.
58. follow it with downtime: Benedek and Jauk, "Creative and Cognitive Control" in *The Cambridge Handbook of Creativity*, 212.
59. Benjamin Baird, Jonathan Smallwood, Michael Mrazek, Julia W. Y. Kam, Michael S. Franklin, and Jonathan Schooler, "Inspired by Distraction: Mind-Wandering Facilitates Creative Incubation," *Psychological Science* 23, no. 10 (August 2012): 1117–22.
60. Jonathan W. Schooler, Michael Mrazek, Michael Franklin, Claire Zedelius, James Broadway, Benjamin Mooneyham, and Benjamin Baird, "The Middle Way: Finding the Balance between Mindfulness and Mind-Wandering" in Brian H. Ross, ed., *The Psychology of Learning and Motivation*, vol. 60 (Cambridge, MA: Academic Press, 2014), 1–33.
61. Robert J. Sternberg, "Enhancing People's Creativity" in *The Cambridge Handbook of Creativity*, James Kaufman and Robert Sternberg, eds., (Cambridge: Cambridge University Press, 2019), 132–47; see also R. J. Sternberg, "Teaching for Creativity," in *Nurturing Creativity in the Classroom*, eds. Ronald A. Beghetto and James C. Kaufman (Cambridge, UK: Cambridge University Press, 2010), 394–414.
62. Kamal Birdi, "A Lighthouse in the Desert? Evaluating the Effects of Creativity Training on Employee Innovation," *Journal of Creative Behavior* 41, no. 4 (December 2007).
63. Paula Tierney and Steven M. Farmer, "Creative Self-Efficacy Development and Creative Performance Over Time," *Journal of Applied Psychology* 96, no. 2 (March 2011): 277–93.
64. Reiter-Palmon, Mitchell, and Royston, "Improving Creativity," 524–5.
65. Reiter-Palmon, Mitchell, and Royston, "Improving Creativity," 535.

66. Michael Arena, *Adaptive Space* (New York: McGraw-Hill, 2018).
67. Davide Ravasi and Majken Schultz, "Responding to Organizational Identity Threats: Exploring the Role of Organizational Culture," *Academy of Management Journal* 49, no. 3 (June 2006): 433-58.
68. "New Year, New Leadership: 5 Skills Needed to Succeed in 2021," *Adobe Experience Blog*, Adobe, January 28, 2021.

第 10 章

1. 阿格尼丝的生平细节来自多个资料来源，其中关于日期的信息略有冲突。See Nikki Mandell, *The Corporation as Family* (Chapel Hill: UNC Press, 2002); Frank Miller and Mary Ann Coghill, "Sex and the Personnel Manager," *Industrial and Labor Relations Review* 18, no. 1 (1964): 32-44; Dale A. Masi, "The History of Employee Assistance Programs in the US," Employee Assistance Research Foundation, 2020.
2. Nikki Mandell, *The Corporation as Family* (Chapel Hill: UNC Press, 2002).
3. Robert C. Alberts, "The Good Provider, HJ Heinz and His 57 Varieties," *The Western Pennsylvania Historical Magazine* 56, no. 4 (1973); "Today in History: November 24, 1924," *Holland Sentinel*, November 24, 2014.
4. "How Can We Promote Our EAP to Increase Its Usage," Mental Health America, accessed May 10, 2022.
5. Roberta Holland, "Companies Waste Billions of Dollars on Ineffective Corporate Training," *Forbes*, July 25, 2016, https://www.forbes.com/sites/hbsworkingknowledge/2016/07/25/companies-waste-billions-of-dollars-on-ineffective-corporate-training.
6. Philipp Kolo, Rainer Strack, Philippe Cavat, Roselinde Torres, and Vikram Bhalla, "Corporate Universities: An Engine for Human Capital," Boston Consulting Group, July 18, 2013.

7. "Good HR, Bad HR: Silo Mentalities and Communities of Practice," *Human Resource Management International Digest* 26, no. 2 (March 2018): 38-40.
8. "SHRM's Guide to Employee Assistance Programs," Society for Human Resource Management.
9. "We've All Heard of IQ and EQ. But What Is Your CQ—Your 'Crisis Quotient?'" Strategic CHRO Interview with Laura Fuentes, ExCo Leadership + Performance, May 31, 2022.
10. 1910 年，在工业革命的最后阶段，仅有 9%（约 800 万人）的美国人拥有高中文凭。当时的大多数青少年都在工作。他们必须养家糊口，而高中学校又不够用。人才短缺是双向的：零售业、企业和服务业的增长刺激了对白领的劳动力需求。但又由于中学的缺乏，也没有足够的白领可用。改变从各地开始。1925 年，地方政府筹集了 75% 以上的中小学教育经费，其余部分来自州、县和联邦预算。立法也起到了助推作用：学费法规定，没有高中的城镇必须支付居民在其他地方学习的费用；此外还有义务教育法和童工法。短短 30 年间，美国中学毕业生人数增长了 800% 以上。到 1940 年，超过 50% 的美国人（约 6600 万人）拥有高中文凭。See Thomas D. Snyder, "120 Years of American Education: A Statistical Portrait," U.S. Department of Education, Office of Educational Research and Improvement, National Center for Education Statistics, Washington, D.C., January 19, 1993; "US High School Graduation Rates," Safe and Civil Schools.

结语

1. Robert J. Barro, José F. Ursúa, and Joanna Weng, "The Coronavirus and the Great Influenza Pandemic: Lessons from the 'Spanish Flu' for the Coronavirus's Potential Effects on Mortality and Economic Activity," NBER Working Paper No. 26866, March 2020, revised April 2020.

2. 其他更早的流行病很可能对劳动力转型产生了更大的影响。例如，黑死病被认为造成了极其严重的劳动力短缺，使工人能够要求更好的工作条件。Christine Johnson, "How the Black Death Made Life Better," Washington University Department of History, June 18, 2021.
3. "The Future of Work after Covid-19," McKinsey Global Institute, February 18, 2021.
4. Daniel Sullivan and Till von Wachter, "Job Displacement and Mortality: An Analysis Using Administrative Data," *The Quarterly Journal of Economics* 124, no. 3 (August 2009): 1265-1306.
5. Wolfram Kawohl and Carlos Nordt, "COVID-19, Unemployment, and Suicide," *The Lancet Psychiatry*, 7, no. 5 (May 1, 2020): 389-90; Karsten Paul and Klaus Moser, "Unemployment Impairs Mental Health: Meta-Analyses," *Journal of Vocational Behavior* 74, no. 3 (June 2009): 264-82; Allison Milner, A. Page, and Anthony D. LaMontagne, "Cause and Effect in Studies on Unemployment, Mental Health and Suicide: A Meta-Analytic and Conceptual Review," *Psychological Medicine* 44, no. 5: 909-17.
6. Nirmita Panchal, Rabah Kamal, Cynthia Cox, and Rachel Garfield, "The Implications of COVID-19 for Mental Health and Substance Use," Kaiser Family Foundation, February 10, 2021.
7. Philipp Kolo, R. Strack, Philippe Cavat, R. Torres, and Vikram Bhalla, "Corporate Universities: An Engine for Human Capital," Boston Consulting Group, July 18, 2013.
8. "New Mental Health Cost Calculator Shows Why Investing in Mental Health is Good for Business," National Safety Council, May 13, 2021; Angelica LaVito, "Anxiety Is Expensive: Employee Mental Health Costs Rise Twice as Fast as All Other Medical Expenses," CNBC, September 27, 2018.
9. Abraham Maslow, *Maslow on Management* (Hoboken, NJ: Wiley, 1998), 21. Originally titled *Eupsychian Management: A Journal*.

心理学大师经典作品

红书
原著：[瑞士] 荣格

寻找内在的自我：马斯洛谈幸福
作者：[美] 亚伯拉罕·马斯洛

抑郁症（原书第2版）
作者：[美] 阿伦·贝克

理性生活指南（原书第3版）
作者：[美] 阿尔伯特·埃利斯 罗伯特·A.哈珀

当尼采哭泣
作者：[美] 欧文·D.亚隆

多舛的生命：
正念疗愈帮你抚平压力、疼痛和创伤（原书第2版）
作者：[美] 乔恩·卡巴金

身体从未忘记：
心理创伤疗愈中的大脑、心智和身体
作者：[美] 巴塞尔·范德考克

部分心理学（原书第2版）
作者：[美] 理查德·C.施瓦茨 玛莎·斯威齐

风格感觉：21世纪写作指南
作者：[美] 史蒂芬·平克

积极人生

《大脑幸福密码:脑科学新知带给我们平静、自信、满足》

作者:[美]里克·汉森 译者:杨宁 等

里克·汉森博士融合脑神经科学、积极心理学与进化生物学的跨界研究和实证表明:你所关注的东西便是你大脑的塑造者。如果你持续地让思维驻留于一些好的、积极的事件和体验,比如开心的感觉、身体上的愉悦、良好的品质等,那么久而久之,你的大脑就会被塑造成既坚定有力、复原力强,又积极乐观的大脑。

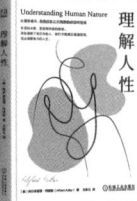

《理解人性》

作者:[奥]阿尔弗雷德·阿德勒 译者:王俊兰

"自我启发之父"阿德勒逝世80周年焕新完整译本,名家导读。阿德勒给焦虑都市人的13堂人性课,不论你处在什么年龄,什么阶段,人性科学都是一门必修课,理解人性能使我们得到更好、更成熟的心理发展。

《盔甲骑士:为自己出征》

作者:[美]罗伯特·费希尔 译者:温旻

从前有一位骑士,身披闪耀的盔甲,随时准备去铲除作恶多端的恶龙,拯救遇难的美丽少女……但久而久之,某天骑士蓦然惊觉生锈的盔甲已成为自我的累赘。从此,骑士开始了解脱盔甲,寻找自我的征程。

《成为更好的自己:许燕人格心理学30讲》

作者:许燕

北京师范大学心理学部许燕教授30年人格研究精华提炼,破译人格密码。心理学通识课,自我成长方法论。认识自我,了解自我,理解他人,塑造健康人格,展示人格力量,获得更佳成就。

《寻找内在的自我:马斯洛谈幸福》

作者:[美]亚伯拉罕·马斯洛 等 译者:张登浩

豆瓣评分8.6,110个豆列推荐;人本主义心理学先驱马斯洛生前唯一未出版作品;重新认识幸福,支持儿童成长,促进亲密感,感受挚爱的存在。

更多>>> 《抗逆力养成指南:如何突破逆境,成为更强大的自己》 作者:[美]阿尔·西伯特
《理解生活》 作者:[奥]阿尔弗雷德·阿德勒
《成长心理学》 作者:訾非